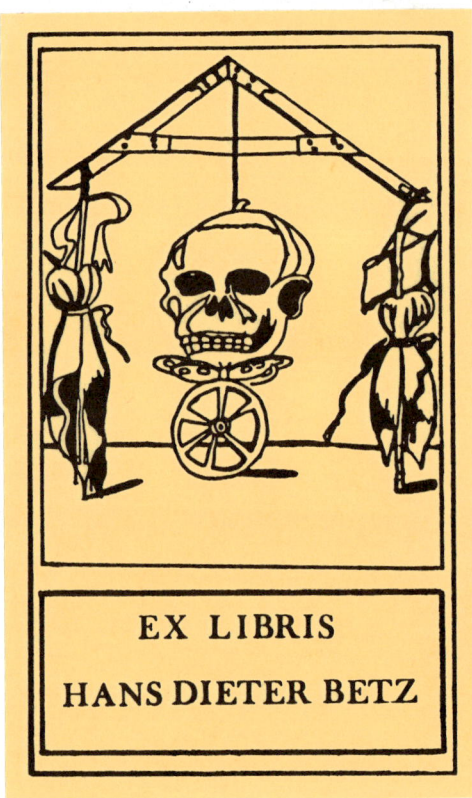

Delphi, July 1994

GUIDE DE DELPHES
LE MUSÉE

ÉCOLE FRANÇAISE D'ATHÈNES

GUIDE DE DELPHES

LE MUSÉE

ÉCOLE FRANÇAISE D'ATHÈNES
EN DÉPÔT
AUX ÉDITIONS E. DE BOCCARD
1, rue de Médicis, PARIS-VIe
1991

© École Française d'Athènes, 1991
ISBN 2-86958-038-X

AVANT-PROPOS

La piété des pèlerins de Delphes, la reconnaissance de ceux qu'Apollon exauça avaient rempli le sanctuaire d'offrandes de toutes sortes, depuis les plus simples figurines de terre cuite jusqu'aux somptueuses statues d'or et d'ivoire, déposées dans le temple ou dans les chapelles votives que sont les *Trésors*, à moins que ne fût dressée en plein air une statue de dieu ou d'un être mythique comme le sphinx dédié par les Naxiens, ou une statue de prince, d'empereur, voire d'un simple mortel. Œuvres d'un maître réputé ou d'un modeste artisan, ces offrandes devaient en tout cas attester aux yeux des Grecs réunis pour participer aux *Pythia* ou venus consulter l'oracle que leur beauté, leur richesse étaient dignes du bienfait reçu et glorifiaient tout autant le dieu que le donateur. Beaucoup ont disparu, détruites par une catastrophe naturelle, ou emportées dans un des pillages qui se sont succédé au cours des siècles. Ce qui a été découvert par les fouilles suffit cependant à faire du musée de Delphes un conservatoire exceptionnel de l'art grec, un lieu où suivre l'histoire de la statuaire depuis les premières recherches archaïques jusqu'aux portraits du Bas-Empire, où voir le développement du travail des bronziers des tâtonnements des temps géométriques aux prouesses des grands bronzes, où trouver le reflet de la somptuosité de l'orfèvrerie archaïque. La ville, les nécropoles ont également fourni leur lot d'objets, notamment de nombreux vases, dont quelques pièces de premier ordre.

La richesse de ces collections a amené l'École française d'Athènes à consacrer au *Musée de Delphes* l'intégralité de ce *Guide,* réservant à un autre volume de la même collection, rédigé par J.-Fr. Bommelaer, la présentation du site et de ses monuments. Malgré le risque de disparates, qui n'ont pu être totalement évitées, l'ampleur et la variété des sujets incitaient à faire appel à plusieurs spécialistes, capables d'analyser les apports de Delphes à notre connaissance de l'art grec. Ce choix obligeait à renoncer à suivre l'ordre de présentation des salles du musée toujours modifiable et soumis à des contraintes architecturales qui ont parfois conduit à disperser les éléments de ces chapitres de l'histoire de l'art que les œuvres permettent de composer. De plus le large panorama des trouvailles présenté dans ce livre inclut des objets qui ne sont pas exposés. Un plan du musée renvoyant aux œuvres commentées, ci-dessous p. 4-6, permettra cependant aux visiteurs de retrouver aisément les pages consacrées aux objets qu'ils ont sous les yeux.

Les découvertes de Delphes ont nourri la recherche archéologique depuis un siècle et suscité des discussions, voire des polémiques dont on trouvera l'écho ci-dessous. Le directeur de la fouille, Théophile Homolle, avait prévu de publier l'ensemble des travaux dans les *Fouilles de Delphes* (abrégées en *FDelphes*), qui devaient comprendre cinq tomes, subdivisés en fascicules. Le tome I, qui n'a jamais paru, devait raconter l'histoire de la fouille et présenter l'ensemble des textes antiques et des récits de voyageurs avant celle-ci. Le titre du tome II, *Topographie et architecture*, en expose bien le projet, de même que celui du tome III, *Épigraphie*. Les deux tomes qui nous concernent ici sont le IV, *Monuments figurés : Sculpture*, dont l'avancement actuel est indiqué ci-dessous p. 29-30, et le V, *Monuments figurés : petits bronzes, terres-cuites, antiquités diverses*, paru en 1908 ; c'est le seul volume qui ait rempli alors la totalité de son programme, mais les découvertes ultérieures et les progrès de la recherche ont amené à reprendre le chapitre des bronzes dans des fascicules nouveaux, dont les deux premiers ont été publiés. La publication dans les *Fouilles de Delphes* a presque toujours été précédée et suivie d'études préliminaires, puis complémentaires, publiées dans la revue scientifique de l'École française d'Athènes, le *Bulletin de Correspondance Hellénique* (ou *BCH*) et dans d'autres revues françaises, grecques ou étrangères, ainsi que dans des monographies. L'ensemble constitue une bibliographie considérable qu'il n'était pas possible de présenter intégralement dans ce *Guide*. Il fallait cependant donner au lecteur qui le souhaite les moyens de s'informer : après chaque développement et parfois même chaque œuvre, une brève notice indique la publication principale et le ou les derniers travaux sur le sujet.

Olivier PICARD.

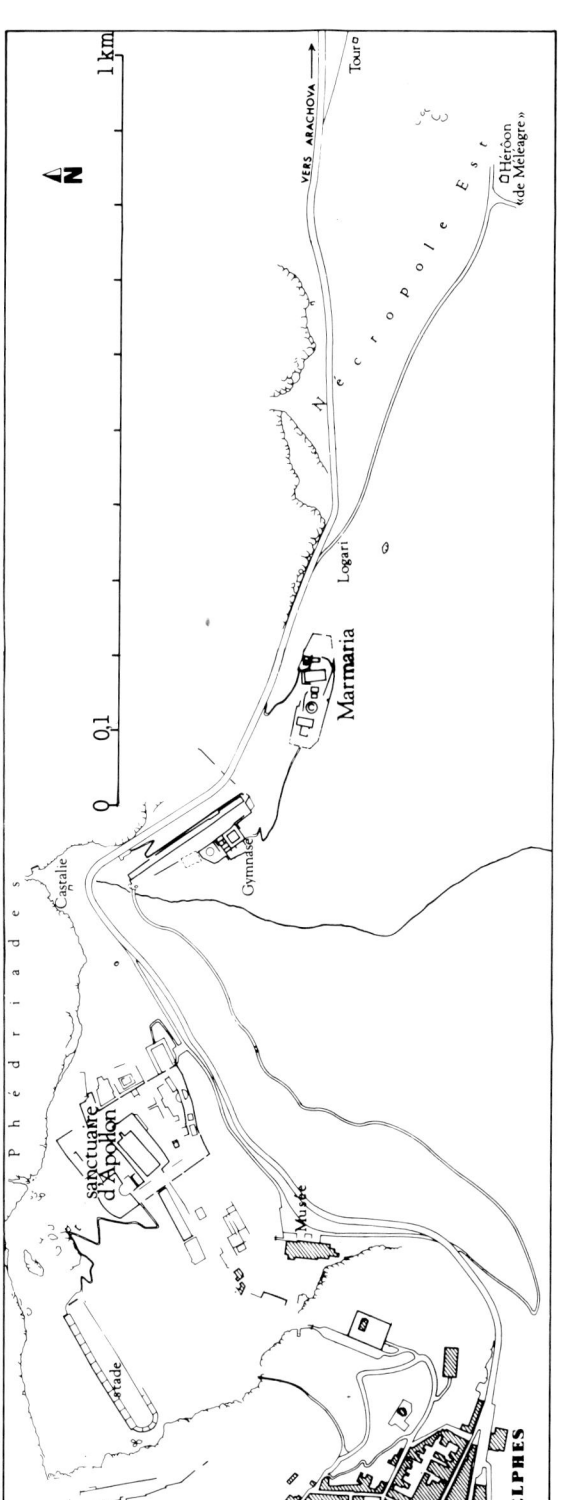

Site de Delphes

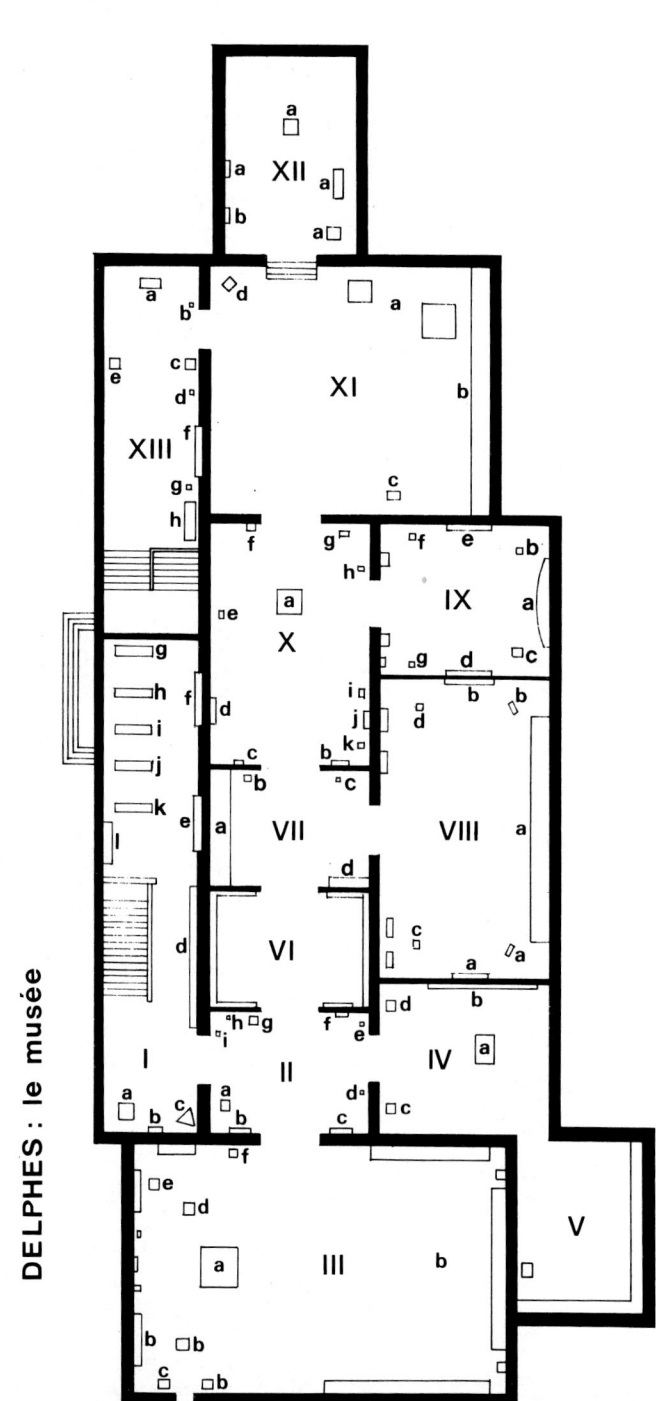

DELPHES : le musée

Salle I : **a.** Omphalos, p. 30. **b.** Décret de Démade, p. 123, fig. 90. **c.** Trépied, p. 145-147, fig. 4. **d.** Frise du théâtre, p. 128-130, fig. 94-95. **e.** Vases géométriques, p. 22-28, fig. 22, 24, 28-29, 32, 36-37. **f.** Vases d'une tombe d'Amphissa ; vases corinthiens, aryballe, p. 228-229, fig. 2, p. 235-236, fig. 10 ; vases béotiens. **g.** Bronzes : anse de trépied, p. 144-146, fig. 3 ; statuettes, p. 148-150, fig. 6-10. **h.** Bronzes : pied de trépied, p. 152-153, fig. 14 ; appliques de chaudron, p. 153-156, fig. 16-17, 20. **i.** Bronzes : statuettes, p. 162-164, fig. 27-29 ; applique, p. 168-169, fig. 35 ; statuette, p. 174-175, fig. 41 ; applique, p. 177-178, fig. 48 ; patte de bélier, p. 188-189, fig. 54. **j.** Bronzes : coupe, p. 156-158, fig. 21 ; support de bassin, p. 159-160, fig. 24 ; vase miniature, p. 165, fig. 31 ; anse, p. 166-168, fig. 33 ; manchon, p. 168-169, fig. 36 ; anses, p. 176, fig. 45-46 ; «bouteille», p. 178, fig. 47 ; lampe, p. 177-179, fig. 49. **k.** Bronzes : pointes de flèches, p. 143, fig. 1 ; fibule, p. 168-170, fig. 37 ; casques, p. 170-172, fig. 38-39 ; bande de bouclier, p. 172-173, fig. 40 ; couvercle de miroir, p. 175-176, fig. 44 ; poids, p. 178-179, fig. 50 ; arceau de bouclier, p. 188-189, fig. 53. **l.** Objets mycéniens : figurines féminines, p. 9-10, fig. 3 ; bovidé, p. 11-12, fig. 6 ; amphores à étrier, p. 13-15, fig. 8 et 10 ; tessons, p. 15-17, fig. 11-12.

Salle II : **a.** Périrrhantérion, p. 31. **b-c.** Boucliers de bronze. **d-e.** Statuettes de bronze d'Apollon, p. 162-163, fig. 26. **f.** Statuette de vache, p. 162-164, fig. 30. **g-h.** Têtes de griffon en bronze, p. 155-156, fig. 18-19. **i.** Bouclier de bronze.

Salle III : **a.** Sphinx des Naxiens, p. 31-33, fig. 1. **b.** Trésor de Siphnos, fronton, p. 52, fig. 15 ; frises, p. 44-49, fig. 9-12 ; caryatide, p. 40-41, fig. 6 c-7 ; porte. **c.** Caryatide, p. 38-39, fig. 5. **d.** Tête de caryatide, p. 39-40, fig. 6 a-b. **e.** Marbres architectoniques. **f.** Chapiteau du trésor de Marseille, p. 50.

Salle IV : **a.** Les Jumeaux d'Argos, p. 33-36, fig. 2 a-b. **b.** Métopes du trésor de Sicyone, p. 42-44, fig. 8. **c-d.** Couroi, p. 36, fig. 3.

Salle V : Objets des fosses de l'Aire, p. 191-226, fig. 1-41.

Salle VI : Métopes et frontons du trésor des Athéniens, p. 57-60, fig. 21.

Salle VII : **a.** Fronton Ouest du temple d'Apollon du vi^e s., p. 53-56, fig. 17. **b.** Couros. **c.** Femme en course, p. 62-63, fig. 23. **d.** Hymnes à notations musicales du trésor des Athéniens.

Salle VIII : **a.** Temple d'Apollon du vi{e} s., p. 53-56, fronton Est, fig. 16, 18, acrotère, fig. 19 et chéneau. **b.** Temple d'Apollon du ive s., Dionysos du fronton Ouest, p. 80-82, fig. 43, et chéneau. **c.** Statue assise, p. 98-100, fig. 57-58.

Salle IX : Métopes de la tholos de Marmaria, p. 66-76. **a.** Métopes, fig. 26-27. **bc, fg.** Acrotères, fig. 35-37. **d-e.** Amazones des grandes métopes, fig. 28 a-c, 29 a-c, e.

Salle X : **a.** Autel rond de Marmaria, p. 126-127, fig. 93. **b-c, e.** Stèles funéraires, p. 64-66, fig. 24-25 a. **d.** Verres, vases attiques. **f.** Relief avec un cheval. **g.** Apollon citharède, p. 114-115, fig. 70. **h.** Statue de femme en course, p. 75-76, fig. 38. **i, k.** Urnes de bronze, p. 175, fig. 43. **j.** Protomes féminines en terre cuite.

Salle XI : **a.** Colonne des danseuses, p. 84-90, fig. 46-48. **b-c.** Monument de Daochos, p. 91-98, fig. 49-56. **d.** Statue de vieillard, p. 100-104, fig. 59, 61-62.

Salle XII : **a.** L'aurige et fragments du groupe, p. 180-186, fig. 51. **b.** Coupe attique à fond blanc, p. 231-233, fig. 7.

Salle XIII : **a.** Antinoüs, p. 133-135, fig. 99-100. **b.** Statuette d'enfant à l'oie, p. 110-111, fig. 68. **c.** Statuette de petite fille, p. 110-111, fig. 67. **d.** Base de la statue de Plutarque. **e.** Tête de philosophe, p. 135-136, fig. 101. **f.** Sanctuaire de Kirrha : coupe attique, p. 237-238, fig. 11. **g.** Portrait d'homme, p. 111-113, fig. 69. **h.** Antre corycien : cheval de bronze, p. 245-246, fig. 7 ; disque d'or, p. 247-249, fig. 9 ; plaque de terre cuite, p. 250-251, fig. 12 ; ronde des nymphes, p. 250-251, fig. 14 ; flûte en os, p. 250-251, fig. 15 ; figurines féminines, p. 251-253, fig. 18-19 ; pigeons en terre cuite, p. 253-255, fig. 24 ; statuette de bronze, p. 255-256, fig. 26 ; plat attique, p. 256-257, fig. 29 ; peignes en os, p. 257-258, fig. 30 ; osselets, p. 259-260, fig. 32.

Devant le musée : Frise du pilier de Paul-Émile, p. 124, fig. 92. Sarcophage de Méléagre, p. 130-131, fig. 96.

I. VASES ET TERRES CUITES DES PREMIERS TEMPS

ÂGE DU BRONZE

L'objet le plus ancien trouvé dans le sanctuaire d'Apollon, sous le sol même du temple, si l'on en croit le vieil inventaire du musée, mais dont la trouvaille, tant il était méconnaissable, n'a pas retenu l'attention du rédacteur du journal de fouille, a pu être identifié par la suite comme l'extrémité inférieure d'un de ces vases plastiques dérivés de la corne à boire auxquels on donne le nom de *rhyton*. Le fragment, long d'une dizaine de cm, a la forme d'un mufle de lionne, bien modelé, dont les naseaux étaient rapportés dans une matière différente de la pierre dans laquelle il a été sculpté (fig. 1). L'intérieur est creux et un trou est percé à la base pour l'écoulement du liquide que contenait le vase. Il est certain que le *rhyton*, lorsqu'il était complet, était tout à fait semblable à un exemplaire, également en pierre, trouvé dans le palais de Knossos, où il avait un usage rituel, et son origine crétoise n'est pas douteuse. On n'en saurait toutefois tirer argument pour justifier la tradition de l'hymne homérique à Apollon, qui montre le dieu prenant pour premiers desservants de son culte des navigateurs crétois. Le vase est bien daté du Minoen Récent I, soit entre − 1600 et − 1450, et se trouve sans contexte dans les trouvailles de Delphes. Or il porte des traces de réparation faites dans l'Antiquité, soit à la suite d'un accident survenu au moment de la taille de la pierre, soit, plus probablement, plus tard et il a pu parvenir à Delphes longtemps après sa confection, à titre de pieuse relique.

En 1940, J. Roger a pensé reconnaître la partie supérieure de ce *rhyton* dans un fragment que Perdrizet avait publié à part comme le «fragment d'un vase cylindrique en marbre blanc», sans lui donner de date. Le rebord est strié de «godrons verticaux» au-dessus de «quatre filets superposés» (fig. 2). Le diamètre restitué, de 11 à 12 cm, est bien celui de la moyenne des rhytons minoens. Mais la matière du premier fragment avait

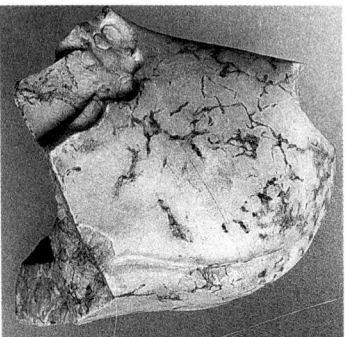 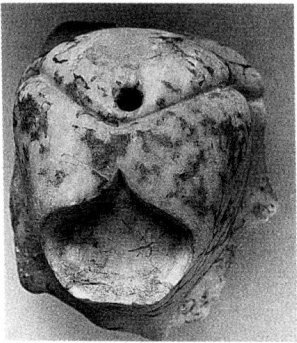 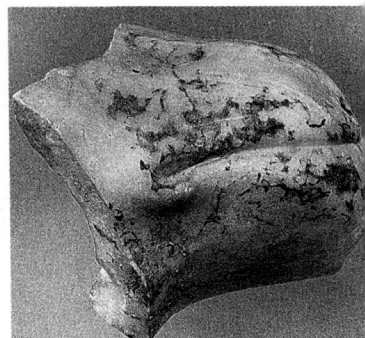

Fig. 1. — Fragment d'un *rhyton* minoen en calcaire : muffle de lionne.

Fig. 2. — Fragment d'un *rhyton* minoen en marbre.

été définie par Perdrizet comme un «calcaire dur, blanc jaunâtre, semblant plutôt de la pierre lithographique que du marbre», alors que pour le second fragment, il parle, sans hésitation, de «marbre blanc». Lorsqu'on examine les deux fragments la différence de matière paraît certaine.

P. Perdrizet, *FDelphes* V 1, *Petits bronzes — terres cuites — antiquités diverses* (1908), p. 3-4 et 208. P. Warren, *Minoan Stone Vases* (1969), p. 86 et 90.

A partir de l'Helladique Récent III (environ − 1400), l'habitat qui recouvre une partie importante du futur sanctuaire d'Apollon et le déborde vers l'Est, a fourni un important matériel, surtout céramique, comportant des vases et des statuettes.

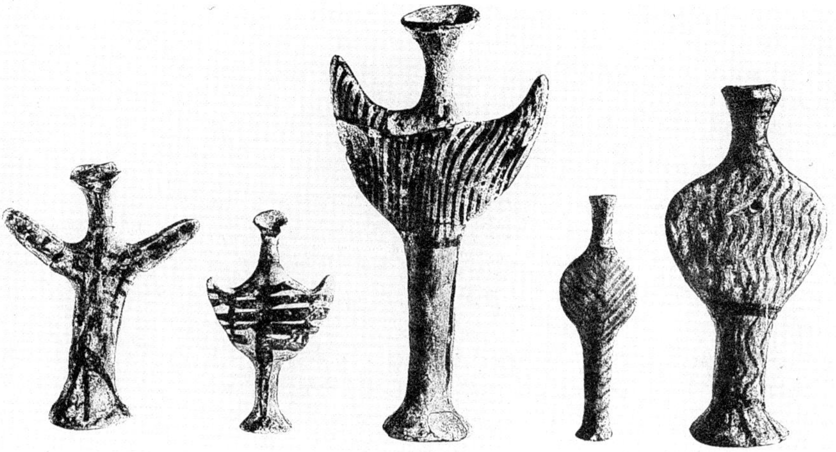

a b c d e

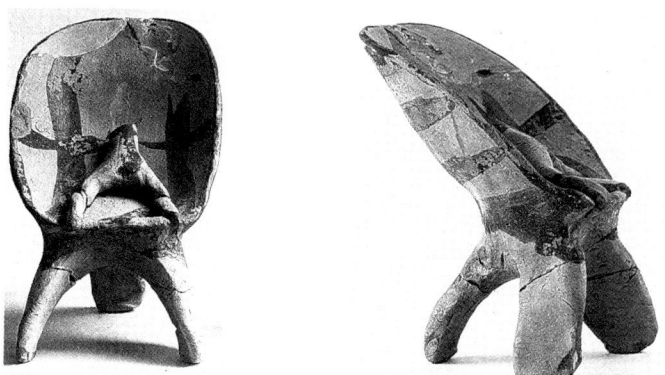

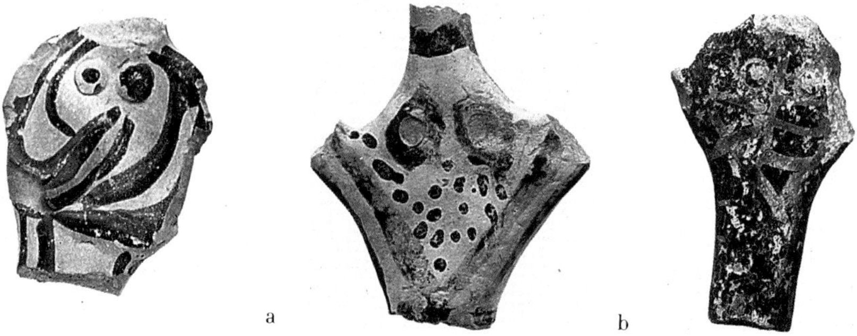

a b c

Fig. 3-4. — Figurines de terre cuite mycéniennes : figurines féminines.

Fig. 5. — Figurine de terre cuite mycénienne : déesse trônant.

Les statuettes sont de deux sortes : féminines ou animales.

A. *Les statuettes féminines sont de deux types : debout ou assis.*

— Le type debout est de beaucoup le plus répandu. Le sanctuaire d'Athéna en a fourni une vingtaine d'exemplaires complets, une cinquantaine dont il subsiste au moins le torse, près de cent fragments de têtes ou de pieds qui n'ont pu être raccordés. Le sanctuaire d'Apollon n'en a livré qu'une quarantaine, tous fragmentaires. Une seule, complète, provient du cimetière Ouest.

Ces statuettes ont en commun le rendu de la partie inférieure du corps, au-dessous de la ceinture, par un cylindre allongé que le doigt du potier a évasé à l'extrémité inférieure pour assurer sa stabilité. Elles diffèrent par le traitement du torse et de la tête :

a) Le type dit en Phi, à cause de sa ressemblance avec cette lettre grecque, présente un torse circulaire, sur lequel les seins sont nettement marqués, soit par un simple relief, soit par un pastillage. Sur un seul exemplaire les bras avaient été figurés, ramenés le long du corps. Le profil de la tête, très aplatie, est une courbe ascendante où le nez n'est pas marqué. Seuls les yeux sont indiqués, soit par la peinture, soit par un pastillage. Du sommet aplati de la tête une tresse en relief descend sur le dos. Ce type est le plus ancien et, à Delphes, le plus rare (fig. 3 d-e).

b) Le type dit en Psi ou en croissant, de beaucoup le plus nombreux. Prolongeant la courbe du torse des appendices s'en dégagent et se recourbent légèrement vers la tête, représentant les bras levés, avec leur draperie. La tête va en s'évasant, comme couverte d'une coiffure en forme de corbeille *(calathos)*, sur laquelle est paradoxalement posée une tresse. Le cou est parfois d'une hauteur démesurée (fig. 3 b-c).

c) Un type, représenté par trois exemplaires au sanctuaire d'Athéna, a les bras nettement dégagés du corps et levés obliquement par rapport à lui (fig. 3 a).

d) Un type, également représenté par trois exemplaires du sanctuaire d'Athéna, a un torse triangulaire terminé par deux petites excroissances pointues figurant les bras (fig. 4 b).

Toutes ces statuettes sont vêtues. Souvent une ceinture sépare nettement le «corsage» de la «jupe» qui cache les jambes. Des lignes ondulées montent verticalement le long de celle-ci. Sur le torse, des cercles entourent les seins (fig. 4). Les motifs les plus divers «hachures obliques, quadrillages, losanges, chevrons, pointillés, imbrications» (Demangel) meublent le torse. Ces motifs se détachent en noir ou en rouge sur la surface claire de l'argile ou de l'engobe. Une fois, de façon tout à fait

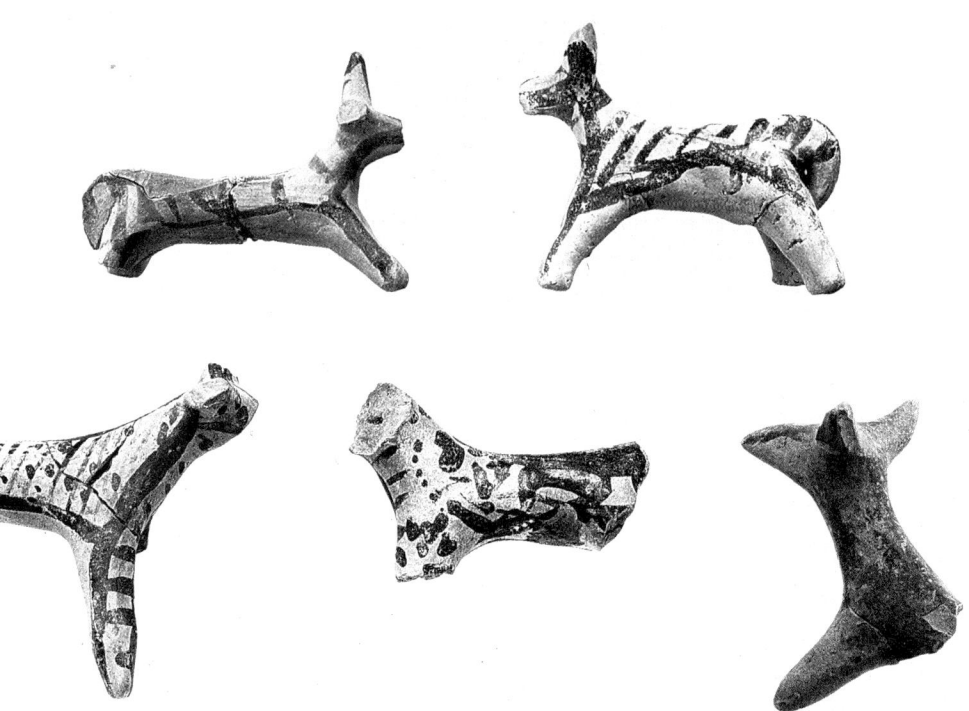

Fig. 6. — Figurines de terre cuite mycéniennes : bovidés.

insolite, la statuette a été recouverte d'un vernis noir, sur lequel les lignes du décor se détachent en blanc (fig. 4 c).

— Le type assis montre la divinité assise sur un fauteuil à trois pieds. Elle avait été modelée à part et collée au fauteuil. Aussi, sur les quatre exemplaires retrouvés de ce type, deux ne sont plus que des fauteuils vides. Sur les deux autres, la figurine, très petite et mutilée (aucune tête n'est conservée), est représentée les bras levés, comme dans le type debout, mais les jambes indiquées et largement écartées, comme si elle était nue (fig. 5). Cependant on retrouve sur tout le corps les mêmes dessins qui ailleurs suggèrent le vêtement.

B. *Les statuettes animales*.

Une seule provient du sanctuaire d'Athéna. Celui d'Apollon en a fourni une soixantaine, dont un seul complet. Le corps de l'animal est un cylindre posé sur deux paires de pattes tendues obliquement en avant et en arrière du corps. La tête, aplatie, est surmontée d'une paire de cornes recourbées et largement déployées, qui suffisent à caractériser l'animal comme un bovidé. La queue est bien marquée. Le pelage est rendu par un jeu de lignes qui tantôt courent dans le sens de la longueur du corps, tantôt perpendiculairement, et, parfois, par des mouchetures (fig. 6).

On s'accorde en général à considérer les statuettes féminines comme représentant une déesse identifiable à cette Terre-Mère, Ga, qui, selon la tradition, avait possédé le sanctuaire avant Apollon. La signification des statuettes animales est moins claire. On a vu en elles des offrandes faites à la déesse. Mais l'identité d'échelle entre les statuettes des deux séries rend cette interprétation plus que douteuse. On peut se demander si l'animal ne représenterait pas le dieu, parèdre de la déesse. Le souvenir d'un dieu ainsi figuré paraît bien subsister dans le mythe crétois de l'union de Pasiphaé avec le taureau, comme dans le rite athénien de la hiérogamie de la femme de l'archonte-roi avec Dionysos dans un local au nom significatif de *Boukoleion*. A côté de la tradition qui donne Ga comme la première propriétaire de l'oracle, une autre lui donnait comme associé Poseidon et l'on sait que ce dieu conserva toujours une place dans le culte Pythique. Un autre Dieu, dont les affinités avec le taureau sont plus marquées, Dionysos, y joue également un rôle de premier plan.

FDelphes V 1, p. 14-15. R. DEMANGEL, *FDelphes* II, *Le sanctuaire d'Athéna Pronaia. Topographie du sanctuaire* (1926), p. 13-28. L. LERAT, *BCH* 59 (1935), p. 329-335. P. AMANDRY, «Sièges mycéniens tripodes et trépied pythique», *Philia Epè, Mélanges G. Mylonas* I (1986), p. 167-184.

Les vases.

Seules les quelques tombes connues ont fourni des vases intacts. La tombe à dromos en contenait à elle seule une soixantaine. Des vases retrouvés brisés à leur emplacement primitif dans l'habitat ont pu être reconstitués, mais on a eu le plus souvent affaire à des fragments entassés dans des remblais.

Cette céramique, dont les formes et les décors sont ceux de la *koinè* mycénienne des débuts du XIVe à la fin du XIIe siècle, ne paraît pas être d'origine locale (aucun atelier n'est connu), mais provient sans doute du Péloponnèse. L'abondant matériel de Delphes permet d'en suivre l'évolution. Pendant les deux premières phases (Helladique Récent ou HR III A et B, soit environ − 1400 à − 1200), la pâte est bien épurée, bien cuite, le vernis, noir ou rouge selon la cuisson, est brillant, les motifs de la décoration sont variés. Au cours de la dernière phase (Helladique Récent III C,

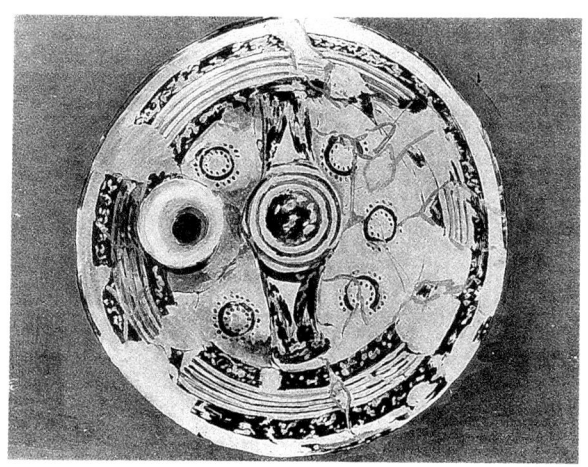

Fig. 7-8. — Deux formes de vases mycéniens (HR III B).

14 VASES ET TERRES CUITES DES PREMIERS TEMPS

Fig. 9-11. — Poulpes et murex sur des vases mycéniens.

soit environ — 1200 à — 1100), la qualité de la pâte et du vernis est de plus en plus médiocre et le décor s'appauvrit.

Parmi les vases à boire les deux formes les plus fréquentes sont les coupes à pied haut, semblables à nos coupes à champagne, dont aucun exemplaire ne nous est parvenu complet, et le bol arrondi à anses en agrafe apparu plus tard (fin de l'HR III A2, fig. 7). La hauteur de ces bols reconstitués est de 12 à 13 cm. Des vases de même forme, mais de plus grandes dimensions ont pu servir au mélange de l'eau et du vin. Les plus récents ont un bec verseur et peuvent être montés sur pied. Coupes et bols se rencontrent seulement dans l'habitat. Aucune des tombes connues n'en renfermait.

Il n'en va pas de même des vases à verser ordinaires, cruches et surtout vases à étrier. Ce dernier, s'il est présent dans l'habitat, est le plus répandu dans les tombes. Sans doute destiné à contenir des huiles parfumées, il y joue le rôle qui sera plus tard celui du lécythe. Toutes ses variantes sont représentées à Delphes. Celui de la fig. 8, en forme de boîte cylindrique à flancs légèrement concaves, orné de murex sur la panse et d'«anémones de mer» sur le dessus, est d'un type très rare (Haut. 13,3 cm).

Dans la décoration, en effet, les motifs animaliers, appartiennent pour la plupart, suivant la tradition de l'art minoen, à la faune marine. Mais, stylisés à l'excès, devenus purement linéaires, ils s'éloignent de plus en plus des prototypes. L'argonaute ou nautile, qui n'apparaît que sur trois fragments, se réduit à un triangle hachuré d'où s'échappent des spirales. Le murex, beaucoup plus répandu, ornement privilégié des coupes, a pour corps une gaine très effilée généralement meublée de points et une tête plus ou moins arrondie surmontée d'une sorte de virgule (fig. 11). Moins fréquent, le poulpe est remarquablement traité sur deux vases, un grand cratère à anses verticales de l'HR III A2 ou B (fig. 9) et sur un vase à étrier (fig. 10) provenant de la tombe à dromos, dont le style raffiné contraste avec la médiocrité de celui des autres vases de la même sépulture datant de l'HR III C. Sur le premier, le corps est un ovale allongé terminé par une pointe, les yeux sont deux cercles concentriques, la tête un triangle aux côtés légèrement incurvés. Les bras sont répartis en deux groupes : du bas de la tête part horizontalement de chaque côté une ligne ondulée qui se termine en spirale ; au-dessous, les six autres bras divisés par groupes de trois descendent d'abord vers le fond du vase, puis remontent pour redescendre encore ; des points blancs couvrent non seulement les tentacules, où ils peuvent figurer les ventouses, mais le corps tout entier. Sur le vase à étrier, le rendu du corps et des yeux est assez semblable. L'originalité tient à la disposition des tentacules, qui, issus

16 VASES ET TERRES CUITES DES PREMIERS TEMPS

Fig. 12-13. — Oiseaux sur des vases mycéniens.

d'un même point, se déploient parallèlement de chaque côté du corps ; ils ont aussi plus de consistance que ceux du cratère ; les ventouses sont rendues par de petits traits en saillie. Des triangles hachurés meublent les vides supérieurs, tandis que tout le haut du vase ainsi que les anses sont entièrement garnis de motifs géométriques qui ne laissent aucun vide : c'est la caractéristique de l'un des styles de l'HR III C, le «close style» des fouilleurs de Mycènes.

Deux représentations d'oiseaux sont également remarquables. Sur le fragment de coupe (fig. 12), datable de l'HR III A2, était figurée une file de curieux oiseaux à bec énorme, auxquels je ne connais aucun parallèle ; le corps est, comme souvent à l'époque, divisé par des lignes verticales en compartiments garnis de petits traits horizontaux superposés ; mais il est, je crois, sans exemple que le dessinateur ait, comme ici, voulu figurer, en la reportant en avant du corps vu de profil, l'aile du côté opposé, le cou jaillissant dans l'intervalle des deux ailes ; la queue est formée de petits traits divergents. L'autre représentation, également insolite, s'est retrouvée sur deux fragments, qui se complètent, de deux grands cratères à pied (et sans doute à bec verseur) de l'HR III C, apparemment œuvres du même potier (fig. 13). L'oiseau ainsi reconstitué est sans doute un paon. Le corps allongé, curieusement posé sur des pattes placées très en arrière, est entièrement opaque ; la tête est un ovale irrégulier sur le fond clair duquel l'œil est indiqué par un point ; la queue est un triangle hachuré.

Aucun autre animal ne figure sur des vases de Delphes, sauf peut-être un hérisson. La figure humaine est totalement absente.

Les motifs de type végétal sont fréquents, notamment sur les coupes, moins souvent sur les bols. Mais, à part un bel exemple de fleur de lys bien reconnaissable peinte sur le flanc d'un grand vase, ces motifs sont stylisés, géométrisés à tel point qu'il est à peu près impossible de les rattacher à leur prototype minoen et il vaut mieux, comme le fait Furumark, parler pour certains de «fleurs mycéniennes», dont on peut distinguer plusieurs types mais sans les nommer autrement (fig. 14).

La décoration fait une très grande place aux motifs purement géométriques. Un des plus fréquents est la spirale, qu'on peut trouver détachée ou enchaînée ou disposée de diverses manières de part et d'autre d'un élément central. Le répertoire des autres motifs est considérable : une bonne vingtaine dans le catalogue de Furumark. Une disposition remarquable, particulièrement utilisée pour les bols, consiste à organiser le décor autour d'un panneau formé de lignes verticales encadrant un motif central, tel que chevrons, zigzag, tresse, losanges en chaîne, etc. A la fin de l'époque mycénienne, la ligne ondulée devient le motif presque exclusif avec les triangles hachurés (fig. 15-17).

18   VASES ET TERRES CUITES DES PREMIERS TEMPS

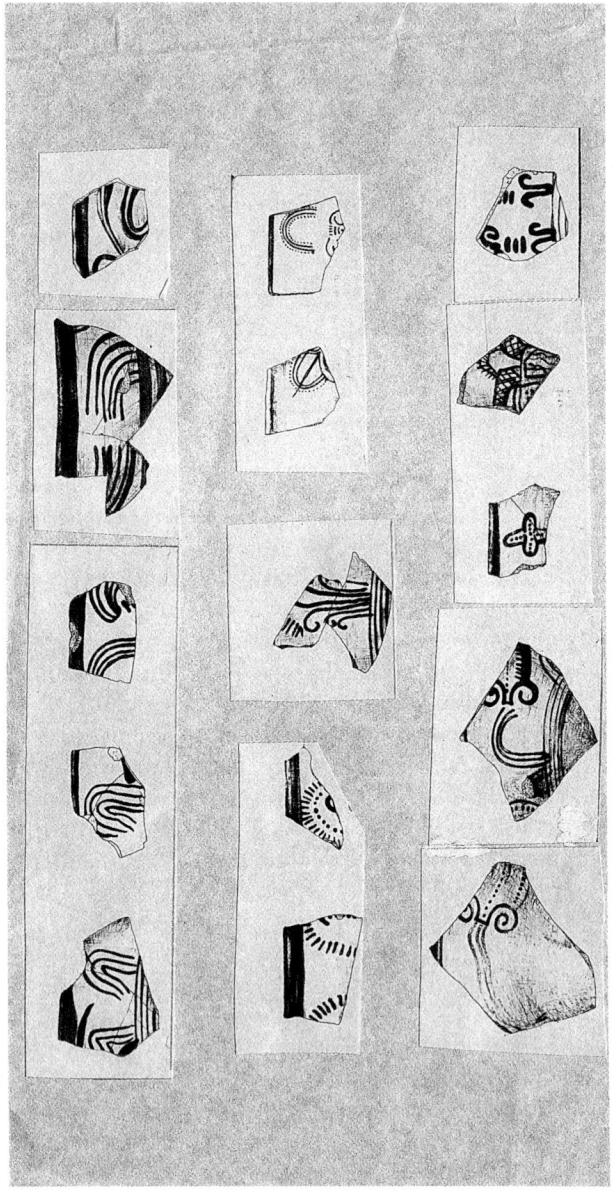

Fig. 14. — Motifs végétaux sur des fragments de coupes mycéniennes.

Fig. 15-17. — Formes et décors submycéniens.

A côté des vases décorés de l'une ou l'autre de ces catégories de motifs, il en est d'autres, comme les amphores, les hydries, les cruches, qui, le plus souvent, n'ont pour toute ornementation que de larges bandes parallèles ceinturant le corps du vase. Des coupes, des bols, des tasses sont seulement recouverts à l'extérieur comme à l'intérieur, d'une couche de vernis rouge, noir, marron ou, intentionnellement, bigarré. Enfin il existe une céramique grossière, aux parois épaisses dont la couleur est celle même de l'argile. C'est celle des grandes jarres à provisions *(pithoi)*, naturellement nombreuses dans un site d'habitat. La hauteur de celles qui nous sont parvenues entières varie de 60 cm à 1,20 m. Elles peuvent être ceinturées de larges bandes en relief, tantôt lisses, tantôt ornées de motifs incisés ou estampés.

Fig. 7 : inv. 5880, *BCH* 59 (1935), p. 341, pl. XXI. Fig. 8 : inv. 5886, *ibid.*, p. 347-349, pl. XXII. Fig. 9 : inv. 7150, *BCH* 74 (1950), pl. XXXVIII. Fig. 10 : inv. 7275, *FDelphes* V 1, p. 8-9. Fig. 11 : *BCH* 59 (1935), p. 353. Fig. 12 : inv. 5889, *ibid.*, p. 355-357, pl. XXIX. Fig. 13 : inv. 7699 + 5884, *BCH* 85 (1961), p. 360-362. Fig. 14 : *BCH* 59 (1935), p. 358-362.

ÂGE DU FER

Il existe peu de témoins à Delphes des «temps obscurs», qui s'étendent de − 1100 à − 800 environ. Des tombes submycéniennes ont donné les vases des fig. 15-17. Un corps de cruche, privée de son goulot, faite d'une terre de couleur gris-bleutée semblable à celle de la céramique «minyenne», portant deux mamelons sur l'épaule, est d'origine macédonienne. Le goulot devait être du type échancré à l'arrière, comme on le voit sur les cruches toutes semblables trouvées dans la tombe de Kapakli, près de Volo. Au même type appartient une autre cruche bien conservée (fig. 18), de même origine, mais d'une terre grisâtre ; le goulot, très largement échancré, est entouré de lignes incisées ; sur l'épaule sont peints des triangles hachurés dont la pointe est alternativement tournée vers le haut ou vers le bas. L'anse est torse.

Plusieurs fragments, dont un assez important pour qu'on ait pu reconstituer un vase (fig. 19), proviennent de bols portant sous leur rebord un décor formé de demi-cercles parallèles, tracés au compas, qui peuvent enfermer un autre motif (ainsi le «diabolo» de l'exemplaire reconstitué), tantôt juxtaposés, tantôt se recoupant. Ces bols à base annulaire sont typiques du «protogéométrique» thessalien ou cycladique. En Attique ils sont généralement montés sur des pieds coniques. Une demi-douzaine de pieds de ce genre ont été trouvés à Delphes.

Fig. 18-21. — Vases de type protogéométrique.

D'autres fragments, décorés de triangles hachurés appartiennent à des séries protogéométriques qui sont bien connues à Ithaque, mais aussi en Achaïe et, en Phocide, à Médéon (fig. 20-21).

Fig. 15 : inv. 7394, *FDelphes* V 1, p. 133-134, fig. 500. Fig. 16 : inv. 5941, *BCH* 61 (1937), p. 47, pl. V, 10. Fig. 17 : inv. 7381. Fig. 18 : inv. 5986, *Rev. Arch.* 1938-II, fig. 13, 6. Fig. 19 : inv. 5909. Fig. 20-21 : inv. 7211, *BCH* 74 (1950), pl. XXXIX, 1.

Avec le Géométrique moyen II de la classification de Coldstream (env. — 800) commence la grande époque du géométrique de Delphes. Il n'est pas un point du sanctuaire d'Apollon et de ses abords orientaux qui n'ait fourni de nombreux vases ou fragments de vases de cette époque. Aucun

22   VASES ET TERRES CUITES DES PREMIERS TEMPS

Fig. 22-24. — Vases du géométrique moyen.

site de la Grèce continentale n'a fourni en telle abondance des échantillons des deux grandes catégories auxquelles appartient presque exclusivement le matériel géométrique de Delphes.

Au cours d'une première phase le décor est limité à la partie supérieure du vase, dont le corps est entièrement recouvert d'un vernis noir, laissant place seulement à une ou deux bandes claires meublées de lignes horizontales parallèles.

Dès cette première phase deux catégories se laissent distinguer, différentes à la fois par la pâte — dense et de couleur chamois dans l'une, pulvérulente et de couleur blanc verdâtre dans l'autre — et par les motifs du décor. La première est sûrement d'origine corinthienne. L'autre, dite arbitrairement «de Thapsos», après avoir reçu les attributions les plus diverses — elle fut même considérée comme propre à Delphes — pourrait bien n'être elle-même qu'une variété de la production corinthienne.

La première catégorie est illustrée au mieux par deux grands bols *(skyphoi)* à corps arrondi et à anses rubanées verticales, hauts respectivement de 16 et 21,5 cm (fig. 22). Le seul motif décoratif est un petit zigzag vertical, dont une file, disposée à l'intérieur d'un galon, court sur le bord du vase ou un peu au-dessous. Une zone claire meublée de lignes parallèles s'étend jusqu'à la base des anses. Ces deux beaux vases, trouvés en des points différents, ont en commun d'avoir été brisés et réparés dans l'Antiquité, comme le montrent les trous pratiqués sur leurs flancs pour l'insertion d'agrafes en plomb.

A la seconde catégorie appartient un grand cratère (fig. 23) à anses complexes (en étrier) porté par un pied haut et cannelé (hauteur totale du vase 30 cm). Le décor est constitué par un méandre hachuré contenu par un panneau rectangulaire inséré dans la surface noire du vase, entre le bord supérieur et la base des anses, mais sans occuper tout cet espace.

Sur le goulot trilobé d'une cruche, incomplètement reconstituée, une suite de petites spirales se développe entre deux séries de lignes horizontales (fig. 24).

Fig. 22 : inv. 5896, *Rev. Arch.* 1938-II, p. 215 et pl. III. Fig. 23 : inv. 7216. Fig. 24 : inv. 7405, *BCH* 74 (1950), pl. XXXIX, 6.

La céramique du Géométrique récent (— 750 — 700), plus abondante, présente les deux catégories distinguées dans la phase précédente, avec une nette prédominance de celle «de Thapsos». Elles ont en commun la tendance à réduire la partie vernissée du vase et à développer la partie claire couverte de lignes horizontales parallèles. Dans la seconde catégorie cette tendance est poussée jusqu'à l'élimination complète de la zone noire.

A la première catégorie — corinthienne — appartiennent deux grands

24 VASES ET TERRES CUITES DES PREMIERS TEMPS

Fig. 25-28. — Vases du géométrique récent : série corinthienne.

ÂGE DU FER

Fig. 29-31. — Vases du géométrique récent : série dite de Thapsos.

Fig. 32. — Vases du géométrique récent : série dite de Thapsos.

cratères reconstitués, hauts respectivement de 28,5 et de 30,5 cm dont l'embouchure est sensiblement égale à la hauteur. Ils ont la même anse à étrier que le cratère à pied de la fig. 23, mais une base plate annulaire. Le premier (fig. 25) a une décoration particulièrement riche. Dans la zone principale, trois métopes meublées de zigzags horizontaux superposés alternent avec trois métopes dans lesquelles deux triangles emboîtés s'opposent par le sommet, flanqué de deux croix gammées ; l'ensemble est fermé de chaque côté par une métope plus mince décorée d'une suite verticale de losanges pointés. Au-dessus de la zone principale, le bord du vase est orné d'une suite horizontale de petits zigzags verticaux (ou *sigma*), tandis qu'au-dessous un galon renferme une suite de panneaux allongés renfermant alternativement des zigzags et des losanges ponctués. La partie simplement vernissée du vase en occupe environ le tiers inférieur.

C'est ce même style qu'on retrouve sur des *skyphoi* plus petits comme celui de la fig. 27, avec des anses rubannées horizontales peu détachées des flancs, ou sur l'*oenochoé* à goulot tréflé de la fig. 28 pansue, à large base. Dans les deux cas le décor se réduit à un galon meublé de petits sigmas insérés dans le réseau des lignes horizontales parallèles. Le seul aryballe de cette époque trouvé à Delphes porte sur son épaule des triangles hachurés (fig. 26). Le seul motif de l'époque emprunté au règne animal, le héron, n'est représenté à Delphes que sur quelques fragments de *cotyles*, petites tasses à parois fines et sans lèvres saillantes.

ÂGE DU FER

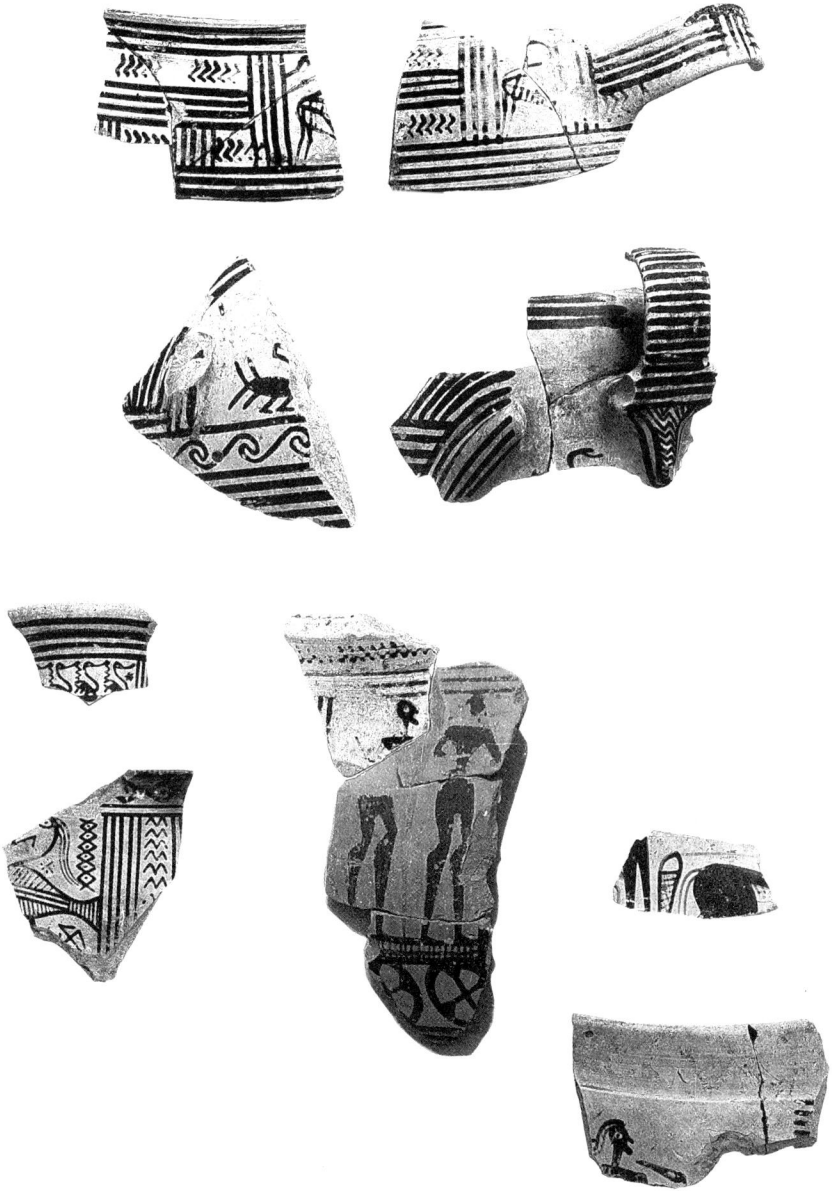

Fig. 33-37. — Oiseaux et guerriers sur des vases du géométrique récent.

A la classe «de Thapsos» appartiennent de grands cratères à pied haut ou à base annulaire, à anses complexes (en étrier ou arcades jumelles dont la jonction est traitée de manière à suggérer une tête taurine). Ce sont, en raison de leurs dimensions, difficiles à calculer, car aucun de ces cratères n'a pu être reconstitué (fig. 29), les vases les plus ornés : ils peuvent comporter jusqu'à quatre bandes décorées au-dessous du bord, toutes de motifs différents, dont aucun ne se trouve dans la série sûrement corinthienne : méandres simples ou hachurés, équerres, doubles zigzags à pointes, losanges hachurés, spirales simples etc.

Les mêmes motifs se retrouvent sur les skyphoi à anses en agrafe, dont les flancs ont un profil plus tendu que ceux de la série corinthienne (fig. 32). Mais le décor n'y occupe qu'une ou deux zones. Il en est de même des petits canthares aux anses verticales montant au-dessus du bord. Le décor, quand il existe, se réduit au minimum sur les cruches à goulot rond ou trilobé (fig. 30-31), sur les pyxides globulaires ou plates.

Sur plusieurs tessons sont représentés des oiseaux : le plus souvent de petits canards, en silhouettes noires, qui meublent parfois l'intervalle clair réservé entre les anses complexes des cratères ou sont disposés en files sur des goulots de cruches (fig. 33-35) ou des épaules de skyphoi ; une fois un grand héron à longue crête, au corps oblong, à queue en triangle, est exécuté en silhouette claire avec, à l'intérieur du corps, des lignes obliques réparties de part et d'autre de deux lignes recoupant le corps horizontalement et des lignes verticales sur la queue (fig. 36). Enfin, un vase était, chose exceptionnelle dans cette catégorie céramique, orné d'un défilé de chars montés par des guerriers, manifestement inspirés de la céramique attique (fig. 37).

Fig. 25 : inv. 5975, *Rev. Arch.* 1938-II, p. 215 et pl. III. Fig. 26 : inv. 5964. Fig. 27 : inv. 7403. Fig. 28 : inv. 5963. Fig. 29 : inv. 7163. Fig. 30 : inv. 5969. Fig. 31 : inv. 5945, *BCH* 61 (1937), p. 48, pl. VI, 2. Fig. 33 : *FDelphes* V, p. 139-140, fig. 549. Fig. 35 : *FDelphes* V 1, p. 140, fig. 552. Fig. 36 : *FDelphes* V 1, p. 139-140, fig. 550. Fig. 37 : *FDelphes* V 1, p. 139, fig. 537-536 ; *BCH* 85 (1961), p. 328.

II. LA SCULPTURE EN PIERRE

Si les trouvailles en bronze tiennent à Olympie une place particulièrement importante, surtout pour les hautes époques, la pierre représente au musée de Delphes le matériau essentiel de la sculpture. La pierre : entendons avant tout le marbre, mais aussi le calcaire, poreux ou compact, qui, stuqué ou non, a mieux conservé les traces de couleur, polychromie ou inscriptions peintes. Certes, la grande statuaire en métal était abondante dans le sanctuaire d'Apollon à en juger d'après la *Périégèse* de Pausanias et d'après les bases mises au jour par la fouille, mais elle a presque intégralement disparu, tandis que de beaux spécimens de la ronde bosse en pierre sont parvenus jusqu'à nous ; d'autre part, la sculpture monumentale, normalement en pierre, nous a conservé, sous des formes souvent originales, des ensembles décoratifs cohérents, sinon complets, du moins restituables à partir d'éléments nombreux et significatifs.

Bibliographie générale.

Le tome IV de la collection *Fouilles de Delphes* de l'École Française d'Athènes est intitulé *Monuments figurés. Sculpture.* Les fascicules suivants concernent la sculpture en pierre :

FD IV 1 : Th. Homolle, *Art primitif. Art archaïque du Péloponnèse et des îles* (1909).
FD IV 2 : Ch. Picard et P. de La Coste-Messelière, *Art archaïque (suite). Les trésors « ioniques »* (1928).
FD IV 3 : P. de La Coste-Messelière, *Art archaïque (fin). Sculptures des Temples* (1931).
FD IV 4 : P. de La Coste-Messelière, *Sculptures du Trésor des Athéniens* (1957).
FD IV 6 : M.-A. Zagdoun, *Reliefs* (1977).

Citons aussi, comme ouvrage de référence :

P. de La Coste-Messelière, *Au musée de Delphes. Recherches sur quelques monuments archaïques et leur décor sculpté* (1936), abrégé ici *Musée de Delphes*.

Deux grands albums commentés ont été publiés sur l'ensemble du matériel :
Ch. PICARD et P. de LA COSTE-MESSELIÈRE, *Sculptures grecques de Delphes* (1927) et
P. de LA COSTE-MESSELIÈRE et G. de MIRÉ, *Delphes* (1943).

Nous signalerons au fur et à mesure les études ponctuelles les plus importantes qui
ont paru dans divers ouvrages et diverses revues, notamment dans le *Bulletin de
Correspondance hellénique* (= *BCH*) et ses *Suppléments*, en particulier *BCH Suppl.* IV
(1977), *Études delphiques*.

Sous le titre «Chronique delphique (1970-1981)», P. AMANDRY a dressé, dans le
BCH 105 (1981), p. 673-769, un bilan de dix ans d'activité archéologique à Delphes
dans lequel la sculpture n'est pas oubliée.

Le tome II des *Fouilles de Delphes*, intitulé *Topographie et architecture* doit être pris
en compte pour la plastique monumentale, notamment :

FD II, *Terrasse du temple* : F. COURBY, *La terrasse du temple* (1927).
FD II, *Région Nord* : J. POUILLOUX, *La région Nord du Sanctuaire* (1960).
FD II, *Siphnos* : G. DAUX et E. HANSEN, *Le trésor de Siphnos* (1987).

Enfin, des renvois complémentaires seront faits ici à :

BIEBER : M. BIEBER, *The Sculpture of the Hellenistic Age* (rev. ed. 1961).
FUCHS, *SkGr* : W. FUCHS, *Die Skulptur der Griechen* (1969).
MARCADÉ, *MDélos* : J. MARCADÉ, *Au Musée de Délos* (1969).
LANGLOTZ, *Studien* : E. LANGLOTZ, *Studien zur nordostgriechischen Kunst* (1975).
LULLIES-HIRMER : R. LULLIES, *Griechische Plastik*. Aufnahmen von M. und A. Hirmer
(1979).
LIMC : *Lexicon Iconographicum Mythologiae Classicae* (en cours).

I. L'ÉPOQUE ARCHAÏQUE

Si la plus ancienne idole d'Apollon fut, selon Pindare, taillée dans un
tronc de cyprès, la pierre n'en est pas moins liée à Delphes aux origines
mêmes du culte.

Selon la légende, l'endroit où se rencontrèrent les deux aigles lâchés par
Zeus des deux extrémités de l'univers était désigné comme le centre de la
terre : le symbole en fut une pierre sacrée, l'***omphalos*** (le Nombril), de forme
plus ou moins conique, que les représentations figurées montrent en général
couverte d'un réseau de bandelettes de laine *(l'agrènon)*. Deux copies
antiques ont été retrouvées : l'une en calcaire gris de Saint-Élie, datant peut-
être de l'époque classique, a été laissée sur le site, non loin du Trésor des
Athéniens ; elle ne montre pas l'*agrènon*, à l'inverse de l'autre exemplaire,
sans doute hellénistique ou romain, plus monumental et en marbre, qui a été
porté au musée.

Bibl. : *FD* II, *Terrasse du temple*, p. 69 sqq., corrigé par J. BOUSQUET, *BCH* 75
(1951), p. 210-223. H.-V. HERRMANN, *Omphalos* (1959), p. 17-18, pl. 3, 1 et 2.

Pour premier clergé, l'Apollon de Delphes aurait, selon l'*Hymne homérique*,
choisi des navigateurs crétois «de Cnossos la minoenne», impérativement
déroutés vers Crisa par le dieu lui-même métamorphosé en dauphin et dès lors

« Delphinios ». Curieuse coïncidence : le fragment de **rhyton** en calcaire mentionné plus haut fait penser à la Crète et il remonte en tout cas au IIe millénaire. C'est l'un des plus anciens objets façonnés dans la pierre que nous ayons à Delphes.

Bibl. : FD IV 1, p. 3 (cf. P. PERDRIZET, FD V, p. 3-5 et p. 208, n° 698, pour un autre fragment possible). P. WARREN, *Minoan Stone Vases* (1969), p. 90. P. THÉMÉLIS, *Annuario* 45 (1983), p. 248.

Autre ustensile cultuel, sorte de bénitier que l'on plaçait à l'entrée des lieux saints, un **périrrhantérion**, malheureusement très incomplet et restauré en plâtre, montre une vasque au rebord ouvragé qui était portée par trois statuettes féminines en robe droite disposées autour d'un pied central ; une tête partiellement conservée prouve que le front était bordé de boucles et que la chevelure était quadrillée à l'arrière. L'œuvre, en marbre de Paros, est à dater dans les premières décennies du VIe siècle. C'est à cette époque aussi que commence pour nous la grande sculpture.

Bibl. : FD IV, 2, p. 191-192. J. DUCAT, BCH 88 (1964), p. 595-596.

1. La statuaire indépendante.

Peu de pièces en ronde bosse nous sont gardées, mais elles sont de première importance, dans la forme animalière et dans la forme humaine.

La colonne haute d'une dizaine de mètres, dont la base cylindrique et les tambours à 44 cannelures, jadis réunis par des tampons de bois, sont visibles sur la fouille derrière le Rocher de la Sibylle, portait sur son chapiteau ionique une représentation de **Sphinx** accroupi, en appui sur ses pattes de devant raidies. On a tout l'essentiel de cette œuvre qui témoigne à Delphes (comme les lions voisins du Lac Sacré à Délos) de l'importance politique et de la maîtrise artistique de Naxos à la haute époque archaïque. Taillé dans un énorme bloc de marbre naxien, le monstre (corps de lion, ailes d'oiseau, tête de femme) mesure 2,22 m au sommet du crâne et allie à la solidité de la structure un raffinement poussé des valeurs décoratives (fig. 1).

Le visage étiré, aux grands yeux triangulaires et à la bouche droite limitée par deux plis recreusée aux commissures, est bordé sur le front et les tempes par des crans ondulés parcourus de lignes incisées, en avant du bandeau qui cerne le crâne et se noue sur la nuque ; plus haut, les cheveux sont peignés d'avant en arrière en nattes fines, mèches perlées étroites et parallèles, qui épousent l'arrondi de la calotte ; derrière les oreilles dégagées, quatre longues parotides en boules d'épaisseur décroissante descendent enfin sur les épaules et dans le dos. Même diversité entre les imbrications qui couvrent en zones le poitrail et la calligraphie des ailes relevées en faucille où succède à la belle surface lisse de l'épaule bordée d'un triple filet qui va s'amincissant le long de la courbe vers la pointe, la stylisation savante des rémiges tour à tour incisées, puis modelées en relief plat et en relief dans le creux. Le corps de

Fig. 1. — Le Sphinx des Naxiens.

félin où les côtes seules sont sobrement indiquées, les pattes aux griffes puissantes et la croupe nerveuse assurent avec vigueur et simplicité l'équilibre de la statue sur son support. Certaines correspondances sont d'ailleurs notables avec l'interprétation du chapiteau (large surface de feuilles d'eau bombées du *kymation*, triple nervure des volutes, dessin des demi-palmettes).

Bibl. : *FD* IV 1, p. 41-54. P. AMANDRY, *FD* II, *La Colonne des Naxiens et le Portique des Athéniens* (1953), p. 26-32.

La dédicace était naxienne : ce que suggère le matériau est confirmé par le décret du IVe s. qui, sur la base de la colonne, renouvelle la promantie pour les Naxiens. Le Sphinx de Delphes est ainsi un jalon essentiel pour l'étude de l'art de Naxos et sans doute un jalon ancien : la date de 570-560 paraît, en effet, la plus plausible.

Dans la gamme des représentations viriles, deux **colosses** de quelque 2,20 m de haut, en marbre de Paros, témoignent, quant à eux, pour la sculpture argienne du début du VIe siècle (fig. 2). Ils font paire, mais sont dressés chacun sur une plinthe indépendante, ce qui rend discutable leur position relative. Si les inscriptions gravées sur la face supérieure des deux plinthes étaient mieux lisibles et si elles se continuaient de l'une à l'autre, on aurait une meilleure certitude, mais les déchiffrements et les restitutions qui ont été récemment proposés remettent en question jusqu'au sens général de l'offrande. On a très longtemps considéré qu'il s'agissait des effigies de Cléobis et de Biton, ces fils pieux qui s'attelèrent eux-mêmes au char rituel pour amener leur mère au sanctuaire de l'Héraion d'Argos où devait avoir lieu une fête et méritèrent ainsi une sorte d'héroïsation. Hérodote qui raconte l'histoire ajoute que les Argiens avaient consacré à Delphes des statues de ces deux jeunes gens. Les lectures où l'on retrouvait le nom de Biton et la mention d'une «mère» sont pourtant mal assurées et (mis à part une signature de [Poly]médès d'Argos incontestable) le mot sur lequel aujourd'hui l'accord se fait de plus en plus est celui qui parle des Anakes, c'est-à-dire des Dioscures ; on a même cru distinguer quelques traces du nom de Polydeukès (Pollux) sur la cuisse de l'un des personnages. Quoi qu'il en soit, la signature d'un artiste d'Argos — sinon deux ? — confère à ces œuvres qui ne sont peut-être pas de la même main, mais sortent évidemment du même atelier, un intérêt exceptionnel. Les formules du dédalisme sont encore proches, dans la courbe aplatie du devant de la tête et dans la structure géométrique du visage ou dans la ligne gravée de l'arche thoracique ; mais on est entré déjà dans la voie de l'archaïsme proprement dit et une date vers 580 paraît la plus probable.

34 LA SCULPTURE EN PIERRE

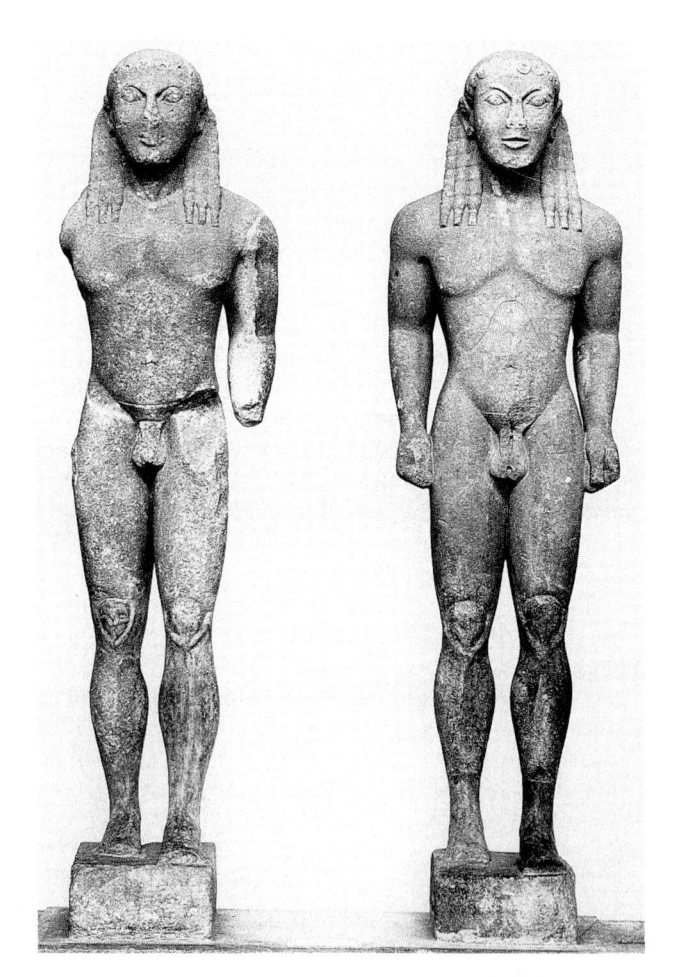

Fig. 2a. — Les « Jumeaux d'Argos » vus de face.

L'ÉPOQUE ARCHAÏQUE 35

Fig. 2b. — Les «Jumeaux d'Argos» vus d'arrière.

Fig. 3. — Torse d'un couros archaïque.

Le schéma du couros est présent dans l'attitude générale (nudité, frontalité, bras abaissés, poings fermés, pied gauche en avant) et dans les conventions qui expriment la vie, la jeunesse et la force (grands yeux ouverts où la paupière supérieure tendue sur le globe très rond est surmontée de sourcils en relief, bouche droite entre les deux lèvres bien distinguées ; cheveux bouclés sur le front et tirés sur l'occiput où les maintient un lien, nappe dorsale quadrillée étrécie dans le bas, parotides volumineuses, nouées comme les franges d'un tapis ; puissance des épaules et des pectoraux, vigueur des bras, largeur des cuisses, rondeur des mollets et accentuation des charnières du corps, en particulier des genoux). Toutefois, le plan antérieur de la face et du torse avancé presque à l'aplomb de la jambe portée en avant, l'action des bras nettement fléchis au coude et l'indication de bottines montantes sont des particularités originales. Dans la courte série des statues et des statuettes strictement argiennes du vi[e] s., les «jumeaux» de Delphes sont à la fois les plus anciens et les plus remarquables.

Bibl. : *FD* IV 1, p. 5-18. Cl. Vatin, *BCH* 106 (1982), p. 509-525. P. Faure, *AntCl* (1985), p. 56-65.

Les autres **couroi** que l'on peut voir (fig. 3) sont d'une apparence plus banale et d'une date plus avancée dans le vi[e] s. ; acéphales, réduits au torse, ils sont taillés en marbre des Cyclades ; leur construction et la fourche assez fermée du V inguinal désignent le style parien. Une base,

Fig. 4. — Fragments d'une Athéna archaïque colossale
(tête casquée et bouclier à tête de Gorgone).

dans laquelle reste engagée, fixée au plomb, la plinthe d'une statue virile archaïque porte précisément, gravée sur le lit supérieur, une dédicace des «fils de Charopinos de Paros».

Bibl.: *FD* IV 1, p. 54-60 (le n° 24 a retrouvé le haut du bras gauche : cf. J. Marcadé, *BCH* 77 [1953], p. 271, fig. 65).

Les témoins de la **statuaire féminine** indépendante ne sont que des fragments, d'échelle d'ailleurs très diverse. On a recueilli sur la terrasse de Marmaria les restes d'une très grande effigie en marbre d'Athéna, avec égide-cape bordée de serpents et bouclier rond marqué d'une tête de gorgone ; l'œuvre est attribuable à la fin de l'archaïsme (fig. 4). D'autres morceaux proviennent de corés de taille humaine ou de grandeur «petite nature», mais quelques-uns pouvaient appartenir à des caryatides.

Fig. 5. — Les caryatides «cnidiennes».

Bibl. : *FD* IV 3, p. 78-79 (n°s VII-IX) et p. 81-82 (n°s XVIII-XIX). Pour l'Athéna Promachos de Marmaria, J. MARCADÉ, *BCH* 79 (1955), p. 379-406 ; en faveur de son attribution à l'école parienne, A. KOSTOGLOU-DESPINI, *Problèmes de la sculpture parienne du ve s.* (en grec, 1979), p. 54.

2. *Les caryatides.*

L'utilisation de statues féminines dressées sur un piédestal comme supports *in antis* de certains trésors est une originalité de l'architecture archaïque à Delphes. Les figures vont alors par deux, leurs jambes sont inversement symétriques et leur tête est surmontée d'un *calathos* dont le couronnement s'élargit sous l'architrave. L'attitude est celle des corés qui, vêtues d'une longue robe de lin *(chiton)* et d'un manteau de laine *(himation)* passant en oblique d'une épaule sous l'aisselle opposée, rassemblent et relèvent latéralement d'une main le tissu du *chiton* pour dégager le pied porté en avant, qui est alternativement ici le pied gauche et le pied droit.

La plus ancienne paire présumée de caryatides remonte au milieu du VIe s. ; elle a été attribuée, d'après le lieu de trouvaille des fragments, au **Trésor des Cnidiens** ; reste à savoir si l'architecture de l'édifice peut s'en accommoder. Ces deux figures, d'une corporéité et d'une richesse incontestables, relèvent en tout cas d'un style «grec de l'Est» (fig. 5).

On a le buste de l'une jusqu'au départ du cou et presque toute la hauteur de l'autre jusqu'à l'épaule. Le traitement de la sculpture présente des particularités remarquables. L'*himation*, bien qu'il passe sur une épaule et sous une aisselle, couvre les deux seins ; il dessine sur le ventre une courbe haute en arche de pont et forme sur les hanches deux retombées égales, ce qui rappelle certaines corés samiennes et anatoliennes. Son large pli axial bordé d'incisions verticales s'encadre de plis d'abord roides et dédoublés en épaisseur, qui ondulent ensuite plus grassement. Le *chiton* est parcouru de plis en légère saillie divisés sur toute leur longueur par des rainures étroites : plis verticaux sur les manches et surtout plis irradiés en éventail sur les jambes à partir de la main qui tire l'étoffe. Les cheveux sont traités en grosses perles ; cinq longues parotides en chapelets descendent de chaque côté du cou sur le sein, sur l'aisselle et sur le haut du bras ; les pans d'un bandeau noué tombent sur la nappe dorsale.

Bibl. : *FD* IV 2, p. 1-18 est à rectifier et à compléter d'après P. DE LA COSTE-MESSELIÈRE et J. MARCADÉ, *BCH* 77 (1953), p. 346-353. LANGLOTZ, *Studien*, p. 59-61.

Les têtes sont perdues. On a cru en posséder une, mais la stylisation des mèches suffit à l'éliminer et sa date est plus tardive (vers 530). Quoi qu'il en soit, cette **tête « ex-cnidienne »** (fig. 6 a-b) est bien une tête de caryatide : sur les cheveux en rubans gaufrés qui couvrent l'arrondi du crâne cerné par un diadème souple *(stéphané)*, s'élève une corbeille cylindrique *(calathos)* au-dessus de laquelle on a replacé un chapiteau à godrons.

a b c

Fig. 6. — Tête «ex-cnidienne» et tête de la caryatide siphnienne.

L'abondance du décor est frappante. La partie antérieure du *calathos* est sculptée d'une frise de personnages debout, en deux groupes qui se font face : on reconnaît au centre Apollon lyricine et à l'extrémité droite Hermès jouant de la syrinx. Le diadème et la base du *calathos* sont ponctués de trous pour des ornements métalliques. La frange de cheveux, ondée en festons, qui encadre le front comportait deux rangs de bouclettes travaillées à part dans le marbre et insérées une à une. Entre les paupières délicatement ouvrées, les yeux posés en oblique (l'œil droit surtout) recevaient un globe exécuté dans un matériau différent et les disques qui couvrent le lobe des oreilles étaient non seulement peints, mais piqués en leur centre d'un bijou de métal. Le ruissellement des parotides peignées en stries, le visage plein et souriant, avec ses pommettes charnues et ses lèvres moqueuses donnent une impression de vie heureuse. L'œuvre est assurément ionienne, même si l'on discute de l'école exacte (Chios?) à laquelle il faut la rapporter.

Bibl. : P. de La Coste-Messelière et J. Marcadé, *BCH* 77 (1953), p. 354-360. Langlotz, *Studien*, p. 62-63 et 140-143. Fr. Croissant, *Les protomés féminines archaïques* (1983), p. 71-82.

Du **Trésor des Siphniens,** assez précisément daté vers 525, l'une des caryatides est partiellement conservée. On en a au moins le torse drapé, la tête diadémée, le *calathos* décoré au pied d'une moulure lesbique renversée et sculpté tout autour d'un thiase dionysiaque, et enfin le chapiteau dont l'échine campaniforme porte en relief deux lions dévorant un cerf (fig. 6 c-7).

Le drapé du vêtement est moins particulier que celui des corps «cnidiens» : l'*himation* dégage entièrement le côté droit du buste où apparaissent les

Fig. 7. — Caryatide siphnienne.

nervures tremblées du *chiton*, et ses retombées sont inégales; le large pli central est dévié en oblique et, par-dessus la lisière du manteau en sautoir, le tissu repasse en vaguelettes serrées. La tête est aussi moins chargée d'éléments rapportés que la tête «ex-cnidienne». On trouve encore des trous d'insertion, sur la *stéphané* et sur les pendants d'oreilles pour des bijoux de métal, et au départ de la frange ondulée qui descend sur le front pour des boucles de cheveux en marbre; mais les mèches qui, de sous le diadème, descendent vers les tempes sont sculptées en relief par-dessus la frange et les yeux ne sont pas creusés. Sur le crâne et à l'arrière, la chevelure est peignée en longs rubans striés et les parotides qui descendent sur les seins semblent exécutées avec une douille de pâtissier. Le modelé du visage rond, bien en chair, est solide, mais un peu gras, avec l'amorce d'un double menton. On pense, comme sculpteur, à un artiste insulaire influencé par un foyer artistique ionien d'Asie Mineure.

Bibl.: *FD* IV 2, p. 57-71. P. de La Coste-Messelière et J. Marcadé, *BCH* 77 (1953), p. 360-364. P. Amandry, *BCH* 107 (1983), p. 860. B. Holtzmann, *BCH* Suppl IV, p. 295-304. Fr. Croissant, *Les protomés féminines archaïques* (1983), p. 106-108. FD II, *Siphnos*, p. 147-153.

Une hypothèse ancienne, périodiquement reprise, voudrait attribuer la tête «ex-cnidienne» à la seconde caryatide du Trésor des Siphniens. Il y a bien deux styles dans les frises du monument, mais une dissemblance évidente entre les figures placées côte à côte en façade serait étonnante et l'étude architecturale révèle des incompatibilités matérielles.

Auprès des caryatides monumentales, il semble que l'on ait les restes de caryatides plus petites.

Un fragment de tête conserve le front, la *stéphané* et le bas du *calathos*. La *stéphané* présente des trous pour des ornements de métal, le bandeau inférieur du calathos porte de délicates rosettes directement sculptées. Comme pour les documents précédents, le marbre est du paros.

Bibl.: P. de La Coste-Messelière et J. Marcadé, *BCH* 77 (1953), p. 364-368.

3. *Les frises.*

La sculpture en relief la mieux représentée à Delphes au VIᵉ s. est celle des frises. Les exemplaires les plus anciens sont des métopes sculptées. Dans les fondations d'un trésor consacré au Vᵉ s. par les Sicyoniens étaient remployées des pièces d'architecture provenant les unes d'une rotonde (tholos), les autres d'un dais de pierre rectangulaire (monoptère) fait de quatorze petites colonnes doriques portant un entablement et un toit. Les **métopes du monoptère** sont en partie conservées; c'étaient des plaques nettement plus longues que hautes (barlongues), taillées dans un pôros marneux de teinte claire, d'un grain extrêmement fin et facile à travailler; il y en avait une par entrecolonnement, c'est-à-dire trois sur les petits côtés du monument, quatre sur les longs côtés; toutes étaient sculptées, rehaussées de couleurs et comportaient des inscriptions peintes. Les sujets étaient multiples et certaines compositions «enjambaient» les triglyphes. Le style suggère une date vers 560.

Les reliefs les mieux gardés montrent: 1) Europe assise en amazone sur le dos du taureau divin (Zeus métamorphosé) qui l'emporte au grand trot; elle se penche en avant, agrippée à l'encolure et à la croupe (fig. 8 a) — 2) le Sanglier de Calydon, monstre dévastateur de l'Étolie, qui, les soies du dos hérissées, s'arc-boute pour faire face aux chasseurs; ceux-ci figuraient sur une ou plutôt deux métopes voisines — 3) les Dioscures Pollux et Castor et leur cousin Idas, armés de lances, ramenant un troupeau de bœufs, butin d'une razzia en Arcadie (fig. 8 b); un quatrième personnage, Lyncée frère d'Idas, a

a

b

c

Fig. 8. — Métopes «sicyoniennes».

disparu dans la cassure de gauche — 4) la proue de la nef Argô où sont debout deux musiciens et, à terre, au premier plan, deux cavaliers vus de face, sans doute les Dioscures (fig. 8 c) ; la représentation du bateau se poursuivait sur une ou plus probablement deux métopes suivantes. Divers fragments sont connus par ailleurs ; sur l'un, le corps mutilé d'un bélier fait penser à la légende de Phrixos et à la Toison d'or. La précision graphique des tableaux, la suggestion savante d'une perspective à grande profondeur dans la métope de la Razzia font penser aux miniatures protocorinthiennes ; les détails incisés et la polychromie où dominent le rouge et le violet renforcent le sentiment de la transposition dans la plastique d'un art pictural raffiné. Cela convient parfaitement pour Sicyone et la pierre utilisée se rencontre effectivement du côté de Sicyone. Il n'est pas sûr pourtant que le monoptère dont on a trouvé les restes dans les fondations du Trésor des Sicyoniens ait été déjà une consécration sicyonienne. On a fait observer que les métopes sculptées sont à l'époque archaïque essentiellement attestées en Grande-Grèce et que, dans les thèmes traités ici, les Dioscures étaient mis à l'honneur avec une insistance qui surprendrait moins s'il s'agissait d'une dédicace des Locriens, par exemple, après la bataille de la Sagra.

Bibl. : *FD* IV 1, p. 18-40. *Musée de Delphes*, p. 19-233. J. de La Genière, *CRAI* (1983), p. 158-171. Fr. Salviat, *Archaeonautica* 4 (1984), p. 213-222. G. N. Szeliga, *AJA* 90 (1986), p. 297-305.

Les métopes du « monoptère de Sicyone » mises à part, les frises connues des trésors archaïques sont ioniques : ce sont des bandeaux continus sculptés, en marbre. Nombreux sont malheureusement les fragments qui ne se laissent pas attribuer ni même déchiffrer avec certitude et de la frise du Trésor des Cnidiens, en particulier, mieux vaut ne pas parler.

L'ensemble le mieux conservé et le mieux daté (525), en paros, est celui du **Trésor des Siphniens.** Pour chacun des quatre côtés de l'édifice on a l'essentiel des plaques composant la frise (fig. 9-10) ; si les attributs métalliques ont disparu, il reste des traces de la polychromie (bleu, rouge, jaune) et les inscriptions peintes qui nommaient les personnages (dans le champ ou sur la plinthe) se laissent maintes fois restituer. Deux ateliers se sont partagé le travail, l'un se chargeant du côté Ouest et du côté Sud, l'autre du côté Est et du côté Nord. Le premier pratique un style décoratif, modelant à fleur de marbre des surfaces planes cernées de contours abrupts : il se rattache à une école de l'Ionie du Nord, dans la région du golfe de Smyrne. L'autre pratique un style narratif et sa verve s'exprime dans un relief détaché, fouillé, arrondi, où la maîtrise du ciseau permet des effets de foisonnement ; on l'imagine ionien des îles, peut-être de Paros (fig. 12).

Sur la face principale, qui est ici à l'Ouest, la présence des caryatides *in antis* détermine une tripartition ; au-dessus de chacune d'elles, une césure était marquée dans le bandeau sculpté par une pièce étroite entre les panneaux principaux. Deux de ceux-ci sont conservés : le premier à gauche

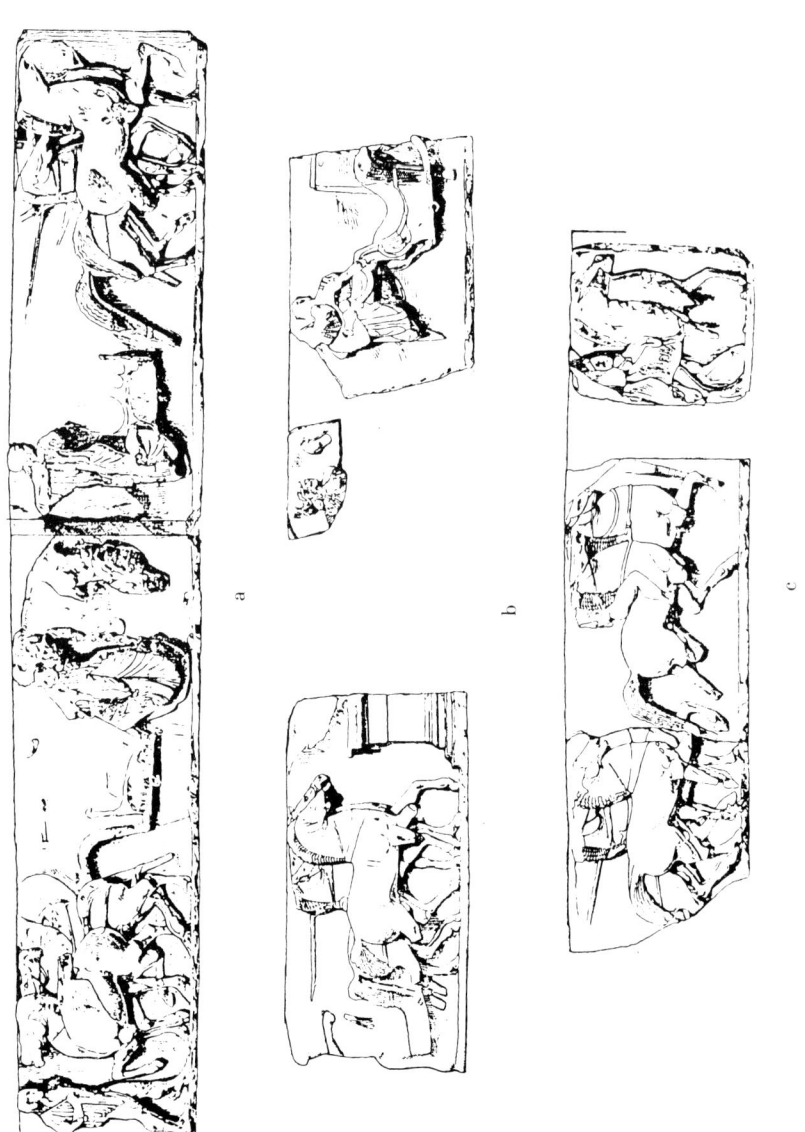

Fig. 9. — Frise du Trésor de Siphnos : *a*, côté Ouest et *b-c*, côté Sud
(d'après *FD* IV 2, fig. 34).

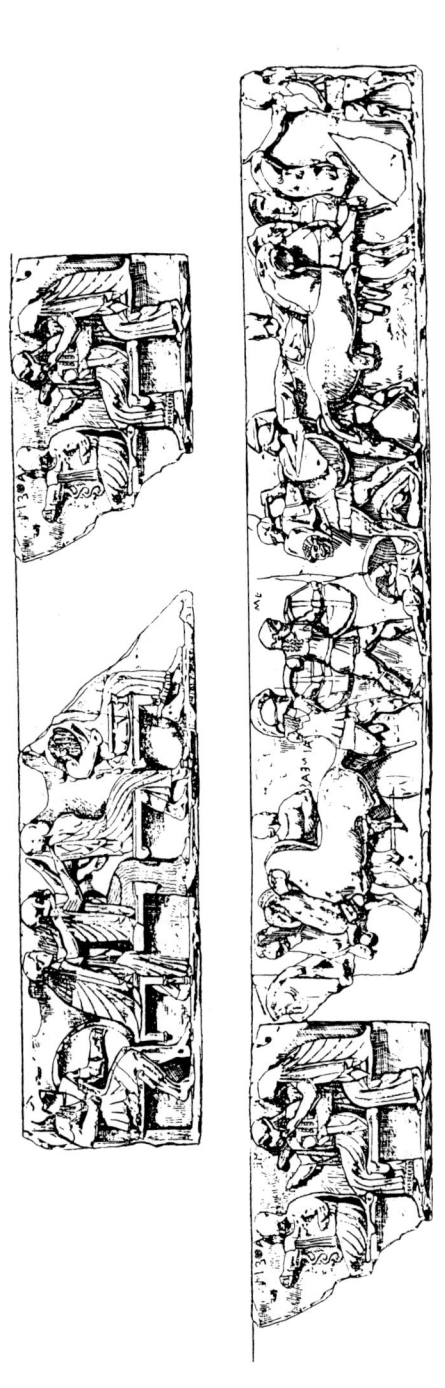

Fig. 10. — Frise du Trésor de Siphnos : *a*, côté Est et *b*, côté Nord

Fig. 11. — Restitution de l'ensemble de la frise Ouest
(d'après M. B. Moore, *BCH* 109 [1985], p. 156).

montre Hermès à la tête d'un attelage de chevaux ailés ; sur la caisse du char, Athéna, reconnaissable à son égide et elle-même ailée, monte d'une grande enjambée ; derrière elle se tient un personnage nu debout. Sur le panneau suivant, une autre déesse (Aphrodite) descend de son char avec une élégance affectée ; de la main droite elle tient encore les rênes de son attelage, tourné cette fois vers la droite ; devant la tête des chevaux on voit l'extrémité des branches d'un palmier. Le sujet était certainement le Jugement de Pâris, le char d'Héra se trouvant au-delà de l'arbre sur le grand panneau manquant (fig. 9a et 11).

48   LA SCULPTURE EN PIERRE

a

b

Fig. 12. — Trésor de Siphnos : détails a) de la frise Sud ; b) de la frise Nord.

Sur le long côté Sud, un cortège équestre, avec cavaliers montés tenant un autre cheval par la bride et chars attelés de quatre chevaux (fig. 9 b-c et 12 a), se déroule de la gauche vers la droite, où il stoppe. C'est un cortège de fête, et dans le champ apparaît un autel. Une scène d'enlèvement peut convenir soit au rapt des Leucippides par Castor et Pollux, soit à la course nuptiale de Pélops ayant dans ses bras Hippodamie. La frise est trop lacunaire pour que le sujet soit sûr. En tout cas les chevaux sont traités de la même façon et dans le même esprit ici qu'à l'Ouest.

Sur le petit côté Est, la composition sculptée se divise en deux (fig. 10 a). Dans la moitié droite, des champions ayant mis pied à terre de leur char que gardent leurs cochers s'affrontent au-dessus d'un guerrier mort. Il s'agit d'Antilochos, le fils de Nestor que l'on voit debout à l'extrême droite : il avait pris la place de son vieux père pour combattre Memnon, prince des

Éthiopiens alliés des Troyens, et celui-ci l'a tué. Achille, avec un autre Achéen, accourt de la droite pour le venger; son adversaire est Memnon qu'accompagne Énée. Les mères respectives d'Achille et de Memnon sont deux déesses, Thétis et Éôs : dans la moitié gauche du tableau, chacune s'efforce d'obtenir la victoire pour son fils en intéressant à sa cause les divinités protectrices du même camp et en intervenant auprès de Zeus qui trône au centre ; celui-ci a recours à la pesée des sorts, qui condamne Memnon. L'identité des personnages principaux est assurée par des inscriptions peintes qui les nomment ; l'épisode est emprunté au cycle épique de l'*Éthiopide*.

Le long côté Nord montre le combat des dieux contre les Géants (la gigantomachie) ; des Olympiens se dirigent vers la droite, d'où arrivent les Géants (fig. 10 b). Les deux armées se compénètrent et l'action se déroule sur plusieurs plans, mais l'ensemble garde une cohésion et une lisibilité parfaites ; de nombreuses inscriptions nomment les personnages. A l'extrême gauche, le dieu forgeron Héphaïstos actionne les outres qui lui servent de soufflet. Un peu plus loin, une déesse au char attelé de lions est désignée comme Thémis et le personnage voisin, qui porte nouée sous le cou une peau de fauve, comme Dionysos. Apollon et Artémis progressent du même pas en tirant de l'arc (fig. 12 b). Après une lacune dans laquelle a disparu le char de Zeus à l'exception des jambes levées des chevaux, on reconnaît encore, en continuant la lecture vers la droite, à son égide Athéna (élément central d'un groupe triangulaire qu'on dirait emprunté à un fronton) et plus loin Hermès armé d'un sabre. Une autre lacune, à l'emplacement du char de Poseidon, précède le groupe final de droite. Les Géants — avec casque, cuirasse et bouclier rond — ont tous la forme humaine : on les reconnaît surtout à la direction de leur marche ; la diversité du décor de leurs casques (cimiers et garde-joues) est pittoresque ; l'un d'entre eux s'apprête à lancer un rocher, mais la plupart du temps ils combattent à la lance ou à l'épée. Vers le milieu de la frise, sur le bouclier extérieur de l'un des trois Géants qui se trouvent devant Apollon et Artémis, une inscription gravée, malheureusement mutilée, était la signature du sculpteur qui avait exécuté ces reliefs «et ceux de l'arrière», comprenons ceux du côté Est dont la technique et le style sont en effet les mêmes.

Bibl.: *FD* IV 2, p. 72-147. *Musée de Delphes*, p. 239-436. M. B. Moore, *BCH Suppl* IV, p. 305-335. Id., *BCH* 109 (1985), p. 131-156. V. Brinkmann, *BCH* 109 (1985), p. 77-130. *FD* II, *Siphnos*, p. 173-180.

Postérieur de peu au Trésor des Siphniens, le **Trésor éolique anonyme** du sanctuaire d'Apollon (caractérisé par le chapiteau à palmes de ses colonnes *in antis*) avait dans sa frise sculptée une gigantomachie.

A en juger par les morceaux qu'on en possède, la composition devait être analogue à celle du long côté Nord du Trésor de Siphnos, mais le style sensiblement différent (fig. 13).

Bibl.: *FD* IV 2, p. 173-179 et p. 184-187. E. Langlotz, *Studien*, p. 64-67.

Dans le sanctuaire d'Athéna Pronaia, sur la terrasse de Marmaria, le **Trésor des Massaliètes,** autre construction de marbre présentant en façade

Fig. 13. — Fragment de frise du Trésor éolique anonyme.

deux colonnes avec chapiteau à palmes, avait d'abord été daté vers 530 : on pense plutôt actuellement qu'il est le plus récent des trésors du VIe siècle, vers 500. Lui aussi comportait à l'entablement un bandeau continu sculpté, aussi soigné sans doute que l'architecture. Malheureusement, comme il est de règle à Marmaria, les reliefs ont été abattus à la fin du monde antique : on a un grand nombre de fragments (fig. 14), mais il est impossible de recomposer des scènes ; en tout cas, il s'agissait surtout de combats (dont une amazonomachie probable et une gigantomachie possible). Comme au Trésor des Siphniens, deux styles distincts coexistaient.

Le premier de ces styles se caractérise par le relief très dégagé des figures, la rondeur des surfaces, l'expressionnisme simplificateur des yeux bombés dans le détail minutieux des visages, la précision de bronzier avec laquelle sont exprimés les plis des vêtements et les lambrequins des cuirasses ou la décoration des jambières : l'un des artistes pouvait être originaire soit de la Grande-Grèce, soit d'un district septentrional de la Grèce de l'Est. Mais il n'était pas seul ; d'autres fragments font penser à la frise Sud du Trésor des Siphniens pour la netteté graphique des contours et l'aplatissement du modelé extérieur (dans cette technique est notamment exécuté un personnage vêtu d'une longue robe et d'une peau d'animal, dans lequel on a proposé de reconnaître Dionysos : fig. 14 e) ; il y avait donc un second maître, travaillant quant à lui dans le style de la région de Clazomènes.

Bibl.: *FD* IV 2, p. 25-55. P. de La Coste-Messelière, *BCH* 90 (1966), p. 706. E. Langlotz, *Studien*, p. 45-58.

L'ÉPOQUE ARCHAÏQUE 51

Fig. 14. — Fragments de la frise du Trésor des Massaliètes :
a) tête de guerrier ; b) petite tête masculine ; c) torse de guerrier ;
d) jambière ; e) grande figure recomposée ; f) pied sur Amazone tombée.

Fig. 15. — Fronton siphnien.

4. *Les frontons.*

La sculpture tympanale des trésors du VIᵉ s. est à peu près perdue pour nous, réduite qu'elle est à quelques débris douteux, sauf le fronton Est du **Trésor des Siphniens** : on y voit la dispute pour le trépied oraculaire entre Apollon et Héraclès et l'intervention au centre d'une divinité long vêtue qui, plutôt que féminine (Athéna), doit bien être masculine (Zeus), car on croit identifier à gauche de l'arrachement du cou la pointe d'une barbe (fig. 15).

Dans les frontons archaïques, les figures sont généralement sculptées en haut-relief sur le mur de fond de la niche triangulaire. Ici la moitié supérieure des figures est taillée en ronde bosse, mais la moitié inférieure adhère à une sorte de banquette en saillie par rapport au fond. La composition est assez maladroite. Les personnages les mieux gardés, debout de profil à gauche, puis à droite, sont de taille rapidement décroissante du centre vers les extrémités, et les chevaux placés près des angles deviennent des poneys ; comme ils sont montrés de profil à droite, ceux de droite, en se cabrant, semblent devoir se cogner la tête contre le dessous de la corniche rampante.

Bibl. : *FD* IV 2, p. 153-162. B. Sismondo Ridgway, *AJA* 69 (1965), p. 1-5. *FD* II, *Siphnos*, p. 204-207.

Si le sujet du fronton siphnien est proprement «delphique», il n'en allait pas toujours de même : on a les restes d'un combat d'animaux qui, attribué jadis au Trésor des Cnidiens, est aujourd'hui revendiqué par certains pour le Trésor des Massaliètes.

Bibl. : *FD* IV 2, p. 180-181. E. Langlotz, *Studien*, p. 55.

Fig. 16. — Temple des Alcméonides : restitution du fronton Est
(d'après *FD* IV 3, fig. 8). En fait, seul Apollon était figuré sur le char.

Fig. 17. — Temple des Alcméonides : détail du fronton Ouest.

Les sculptures (acrotères) qui étaient dressées en plein ciel, au faîte et sur les angles du toit, sont le plus souvent dégradées par les intempéries.

Les acrotères d'angle du Trésor des Siphniens étaient des Nikés ailées en course agenouillée ; sans doute aussi ceux du Trésor des Massaliètes, à en juger par deux torses drapés en mouvement vif.

Bibl. : *FD* IV 2, p. 163-166 (Tr. des Siphniens). *Ibid.*, p. 48-49 (Tr. des Massaliètes).

C'est dans la sculpture des temples que les compositions tympanales prennent toute leur importance, spécialement dans l'ordre dorique. Or deux grands temples doriques construits à Delphes dans la fin du vi^e siècle nous en ont gardé des témoins. L'un est le Temple d'Apollon dit des Alcméonides, l'autre le temple en tuf d'Athéna le plus récent, à l'extrémité orientale de la terrasse de Marmaria.

54 LA SCULPTURE EN PIERRE

a b

Fig. 18. — Temple des Alcméonides : deux figures du fronton Est.

Le **Temple des Alcméonides** doit son nom à la noble et puissante famille athénienne exilée par Pisistrate à qui furent confiés les travaux de reconstruction du temple d'Apollon détruit par un incendie en 548 et qui embellit à ses propres frais le programme initial en dotant l'édifice, prévu pour être tout entier en tuf, d'un décor en marbre de Paros à la façade principale. L'œuvre fut achevée en 510-505. Le maître sculpteur était presque certainement Anténor fils d'Eumarès, d'Athènes : comme sur la Coré 681 de l'Acropole pour laquelle nous avons sa signature, on retrouve

L'ÉPOQUE ARCHAÏQUE 55

Fig. 19. — Temple des Alcméonides : niké-acrotère.

à Delphes dans les figures féminines en marbre du fronton Est la même façon très particulière de recreuser au foret courant l'épaisseur des plis du manteau («en tuyaux d'orgue»). Cf. fig. 18 a.

La hauteur et la longueur des frontons (2,30 m × 19,35 env.) se prêtaient à de vastes compositions (fig. 16). A l'arrière du temple, les grandes figures, sculptées dans un pôros dense et résistant et traitées en «ronde bosse accolée» solidaire de la plinthe et rattachée aux plaques de fond par de larges tenons, étaient protégées par deux couches de stuc et rehaussées de peinture. Elles représentaient le combat des dieux contre les Géants : il reste à gauche le corps d'un Géant (nu) qui semble ramper vers la droite, plus loin Athéna *(chiton, himation* et égide) qui impétueusement se précipite dans sa direction (fig. 17), puis la partie inférieure d'un personnage viril (Létoïde ou Dionysos) portant par-dessus son *chiton* court une peau d'animal. On a par ailleurs des restes de chevaux, dont un avant-train de face (attelage du char de Zeus?).

Dans le fronton Est, les statues de marbre n'adhéraient plus du tout au mur de fond du tympan; elles étaient seulement piquetées à l'arrière et scellées; des traces de polychromie se discernent par endroits. Le sujet (évoqué par Eschyle dans les *Euménides*) est l'arrivée en char d'Apollon venant d'Attique, escorté par les «enfants d'Héphaïstos» et accueilli par la population du pays de Delphes. Le quadrige, au centre, était vu de face, les chevaux étant réduits aux avant-trains; les bijoux des corés (fig. 18 a) (colliers, bracelets) étaient ciselés dans le marbre; les couroi (fig. 18 b) étaient nus, mais avec une draperie *(chlaina)* passant dans le dos d'un bras à l'autre. Dans les angles, comme un rappel de l'ancienne loi que l'avènement d'Apollon va changer, on voit de profil des combats d'animaux, à gauche un lion terrassant et déchirant un taureau, à droite un lion dévorant un cerf (fig. 16).

Une statue d'acrotère a conservé sa tête : il s'agit d'une Niké ailée, figurée dans l'attitude archaïque de la «course agenouillée» (fig. 19). Il n'est pas certain que l'animal accroupi présenté au musée dans la Salle du fronton Est soit un acrotère du Temple des Alcméonides.

Bibl. : FD IV 3, p. 15-74. P. de La Coste-Messelière, *Annales de l'École des Hautes Études de Gand* II (1938), p. 111-116. J. Marcadé, *BCH* 77 (1953), p. 272. P. de La Coste-Messelière et J. Marcadé, *BCH* 77 (1953), p. 346 n. 1 et p. 368-373. J. Dörig, *Festschrift K. Schefold* (1967), p. 105-109.

Beaucoup plus pauvres sont les vestiges des sculptures tympanales du **Temple d'Athéna** qui succéda, dans les dernières années du VIe s., au premier édifice périptère dorique élevé pour la déesse sur la terrasse de Marmaria. Tout était cette fois en pôros stuqué et peint, avec un recours fréquent à des pièces rapportées, parfaitement ajustées.

Sensiblement contemporain du Temple des Alcméonides, le décor du Temple d'Athéna présentait avec celui-ci certaines analogies : on y voyait encore des chevaux d'attelage harnachés, déployés en éventail au centre (fig. 20 b-c), et des combats d'animaux. Le plus beau fragment est une tête féminine complète (fig. 20 a) qui a gardé sa polychromie (visage blanc, bandeau rouge dans les cheveux).

Bibl. : FD IV 3, p. 1-13. P. Amandry, *BCH* 105 (1981), p. 713-714. P. Themelis, *Archaische und klassische griechische Plastik* I (1986), p. 153-163.

*
**

a

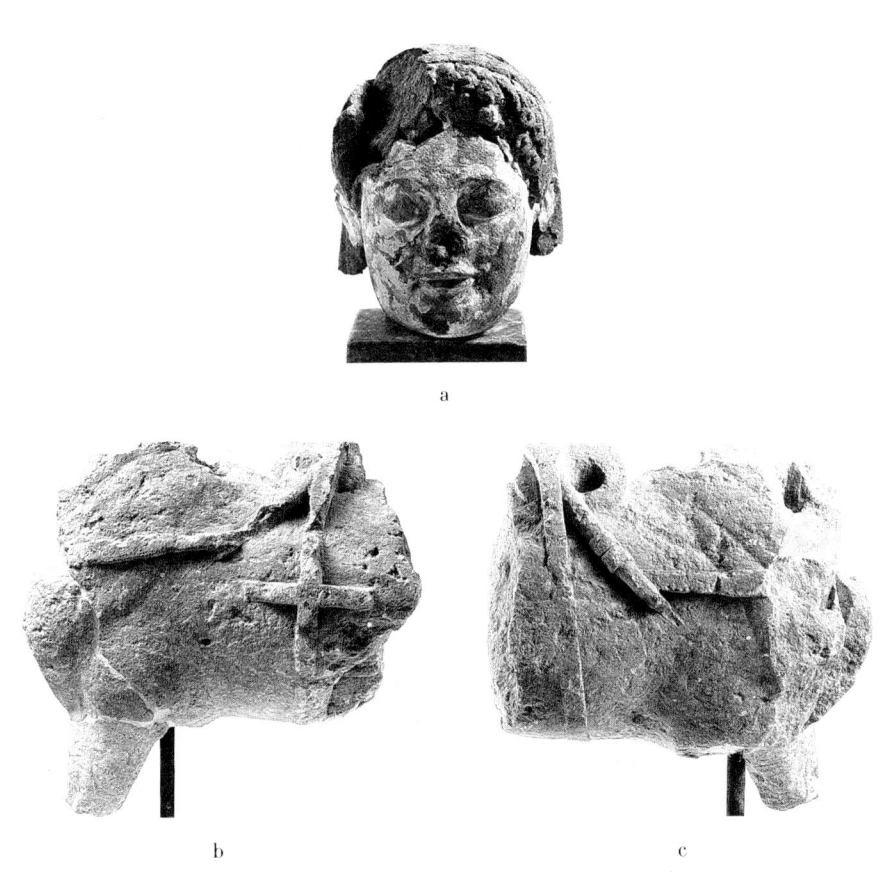

b c

Fig. 20. — Temple en tuf d'Athéna : fragments du fronton Nord.

II. DE L'ARCHAÏSME AU CLASSICISME

1. *Sculpture monumentale.*

La construction du Temple des Alcméonides et du nouveau Temple en tuf d'Athéna était depuis peu achevée, quand s'ouvrit la crise des Guerres Médiques. Les consécrations faites à Delphes par les cités grecques, en particulier Athènes, à la suite de leurs victoires furent à la mesure du danger couru : elles occupent toute la première moitié du Ve siècle, mais les statues étaient en métal et sont perdues pour nous. Restent du moins les sculptures décoratives du **Trésor des Athéniens,** la plus ancienne de ces dédicaces si l'on en croit Pausanias qui l'attribue à la commémoration de la bataille de Marathon, coup d'arrêt porté en 490 à l'invasion perse de Darius.

Le témoignage de Pausanias a été quelquefois mis en doute et la date de 490-489 jugée trop basse. Mais il est parfaitement admissible que la chapelle votive ait été construite et décorée sur le butin pris à l'ennemi très vite après l'événement et en peu de mois, pour proclamer orgueilleusement et au plus tôt la gloire de la jeune démocratie athénienne dont la valeur militaire avait sauvé la Grèce. Au contraire, on comprend mieux ainsi l'emplacement choisi, au tournant de la Voie Sacrée, sur le passage des processions, les sujets traités qui mettent en parallèle les exploits de Thésée, héros athénien, avec les Travaux d'Héraclès, héros panhellénique, et rappellent en façade par la lutte contre les Amazones le souvenir des victoires légendaires remportées jadis sur les guerrières d'Orient, enfin le nombre des « mains » différentes qui ont travaillé à l'imagerie du monument et les « manières » diverses dont sont interprétées les figures, expression parfaite de la transition de l'archaïsme au classicisme dans l'école attique.

Le trésor, tout entier en marbre de Paros, est d'ordre dorique avec six métopes sur les petits côtés et neuf sur les longs côtés, au moins vingt statuettes de fronton et six acrotères. De toute cette sculpture il reste des témoins importants, surtout dans les métopes : certaines sont assez bien gardées et pour quelques-unes, on sait la place exacte qu'elles occupaient.

Chaque métope présente seulement deux figures assemblées et peut se lire séparément, mais il y a une différence entre les petits et les longs côtés de l'entablement : sur les longs côtés, il s'agit au Sud du cycle de Thésée, au Nord de l'histoire d'Héraclès ; le même héros reparaît chaque fois dans ses œuvres, on a une série d'exploits isolés ; les côtés courts, en revanche, montrent un seul événement : la guerre des Amazones à l'Est, la Géryonie à l'Ouest, avec les épisodes d'une seule et même action.

Le pèlerin qui montait vers le temple voyait d'abord la Théséide : au centre, Thésée devant sa protectrice divine Athéna (métope dite de la *Sacra Conversazione* [fig. 21 c]) ; tout à droite, le héros portant le coup de grâce à une Amazone qui tombe (« Antiope », fig. 21 d) ; à côté, à l'avant-dernière place, le corps-à-corps de Thésée avec le Minotaure à tête de taureau ; ailleurs, Thésée luttant contre des brigands (Sinis, Cercyon, Procruste, Sciron) ou triomphant d'animaux monstrueux (taureau de Marathon, laie de Crommyon). Il passait ensuite devant l'Amazonomachie où la séquence des panneaux montrait de gauche à droite : un Grec vainqueur d'une Amazone tombée sur un genou, une Amazone morte renversée en arrière, un duel où le Grec domine son adversaire, une Amazone victorieuse d'un Grec qui bascule à ses pieds, une Amazone à cheval de profil à gauche et deux Amazones qui de loin combattent à l'arc. L'ordre des métopes est assuré (composition centripète) ; mais les reliefs sont aujourd'hui très mutilés.

L'Hércléide du long côté Nord, en moins bonne vue que la Théséide, n'apparaissait qu'une fois dépassé le Trésor, quand ayant progressé sur la

DE L'ARCHAÏSME AU CLASSICISME 59

Fig. 21. — Métopes du Trésor des Athéniens : a) Héraclès au cerf ;
b) Héraclès et Cycnos ; c) *Sacra conversazione* ; d) Thésée et l'Amazone.

pente, on se retournait pour porter le regard en contrebas. Sur neuf exploits représentés, quatre ont une place matériellement assurée : juste avant le centre, les chevaux de Diomède (mais il ne reste qu'une jambe !), puis dans la moitié droite, à côté de la métope centrale, le Cerf aux pieds d'airain (fig. 21 a), en bout Cycnos (fig. 21 b) et enfin l'Amazone ; parmi les autres sujets, le lion de Némée et le Centaure (Nessos ?) sont certains et assez bien gardés. Le combat contre le triple Géryon et la razzia de son troupeau étaient illustrés à l'Ouest, dixième exploit d'Héraclès, mais de toute façon il ne s'agissait pas au Trésor des Athéniens du Dodecathlos, des « Douze Travaux » qui deviendront plus tard, en quelque sorte, officiels (la victoire sur un

Centaure — exploit passé ensuite au second plan — le montre bien). Les bêtes de Géryon occupaient, groupées par deux, trois sinon quatre panneaux, le chien Orthros, les pattes en l'air, était figuré mort sur une autre métope et l'affrontement avec Géryon dont les trois corps d'hoplites semblent rivés sur un axe commun était évidemment traité à part, véritable morceau de bravoure.

La diversité des sujets, des vêtements et des attitudes ne font pas l'unique intérêt de ces ensembles. Il est frappant que les schémas de composition et les stylisations utilisées ressortissent à des habitudes, on dirait même à des conceptions artistiques différentes. L'opposition voulue entre la sveltesse élégante, l'aisance dans l'effort de Thésée et la force brutale, la puissance triomphante d'Héraclès n'explique pas tout ; ni non plus le nombre des exécutants (sept ou huit au moins). Dans chaque série de métopes, on rencontre, d'une plaque à l'autre, des traits encore archaïques, des traits déjà classiques et des caractères intermédiaires. La construction des têtes, les éléments du visage, la facture et le rendu des cheveux ou de la barbe, la musculature des bras, des cuisses et des jambes se prêtent à des comparaisons significatives, mais surtout les torses nus avec le dessin de l'arche thoracique, le modelé des flancs, la ligne arquée des aines, le bouton ombilical, les contours et les divisions de l'abdomen, et chez les personnages vêtus, le drapé et le plissé des étoffes ou la souplesse des corselets de cuirasse et des lambrequins. Le plus «archaïque» est l'auteur de l'Héraclès au cerf ; un maître plus classique a traité les métopes de Cycnos et du Minotaure, l'inspiration la plus haute se traduit dans la *Sacra Conversazione*.

Au trésor des Athéniens on saisit mieux que nulle part ailleurs le passage de l'âge archaïque à l'âge classique, l'instant où sans renier les acquis du passé se précisent les promesses de l'avenir. «Des éléments encore archaïques à demi s'ordonnent selon le rythme classique, en compositions équilibrées et nettes ; rien n'est perdu de la vivacité, de la finesse du VIe siècle, mais une fermeté nouvelle leur confère une plus juste valeur et une grâce plus subtile. C'est encore le charme juvénile des Corés de l'Acropole, et déjà la mesure, la sobriété des grands décors du Parthénon ; c'est l'atticisme à la fois dans sa pureté et dans sa fraîcheur» (P. de la Coste-Messelière).

Les débris des statuettes tympanales n'ajoutent pratiquement rien à ce que suggèrent les métopes. Deux biges de profil vers le centre, dans le fronton Est, annonçaient en quelque sorte le grand fronton oriental d'Olympie ; le fronton Ouest figurait une scène de bataille ; on ne saurait dire plus. Quant aux acrotères, c'étaient, aux angles, des Amazones cuirassées assises au flanc de leurs montures, le carquois au côté.

Bibl. : *FD* IV 4. P. de La Coste-Messelière, *BCH* 90 (1966), p. 699-703 et 708-709. W. Gauer, *Festschrift B. Neutsch* (1980), p. 127-136. J. Boardman, *The Eye of Greece* (1982), p. 1-28. K. Hoffelner, *AM* 103 (1988), p. 77-117.

Entre le Trésor éolique des Massaliètes et le Temple en tuf d'Athéna Pronaia, un **Trésor dorique** d'attribution incertaine s'est élevé sur la terrasse de Marmaria, vers 470 av. J.-C. La moitié environ de la frise était muette, mais sur la façade principale Sud et sur ses retours d'angle, voire sur le long côté Est tout entier, des métopes ayant un bandeau rogné aux

a b

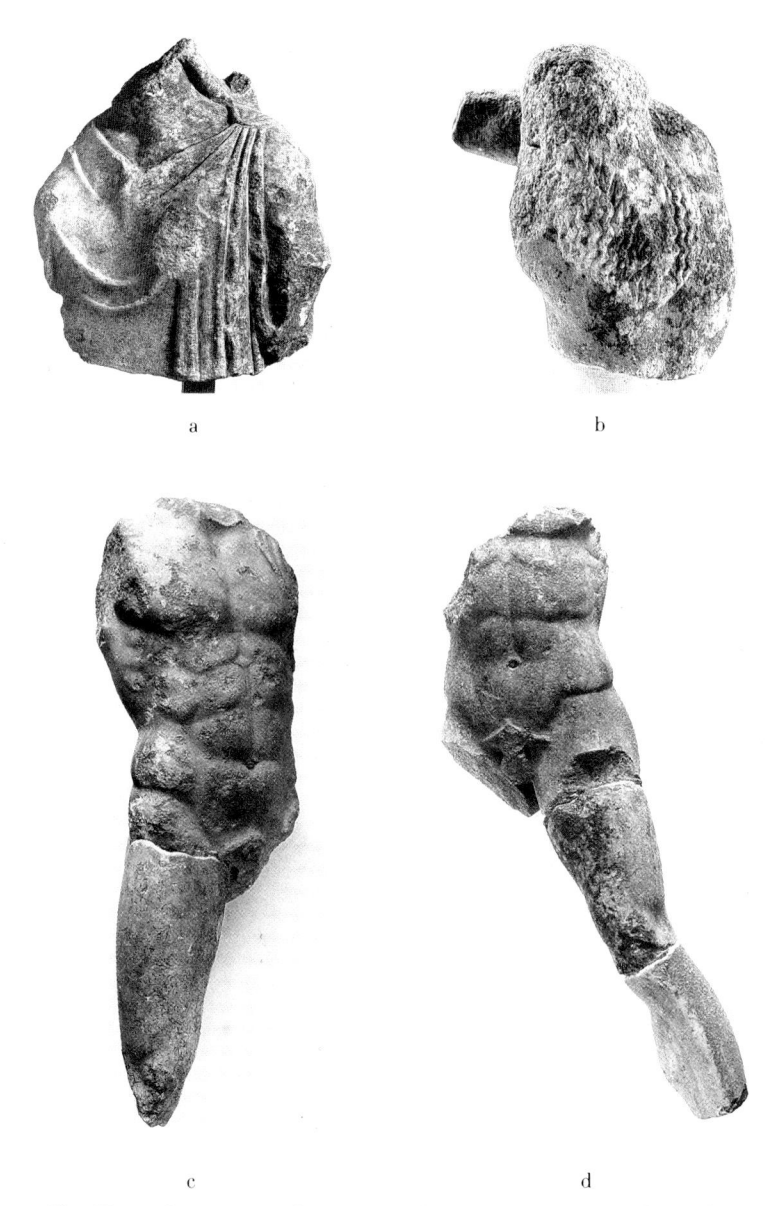

c d

Fig. 22. — Personnages des métopes du Trésor dorique de Marmaria.

deux extrémités prenaient place entre des triglyphes à tranches coulissées de bout en bout. Une plaque que l'on donnait autrefois au Trésor des Athéniens présente la particularité voulue et elle a les meilleures chances de provenir du Trésor dorique. Des sculptures qu'elle portait ne subsistent hélas! que des arrachements : comme d'habitude à Marmaria, les reliefs ont été abattus pour récupérer les fonds ; comme d'habitude, les débris des figures ont été abandonnés sur place. Par élimination, il est tentant de rapporter au Trésor dorique quelques torses de personnages qui ne conviennent ni au Trésor des Massaliètes ni à la Tholos du IVe s. (fig. 22).

Une éventuelle draperie au bras, les personnages virils présentent en action, jambes écartées, bras levés, des anatomies athlétiques où s'exprime sans schématisme excessif, mais avec complaisance, une connaissance précise du modelé musculaire (fig. 22 c-d). Nous sommes sur la voie du classicisme, mais certains détails sentent encore l'archaïsme : ainsi la délimitation graphique des masses abdominales sous l'accolade épigastrique, la largeur de la ligne blanche, les pointes du *Schamhaar* en accent circonflexe qui débordent le sillon inguinal ou la nervure très marquée qui suit la face interne du tibia. Les mamelons des seins étaient rapportés, ainsi que la verge. Quant aux personnages féminins, le plus beau morceau conservé est un torse de péplophore (fig. 22 a) qui fait penser notamment à l'Athéna de la métope des Écuries d'Augias du Temple de Zeus à Olympie, tandis que, par ailleurs, un buste vu de dos tourné vers notre gauche, dans l'attitude du tir à l'arc, montre une nappe de cheveux en nervures tremblées descendant jusqu'au bas de l'omoplate (fig. 22 b).

Les sujets traités ne se laissent pas définir avec certitude, mais il est sûr qu'il y avait des combats dans la frise du Trésor dorique. D'où l'hypothèse souvent émise d'une dédicace consécutive aux victoires de la seconde guerre médique et à l'intervention d'Athéna qui avait, selon Hérodote, arrêté aux portes de Delphes les soldats de Xerxès. Quoi qu'il en soit, les fragments du Trésor dorique sont un témoin intéressant de la sculpture monumentale de style sévère à Marmaria.

Bibl.: J. Marcadé, *BCH* 79 (1955), p. 407-415. P. de La Coste-Messelière, *BCH* 90 (1966), p. 704-709.

Avons-nous plus que des restes des métopes? Deux figures viriles incomplètes, d'une échelle plus forte et, semble-t-il, en ronde bosse sont d'une facture très analogue, sans qu'on puisse affirmer leur appartenance aux frontons ni aux acrotères. Hésitation plus grande encore devant une statue en marbre «petite nature» de péplophore en marche rapide (fig. 23).

On a proposé d'y voir un acrotère faîtier du Trésor dorique; mais le mouvement n'a rien d'ascensionnel et le style est ici franchement insulaire, sans doute parien; le manteau tenu en châle sur les épaules forme devant

Fig. 23. — Femme en course, de Marmaria.

l'aisselle droite une retombée «en feuille d'eau» longue et grasse et, entre les jambes écartées, les plis de la robe, qui s'ouvrent en palmette, n'offrent qu'arêtes émoussées et contours arrondis. C'est une œuvre charmante, mais dont l'esprit décoratif est tout autre qu'au Trésor dorique. Quant à imaginer cette «messagère divine» dans le fronton Sud du Temple en tuf qu'il faudrait supposer refait (en marbre) après la chute de rochers de 480, l'hypothèse est ingénieuse, mais absolument gratuite. Un groupe votif en ronde bosse suffit sans doute à expliquer une telle figure.

Bibl. : J. Marcadé, *BCH* 79 (1955), p. 416-418. W.-H. Schuchhardt, *Mél. Mansel* I (1974), p. 19-21. E. Walter-Karydi, *JDAI* 91 (1976), p. 6-13.

2. *Les reliefs funéraires.*

Trois reliefs funéraires de la première moitié du ve siècle valent d'être signalés.

C'est d'abord la partie inférieure d'une stèle haute et étroite, légèrement pyramidante, encadrée au bas par un bandeau, à droite et à gauche par un listel. Un personnage unique était sculpté de profil à droite dans le champ ainsi recreusé (fig. 25 a). Le type et le style dénoncent une œuvre cycladique de 470-460.

Il s'agit d'un homme (probablement âgé) appuyé sur un bâton noueux et enveloppé dans un himation qui descend jusqu'au mollet. Les pieds posés à plat sur le sol, le pied gauche en avant du pied droit, sont chaussés de sandales qui prennent la cheville et sont serrées dans un réseau de lanières. Le rendu très sobre du manteau, l'attitude familière du personnage dont le léger fléchissement des genoux est noté avec réalisme s'apparentent à ce que l'on connaît du style sévère dans les îles au cours du second quart du ve s.

Bibl.: *FD* IV 6, p. 7-15.

Un peu plus tardive paraît être la figure conservée d'une stèle qui représentait un palestrite (disparu) accompagné de son *païs* (fig. 25 b).

Le jeune esclave, vu de profil à gauche, porte sur l'épaule le manteau plié de son maître et de la main gauche abaissée tient le volumineux aryballe contenant l'huile indispensable aux exercices du gymnase. Son corps est nu ; il est trop mutilé pour permettre une appréciation du style, mais le sujet est particulièrement fréquent sur les stèles funéraires ioniennes.

Bibl.: *FD* IV 6, p. 15-16.

Plus remarquable est la stèle dite de l'***Apoxyomène*** qui conserve à la fois, dans le champ recreusé, encadré d'un listel, d'une grande plaque de marbre de Paros, à gauche le corps du personnage principal de la base du cou jusqu'à mi-jambes, au milieu le museau dressé de son chien et à droite le torse acéphale du *païs* qui l'accompagne (fig. 24). La virtuosité du relief très «bas», le rythme savant de la composition et les notations anatomiques conduisent à dater de 460-450 cette œuvre déjà classique, dont le style n'est sans doute pas attique, mais dont l'attribution à un artiste parien n'est pas non plus certaine.

Le palestrite, nu, est debout en appui sur la jambe gauche, de face jusqu'à la partie supérieure du buste ; celui-ci pivote de trois quarts dans la même direction que les deux bras (bras droit tendu, bras gauche demi-fléchi) levés latéralement vers la droite du spectateur ; le mouvement met en évidence la puissance de l'épaule et du flanc où les digitations du grand dentelé sont très marquées. Le corps entier est d'une morphologie athlétique où les masses

Fig. 24. — Stèle de l'Apoxyomène.

Fig. 25. — Fragments de stèles funéraires.

a

b

musculaires sont délimitées d'une façon qui rappelle les torses virils du Trésor dorique ; le *Schamhaar*, d'un dessin analogue, est toutefois placé plus bas et surtout le hanchement est ici très franchement marqué. De même chez le *pais* dont la pondération est inverse, mais symétrique : corps de face, épaules de trois quarts vers la gauche du spectateur, le bras gauche plié devant la poitrine portant la main sur l'épaule droite et le bras droit abaissé tenant l'anse d'un vase ou le cordon d'un sac ; comme on l'attend, l'anatomie enfantine est plus molle et la toison pubienne est absente.

L'hypothèse la plus vraisemblable est que le personnage principal, au bout de son bras droit tendu, tenait un strigile, instrument à lame courbe, en gouttière, qui servait, après les exercices de la palestre, à râcler la sueur et l'huile mêlées de poussière sur le corps des éphèbes. Après avoir parcouru la longueur du bras gauche, il en était sans doute arrivé à la main, qui se frottait maintenant sur l'arête de la lame en allant du poignet vers l'extrémité des doigts provoquant ainsi la flexion du coude : le museau dressé du chien semble guetter les gouttes. Une autre interprétation voudrait que le jeune homme tienne à bout de bras un animal (un lièvre ?) proposé au *pais* comme cadeau amoureux ou au chien comme une proie tentante.

Bibl. : FD IV 6, p. 16-22.

Mis à part un relief votif très fragmentaire et un ou deux morceaux de statues malaisés à restituer, la sculpture en marbre est inexistante au musée de Delphes pour la seconde moitié du ve siècle. Il faut attendre le ive siècle pour retrouver des œuvres ou des ensembles.

III. Le ive siècle

1. *La sculpture monumentale.*

La Tholos.

Le premier lot que l'on rencontre est celui des sculptures décoratives de la **Tholos de Marmaria**. Le gracieux édifice rond présentant au pourtour vingt colonnes doriques se dressait dans le sanctuaire d'Athéna Pronaia à l'Ouest du Trésor des Massaliètes. Vitruve nous a conservé en latin le nom de son auteur, «Theodorus Phocaeus», en précisant qu'il avait écrit un traité «sur la Tholos qui est à Delphes». Quant à savoir si l'architecte en question était Phocéen ou Phocidien, si la Tholos est ou non l'un des *naoi* vus par Pausanias en arrivant sur le site et quelle était la destination du monument, on ne cesse d'en débattre. Toujours est-il que cette construction d'un raffinement rare était copieusement ornée en relief et en ronde bosse ; il y avait en effet deux frises, l'une à l'ordre extérieur, l'autre en haut du mur annulaire de la cella ; elles comportaient chacune quarante métopes toutes sculptées et, sur le toit conique, se dressaient plusieurs acrotères. Malheureusement les métopes de la Tholos, comme

LE IVe SIÈCLE : LA THOLOS 67

Fig. 26. — Restauration partielle de l'ordre extérieur de la Tholos
au musée de Delphes.

celles du Trésor dorique et comme le bandeau continu du Trésor des Massaliètes, ont été débitées à la fin du monde antique, les figures arrachées et les fonds remployés ; par ailleurs, les socles d'acrotères sont trop mutilés pour assurer toujours l'appartenance des morceaux supposés des statues.

Les métopes extérieures sont les moins mal connues et les plus instructives. On sait les mesures (62,5 × 65 cm) et les caractéristiques des plaques (trou de louve au milieu du lit d'attente, bandeau rogné en bout sur la moitié inférieure de sa hauteur et champ légèrement bombé) ; plusieurs ont été identifiées ; un très grand nombre de fragments des reliefs abattus sont conservés ; certains sont jointifs entre eux et permettent de recomposer partiellement des figures, qui à leur tour se raccordent parfois aux arrachements restés nets sur les éléments de plaques que l'on possède. Les sujets sont des combats amazonomachiques et centauromachiques ; l'iconographie est empruntée au répertoire classique du ve siècle et la composition des duels demeure dans l'esprit du premier classicisme. Toutefois, la technique révèle non seulement une virtuosité exceptionnelle dans le traitement du marbre en haut-relief, mais une hardiesse nouvelle dans l'intensité pittoresque de l'action et dans l'installation des figures dans l'espace ; d'autre part, certaines contaminations avec le cycle dionysiaque et une complaisance évidente pour le dénudement des formes féminines confirment l'avènement du second classicisme. Si les schémas sont souvent comparables à la frise de Bassai-Phigalie, la mise en œuvre fait penser surtout à la sculpture du temple d'Asclépios à Épidaure : il n'est pas impossible que le «Theodo-

68   LA SCULPTURE EN PIERRE

a

b

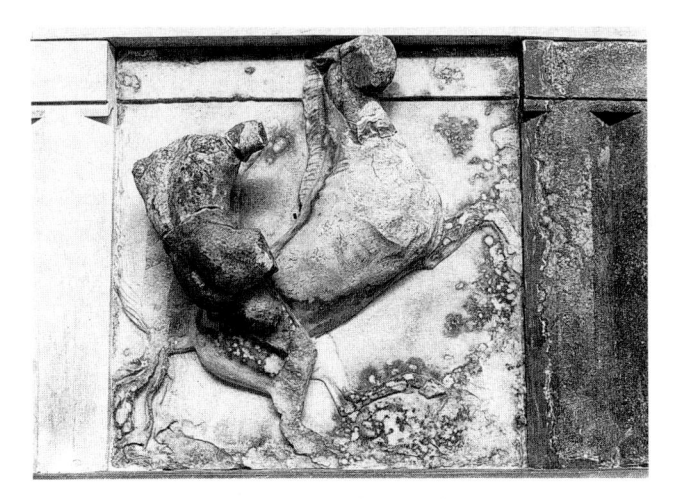

Fig. 27. — Deux métopes de l'ordre extérieur : a) métope du cheval cabré ;
b) duel amazonomachique.

rus» du texte de Vitruve soit en réalité le Théodotos nommé dans les comptes de construction de ce temple, et c'est en tout cas fort près de l'entreprise épidaurienne, vers 380 ou vers 370, qu'il faut situer l'activité à Delphes des artistes de la Tholos de Marmaria. Un personnage de la petite frise et la statue d'acrotère la plus sûre renforcent cette impression de parenté.

On a reconstitué au musée une partie de l'entablement extérieur de la Tholos avec les métopes les plus complètes (fig. 26). Celle de gauche, trouvée près d'une chapelle du prophète Élie, à mi-chemin entre Marmaria et l'actuel village de Delphes, a été si complètement ravalée à la pointe qu'il ne subsiste du décor qu'un pied droit de face et quelques plis d'étoffe qui étaient sculptés dans l'épaisseur de la plaque; sur le fond, le contour des reliefs abattus dessine une forme générale qui a été comprise de diverses façons. On a pensé notamment à un Centaure dressé de profil à droite sur ses jambes arrière et enlevant une femme. Mieux vaut sans doute restituer à gauche un combattant blessé qui s'effondre sur lui-même dans l'envol de son manteau et à droite son adversaire en chiton court qui se rue sur lui pour l'achever. — La métope suivante, lorsqu'elle fut découverte en 1895 dans un mur de basse époque «fort en contrebas du téménos», gardait le corps en faible relief d'un cheval cabré de profil vers la droite; la tête de l'animal a été raccordée en 1901 et la scène a été complétée en 1976 à l'aide d'un torse viril vu de dos recomposé peu après la dernière guerre. Collé contre l'arrière-train de son cheval qui s'effare, l'homme s'arc-boute en arrière, tirant du bras droit sur la bride pour stopper l'animal dont la tête est déviée et dont les sabots battent l'air (fig. 27 a). Sculpté presque en ronde bosse, le personnage portait au bras gauche une draperie et tenait un bouclier rond qui pénètre dans l'épaisseur de la plaque; dans le champ, la silhouette d'un arbre sec accroît la profondeur de la perspective. — La saillie extrême du haut-relief a permis de rétablir, dans leur position relative, le Grec et l'Amazone que l'on voit ensuite (fig. 27b): il ne reste rien du panneau auquel ils étaient rattachés, mais le contact qui existe au niveau des cuisses qui se croisent assure la composition : à gauche le Grec blessé est tombé sur un genou, à droite l'Amazone le bras levé s'apprête à lui porter le coup de grâce. — La dernière métope vient d'une maison d'Amphissa où elle se trouvait en 1899. Malgré de vigoureuses reprises à la pointe, le sujet se devine encore : au pied d'une colonnette dont le chapiteau supportait un grand vase votif, un personnage avait cherché refuge; il en est arraché par un guerrier qui l'entraîne vers la droite; celui-ci portait au bras gauche un bouclier rond dont l'orbe s'enfonce en oblique dans le champ et il était vêtu d'une chlamyde flottant derrière ses épaules, dont un pan (partiellement sculpté dans l'épaisseur de la plaque) descendait jusqu'au sol. — Quelques morceaux de métopes sont conservés dans les réserves : certains ont conservé des arrachements assez nets pour qu'on puisse y raccorder un torse ou une jambe; d'autres gardent le dessin d'une *pelta* ou le contour d'un *chitoniskos* qui dénoncent leur appartenance à la série amazonomachique.

Les débris sculptés provenant des reliefs abattus permettent de compléter et de préciser notre connaissance des sujets traités. Les Amazones (fig. 28-29) portent en règle le vêtement (tunique courte, chlamyde), les chaussures

Fig. 28. — Grandes métopes : Amazones.

(bottes à languettes), le couvre-chef (casque ou bonnet oriental) et les armes (hachette, bouclier échancré) de l'iconographie traditionnelle. Le *chitoniskos* est serré à la taille par une ceinture apparente ; à l'occasion un second lien, celui-ci invisible, détermine un bouffant sur le ventre ; parfois deux cordelettes se croisent entre les seins ; ailleurs, un étroit baudrier descend sur la hanche gauche où est suspendu un fourreau. Dans les diverses façons d'animer les plis de la tunique ou de la chlamyde, on reconnaît un échantillonnage des formules successivement apparues au Ve siècle. On note toutefois que plusieurs de ces guerrières portent, attachée sur une épaule et ajustée autour du corps, une peau de bête (pardalide) comme les Ménades et on remarque la fréquence avec laquelle, dans l'ardeur de la bataille, les bretelles d'épaule se dégrafent et les jupes remontent sur les cuisses pour révéler les formes harmonieuses des anatomies féminines.

Aussi reconnaissables que les torses d'Amazones, quelques torses de Centaures (fig. 30) attestent qu'une suite centauromachique s'ajoutait, dans la frise extérieure de la Tholos, à la suite amazonomachique. L'association des deux grands thèmes classiques n'est pas nouvelle. Mais l'aisance souveraine et la fluidité des transitions dans le modelé des hommes-chevaux sont frappantes, ainsi que le pittoresque très humanisé des têtes et leur expression plus silénique que monstrueuse. On peut voir là un indice des temps nouveaux. Les adversaires des Amazones ou des Centaures sont de jeunes et beaux athlètes, au buste puissant (fig. 31) et aux cuisses longues, combattant nus, tout au plus vêtus d'une chlamyde tantôt attachée sous le cou et flottant dans le dos, tantôt posée sur l'épaule et enveloppant le bras ; leur arme offensive est l'épée, leur arme défensive le bouclier rond. Le parti stylistique de ces morphologies viriles aux torses carrés, gonflés, mais aux hanches nerveuses et aux jambes fuselées est lui aussi dans l'esprit du IVe siècle et les meilleurs parallèles sont à trouver dans la sculpture d'Épidaure.

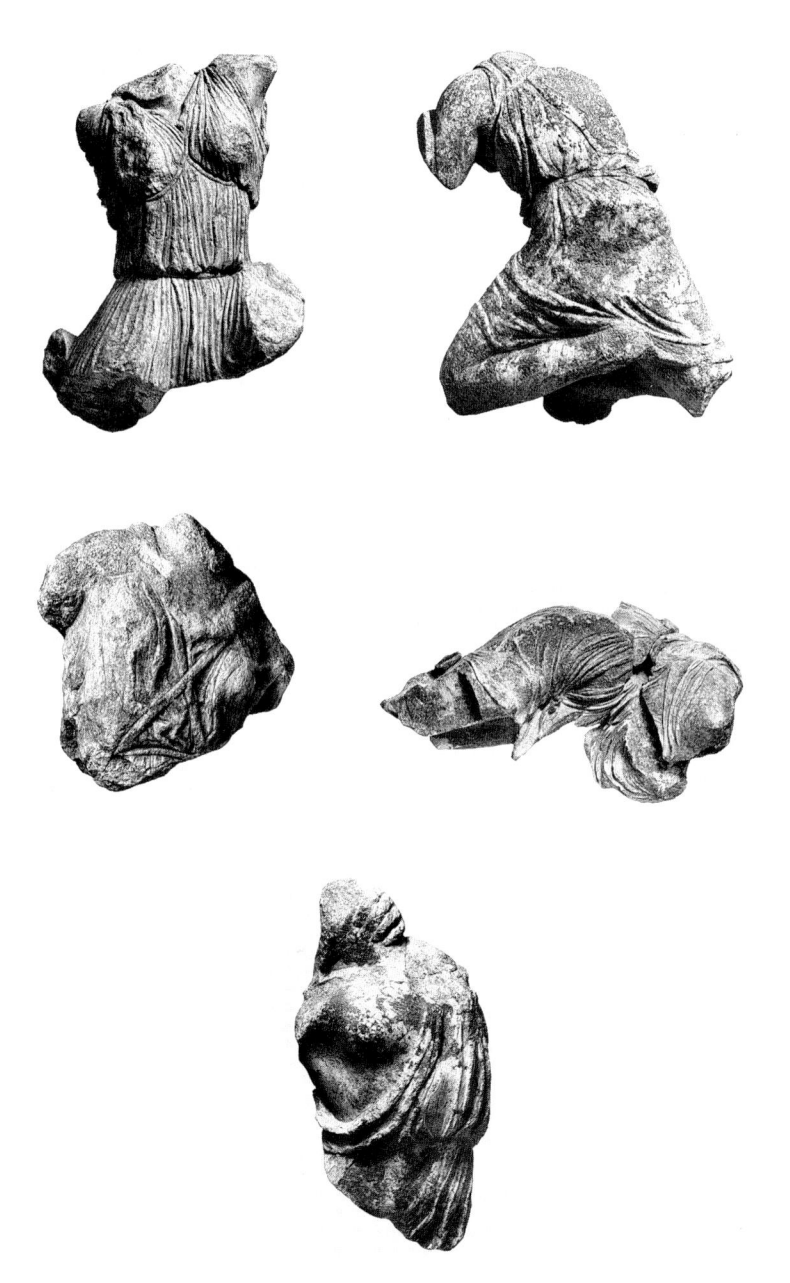

Fig. 29. — Grandes métopes : Amazones.

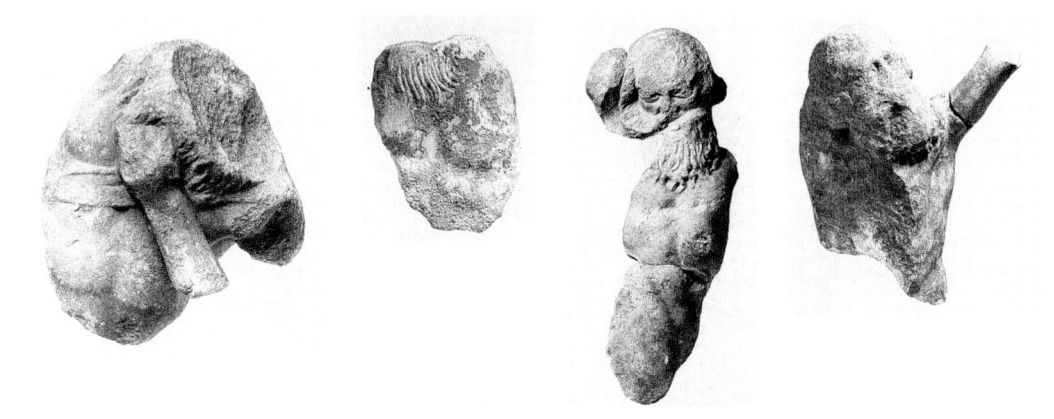

Fig. 30. — Grandes métopes : Centaures.

Fig. 31. — Grandes métopes : torses virils.

Fig. 32. — Petites métopes : fragments de plaques.

De la deuxième frise dorique, placée en haut du mur de la cella dans l'ombre du péristyle, on a peu de vestiges. Aucune plaque des petites métopes (40,5 × 42 cm) n'est conservée entière et il ne reste que de menus fragments des reliefs abattus. Du moins peut-on vérifier que la technique était en gros la même qu'à l'ordre extérieur. En ce qui concerne les sujets, un tronc d'arbre auquel est accrochée une peau de lion dénonce la présence d'Héraclès (fig. 32 a), et on reconnaîtra volontiers l'Hydre de Lerne dans le monstre anguiforme qui figure sur le plus grand morceau conservé (fig. 32 b) ; mais ailleurs une nuque de taureau courbée, la tête revenant de face, peut convenir soit pour le Taureau de Crète soit pour le Taureau de Marathon (fig. 32 c), et un torse humain qui bascule en arrière devant son vainqueur fait penser à Sciron ou à Procruste (fig. 32 d-e) : des exploits de Thésée voisinaient probablement avec des travaux d'Héraclès ; enfin, à côté de torses virils en action violente, des personnages statiques, masculins et féminins, suggèrent

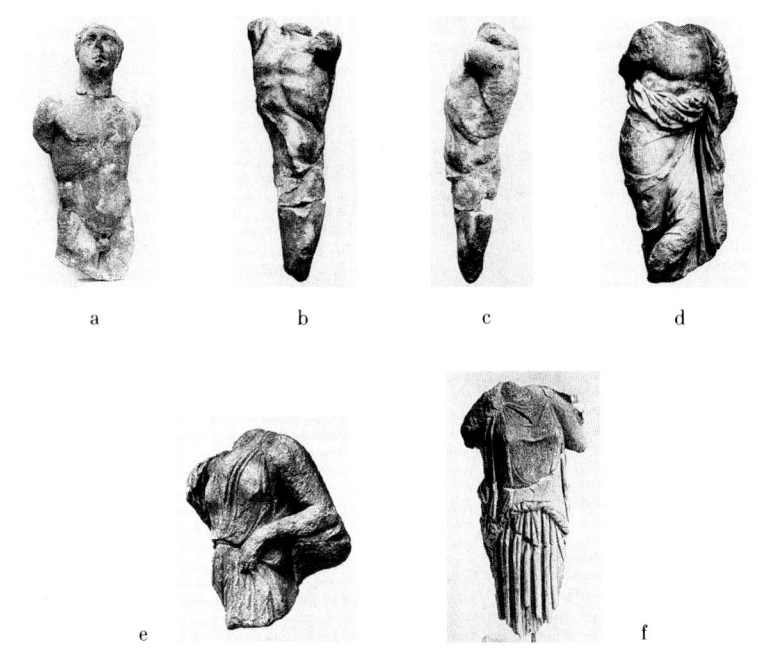

Fig. 33. — Petites métopes : torses.

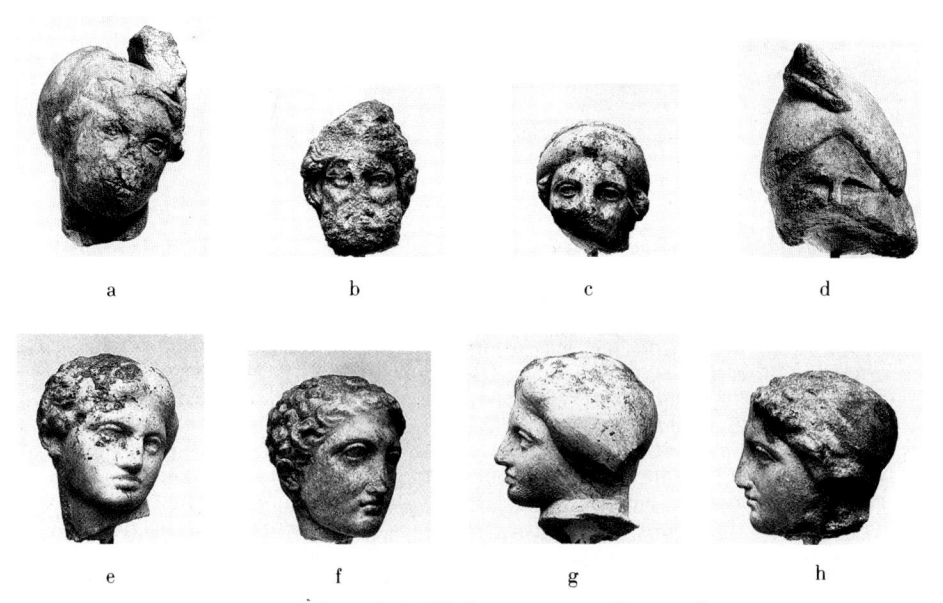

Fig. 34. — Têtes de la Tholos provenant des grandes et des petites métopes.

Fig. 35. — Acrotère de la Tholos.

une assemblée des dieux (fig. 33). Des réminiscenses sont indéniables dans les schémas de la geste héroïque, et les types plastiques (péplophore, homme drapé dans un himation) remontent en général au ve siècle ; mais un corps viril nu dans une attitude de torsion violente (fig. 33 b-c), ressemble étonnamment à un gisant du temple d'Asclépios à Épidaure, et une tête conservée (fig. 34 b) paraît la réduction du « Priam » du fronton Est.

Les rapprochements entre la sculpture de la Tholos et la sculpture d'Épidaure ne s'arrêtent pas là. On a le bas des jambes et le torse d'une statue féminine d'acrotère, debout sur les pointes, dansante et légère, qui retenait au-dessus de son épaule l'ampleur d'un vêtement tourmenté par le vent (fig. 35). Le sein gauche découvert, le dénudement profond du flanc gauche, l'entrebaillement audacieux de la tunique du côté droit du corps sont d'une savoureuse sensualité et jusque dans le détail des plis l'analogie est étroite avec les plus belles figures d'acrotères du Temple d'Asclépios.

Bibl. : J. MARCADÉ, *Bull. Acad. Roy. de Belgique, Cl. des Beaux-Arts* 59 (1977-11), p. 142-151 ; *CRAI* 1979, p. 151-170 ; *Archaische und klassische griechische Plastik* II (1986), p. 169-173 ; *BCH* 110 (1986), p. 625-632.

L'attribution à la Tholos de deux corps plus petits de figures féminines drapées, en mouvement de course, qui portent comme on l'attend pour des acrotères, des traces d'intempéries, reste incertaine (fig. 36). Quant à la statuette d'une femme fuyante, longtemps considérée comme le personnage le moins mutilé qui nous soit parvenu de la frise extérieure, elle ne saurait provenir d'une métope et ni le vêtement ni le travail du nu ni du drapé ne correspondent à ce que donnent à attendre les éléments les plus sûrs de la Tholos (fig. 37).

Bibl. : P. de LA COSTE-MESSELIÈRE et G. de MIRÉ, *Delphes*, pl. 231.

76 LA SCULPTURE EN PIERRE

Fig. 36. — Acrotères de Marmaria.

Fig. 37. — Statuette
de femme en course.

Le temple d'Apollon.

En 373 un tremblement de terre détruisit le temple qui, grâce aux Alcméonides, se dressait depuis la fin du vi{e} siècle sur la terrasse principale du Sanctuaire d'Apollon. Comme après l'incendie de 548, une souscription panhellénique fut aussitôt lancée, et les travaux de reconstruction purent commencer sans doute dès 369. Œuvre de longue haleine, dont les inscriptions où se trouvent consignés les comptes des *naopes* (magistrats spécialement chargés de l'opération) nous permettent de retracer les étapes avec précision, et qui fut de surcroît interrompue pendant dix ans, de 356 à 346, par une troisième « guerre sacrée » : ce n'est finalement qu'entre 339 et 330 que les travaux purent être menés à leur terme, et plus précisément le détail des comptes autorise à situer en 327 ce qui dut constituer la dernière phase du programme, la mise en place du décor sculpté.

Car ce sixième temple d'Apollon, construit à peu près sur le même plan que son prédécesseur, dont il remploie d'ailleurs nombre d'éléments dans ses fondations, s'ornait comme lui de deux frontons. Nous savons que les métopes, au moins à la frise extérieure, étaient lisses, puisqu'en deux occasions au moins elles servirent à accrocher des boucliers votifs. Pausanias, qui a vu les frontons au iie siècle de notre ère, nous apprend que leur réalisation elle-même connut des difficultés, et il est raisonnable de penser qu'elle s'étendit sur plusieurs années : Praxias, sculpteur athénien d'abord chargé de la commande, mourut avant l'achèvement de l'ouvrage, dont la responsabilité fut confiée à l'un de ses compatriotes, Androsthénès. Encore que succincte, la description qu'en donne le Périégète ne laisse pas de doute sur les sujets traités : dès avant la fouille, tout le monde s'accordait à replacer dans le fronton Est une triade apollinienne entourée des Muses, dans le fronton Ouest un Dionysos au milieu des Thyiades.

En dépit de ces indications, les restes — à vrai dire cruellement mutilés — de ces deux grandes compositions ne furent pas d'emblée identifiés : les premiers fouilleurs crurent même à une disparition complète, et l'hypothèse, formulée par Th. Homolle, selon laquelle les frontons de Delphes avaient dû être, comme tant d'autres chefs-d'œuvre classiques, transportés à Rome ou à Constantinople fit longtemps autorité. Ce n'est qu'en 1971, finalement, qu'un réexamen systématique des fragments de statues conservés dans les réserves du Musée conduisit à rapprocher des données iconographiques fournies par Pausanias une série de marbres, dont le style et la technique imposaient par ailleurs le regroupement. Progressivement enrichi et complété dans les années qui suivirent par de nombreux recollages et par de nouvelles identifications, cet ensemble, dont l'appartenance au temple du IVe siècle ne peut plus aujourd'hui faire de doute, mais dont l'étude n'est pas achevée, fournit d'ores et déjà des frontons de Praxias et Androsthénès une image assez précise pour que l'on puisse se risquer à en donner ici une présentation provisoire.

Assez abondant — près de deux cents fragments, dont certains ont permis de reconstituer des torses plus ou moins complets, ont été jusqu'à présent identifiés — ce matériel ne constitue pourtant qu'une faible proportion de la masse de marbre originelle. Toutefois le taux de conservation est assez homogène pour que l'on puisse isoler *a priori* les «noyaux» de dix-huit figures, sur les vingt-trois ou vingt-quatre que, compte tenu de la largeur de l'édifice, devait contenir l'ensemble des deux frontons.

Sculptées, à deux exceptions près, en marbre pentélique, ces figures, traitées séparément, se dressaient chacune sur une plinthe taillée dans le même bloc, et dont le lit de pose, en général finement piqueté, comporte dans certains cas la trace d'un goujonnement vertical. Mais ce sont apparemment les gros scellements horizontaux, à section carrée, encore visibles à l'arrière de plusieurs statues qui constituaient le principal moyen de fixation. La face postérieure, dans tous les cas, présente une autre caractéristique technique, très particulière : un recreusement plus ou moins profond, mais toujours grossièrement exécuté à la pointe. La seule explication plausible de ce curieux traitement est que l'on avait cherché, au moment de la mise en place des statues, à alléger autant que possible la charge qu'une telle masse de marbre ferait peser sur un entablement de pôros. Quoi qu'il en soit, comme ce recreusement s'étend en général jusqu'aux limites de la face visible, il fournit le plus souvent une indication objective sur l'angle de présentation des figures.

Indication d'autant plus appréciable que nous sommes ici privés d'un élément essentiel : l'architecture des frontons, dont aucun fragment n'a pu être jusqu'à présent identifié. Si l'on veut tenter une reconstitution, on est donc réduit à disposer les figures conservées dans un cadre théorique, dont la largeur (18,40 m) nous est connue, mais dont les autres dimensions ne peuvent être restituées que par référence aux parallèles fournis par l'architecture de l'époque : en situant la hauteur aux environs de 2,30 m, la profondeur autour de 0,80 m, tout ce que l'on peut dire est qu'on ne risque pas de se tromper gravement.

La répartition des figures entre les deux frontons posait, dans ces conditions, un problème *a priori* fort difficile. Les critères iconographiques, heureusement, étaient dans quelques cas déterminants, d'autant que les données archéologiques venaient par chance les corroborer : ainsi le torse de Dionysos Mitréphoros, trouvé à la bordure Ouest du temple, comme les torses féminins trouvés du même côté, et qui portaient la pardalide (la peau de panthère caractéristique des membres du thiase dionysiaque), pouvaient-ils être d'emblée attribués au fronton occidental. Mais d'autres pièces, notamment des fragments de femmes drapées assises sur des rochers, bien que parfaitement adaptées à l'iconographie des Muses, n'auraient pu recevoir d'attribution sûre si au cours de l'étude un autre critère n'était apparu. A la faveur du travail de restitution graphique des figures les moins incomplètes, on s'aperçut en effet que les statues se répartissaient d'elles-mêmes en deux groupes bien distincts : l'un où les figures debout mesuraient 2 m à 2,10 m,

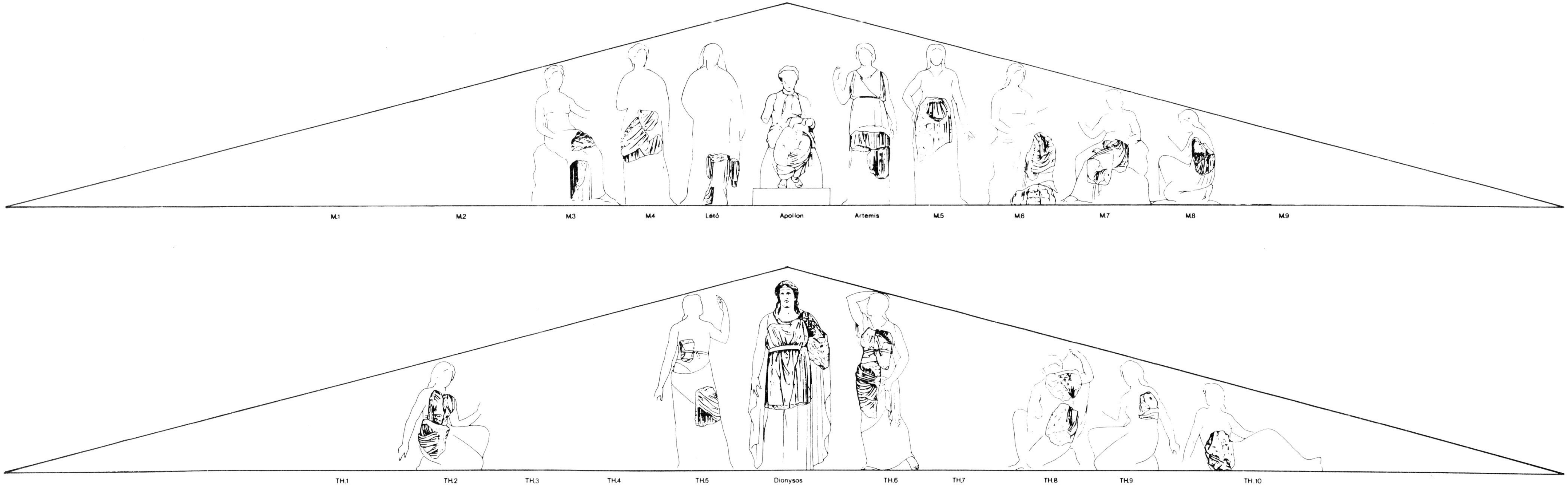

Fig. 38. — Frontons du temple du IVᵉ siècle :
essai de restitution (K. Iliakis).

l'autre où elles ne dépassaient pas 1,90 m. Comme cette répartition recoupait les données fournies par le lieu de trouvaille (quand on le connaissait) et l'iconographie, il ne faisait guère de doute qu'il s'agît d'une différence systématique d'échelle entre les deux frontons. Les figures du groupe apollinien étaient un peu plus petites que Dionysos et les Thyiades, et la raison en est sans doute assez simple : à l'Est la réunion des trois divinités et des neuf Muses imposait le nombre minimum de douze statues ; à l'Ouest au contraire le sculpteur était libre de se limiter à onze personnages, dans une composition symétrique centrée sur la figure de Dionysos.

Ainsi le recoupement des diverses données a-t-il conduit peu à peu à des hypothèses de restitution, dont il ne faut pas se dissimuler le caractère aléatoire, et auxquelles corrections et compléments devront encore être apportés, mais qui, l'état des fragments excluant pour le moment toute présentation muséographique d'ensemble, aideront au moins à se faire une idée de ce que pouvaient être les frontons de Delphes (fig. 38)[1].

Au milieu du fronton Est apparaissait en majesté la triade apollinienne. Le dieu était assis, de face, drapé dans un himation qui découvre le buste, les cheveux longs tombant sur la nuque, les bras fléchis, légèrement tendus en avant, tenant sans doute une cithare (fig. 40). Debout à ses côtés, Artémis et Létô étaient vêtues l'une du péplos, l'autre d'un himation qui recouvrait sans doute la tête. De part et d'autre étaient disposées les Muses, debout, assises ou accroupies dans un décor de rochers, en deux groupes dissymétriques dont la structure exacte nous échappe encore en grande partie. L'intérêt de cet ensemble, dont la composition apparaît de toute façon comme assez rudimentaire, réside plutôt dans la typologie des représentations. La triade, au premier chef, est originale, et l'idée même de placer au milieu d'un fronton un Apollon assis pourra surprendre ; mais elle constituait en fait le seul moyen de conférer au maître du sanctuaire une majesté particulière. Et d'ailleurs l'image n'est pas isolée : à Delphes même, un petit relief votif[2], de facture médiocre mais datable encore de la seconde moitié du IVe siècle, montre lui aussi un citharède assis avec deux figures féminines debout. Mais une autre série de documents contemporains impose un rapprochement beaucoup plus suggestif : les reliefs dédiés dans le Pythion d'Ikaria en Attique, sans doute au retour d'une Pythaïde (procession solennelle à Delphes qu'effectuaient les Athéniens à intervalles irréguliers) que l'on peut situer justement entre 330 et 325[3]. Apollon, assis sur l'omphalos, reçoit l'hommage de ses fidèles ; à ses

---

(1) Les restitutions proposées ici, fig. 38, constituent une version améliorée, sur quelques points importants (notamment en ce qui concerne les deux fragments replacés ici dans la figure TH. 8 : d'abord attribués, pour des raisons iconographiques, au fronton Est, ils ne peuvent en fin de compte, à cause de leurs proportions, appartenir qu'au fronton dionysiaque) de l'esquisse provisoire publiée *Archaische und klassische griechische Plastik* II (1986), Beil. 5.

(2) Ci-après, p. 123, fig. 91.

(3) Cf. E. VOUTIRAS, *AJA* 86 (1982), p. 229-233, pl. 30-32.

côtés, une péplophore juvénile dont le type, qui est à peu près celui de la «petite Artémis» du Pirée, correspond exactement au fragment attribuable à Artémis dans le fronton de Delphes, et une figure matronale à la tête recouverte par un pan de son himation, qui ne peut être que Létô. Compte tenu de la proximité chronologique, la coïncidence typologique est au moins troublante. Et il n'y aurait rien que de vraisemblable, en fait, à ce que le nouveau fronton delphique, œuvre de sculpteurs athéniens achevée et inaugurée au plus tard en 327, ait fait presque aussitôt en Attique l'objet d'adaptations et d'imitations libres dans les ateliers de petite sculpture votive.

Dans la mesure où ils sont restituables, les types de Muses posent un problème un peu différent. Devant ces jeunes femmes drapées nonchalamment assises ou appuyées sur des rochers, on ne peut se défendre d'une impression de «déjà vu». Mais le fait est que tous les types célèbres auxquels on est tenté de se référer, comme les Muses du Vatican ou celles d'une base ronde d'Halicarnasse, sont largement postérieurs aux frontons de Delphes. Même la Base de Mantinée ne saurait être considérée comme sûrement antérieure. On est donc conduit à se demander si notre fronton, auquel son emplacement privilégié entre tous ne pouvait qu'assurer une rapide et universelle renommée, n'a pas été en réalité le point de départ de la nouvelle iconographie des Muses qui apparaît précisément vers cette époque, et à laquelle l'art hellénistique donnera son plein développement. Ainsi s'expliqueraient les affinités à la fois évidentes et imprécises que l'on peut constater entre notre figure M. 6 (fig. 41), par exemple, et la Muse assise de la Base de Mantinée, ou entre M. 5 (fig. 44) et M. 7 (fig. 39) et deux des figures de la Base d'Halicarnasse. Que les types créés par Praxias et Androsthénès ne se soient diffusés que sous forme d'adaptations approximatives ne doit pas surprendre : les figures d'un fronton comme celui du temple de Delphes n'étaient pas à la disposition des copistes.

La représentation du thiase dionysiaque qui occupait le tympan occidental n'était pas, au demeurant, moins surprenante : Dionysos, debout au milieu de la composition, n'était pas seulement vêtu du chiton talaire et de la cape qui caractérisent normalement Apollon (fig. 43); il semble même qu'il empruntait à celui-ci son instrument de prédilection, la cithare. On ne peut guère en effet restituer autrement la pièce rapportée qui venait se fixer dans une grande cavité ménagée entre l'épaule et le bras gauches de la statue. Mais cette référence évidente à un type qui est celui de l'Apollon Patrôos ne doit pas faire douter de l'identité du dieu : trouvé à la bordure Ouest du temple, à l'endroit même sans doute où il était tombé à la fin de l'Antiquité lors de la ruine de l'édifice, ce torse ne saurait être autre chose que la figure centrale du fronton Ouest, c'est-à-dire Dionysos. Seulement c'est un Dionysos citharède, en quelque sorte travesti en Apollon, assimilé autant que possible à celui qui l'accueille en son sanctuaire. Pour comprendre cette étrange métamorphose, il faut se souvenir que nous sommes à Delphes dans une période — les années 340-330 — où l'importance du culte de Dionysos ne cesse de grandir[4]. L'idée

---

(4) Cf. A. STEWART, «Dionysos at Delphi : The Pediments of the Sixth Temple of Apollo and Religious Reform in the Age of Alexander», in *Macedonia and Greece in Late Classical and Early Hellenistic Times* (ed. B. Barr-Sharrar - E.N. Borza, 1982), p. 205-227.

Fig. 39. — Fronton Est : Muse M. 7.

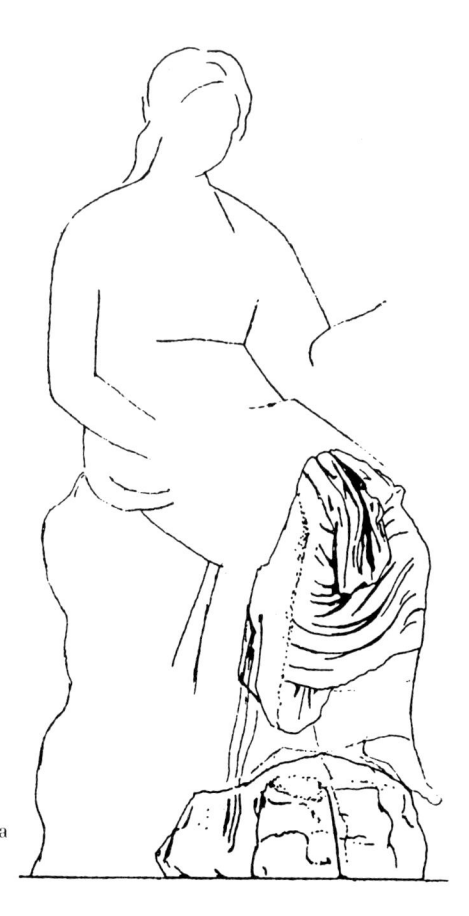

Fig. 40. — Fronton Est : Apollon.

Fig. 41. — Fronton Est : Muse M. 6.
a, essai de restitution (K. Iliakis).
b, fragment des jambes.

Fig. 42. — Fronton Ouest :
Thyiade TH. 6.

Fig. 43. — Fronton Ouest : Dionysos.

Fig. 44. — Fronton Est :
Muse M. 5.

Fig. 45. — Fronton Ouest : Thyiade TH. 2.

de consacrer à celui-ci l'un des frontons du nouveau temple est d'ailleurs en elle-même l'illustration éclatante de cette évolution, qui représentait évidemment pour la religion traditionnelle une sérieuse menace. Que le clergé delphique ait cherché ici délibérément à infléchir dans un sens apollinien la personnalité de Dionysos est donc sans doute moins surprenant qu'on ne pourrait le croire. Mais l'innovation iconographique était de taille, et restera d'ailleurs sans conséquences immédiates : l'assimilation tentée à Delphes de manière un peu trop brutale ne se réalisera vraiment que plus tard et progressivement, grâce notamment à un autre type célèbre, celui de l'Apollon Lycien.

Mais quel que soit le caractère artificiel et forcé de cette tentative, l'image d'ensemble que donnait du thiase dionysiaque le fronton du temple avait le mérite de la cohérence. A la sérénité du nouveau Dionysos répondait en effet de la part de ses compagnes (on notera que Silènes et Ménades faisaient ici place aux seules Thyiades, personnages proprement delphiques) un comportement exceptionnellement calme : n'était leur vêtement caractéristique, on pourrait hésiter à reconnaître dans les deux figures les mieux conservées (TH. 2, sagement accroupie, fig. 45 ; TH. 6 debout, le bras levé, esquissant comme un pas de danse, fig. 42) deux de ces femmes que les auteurs anciens nous montrent en proie au délire divin, sillonnant le Parnasse, des nuits entières, en une course échevelée. Que l'on songe d'autre part un instant à la Ménade de Scopas[5], création sans doute à peu près contemporaine, et l'on admettra que les Thyiades de Delphes ne sont pas précisément de la même famille. Il est donc clair qu'ici encore l'iconographie dionysiaque avait été édulcorée jusqu'à devenir presque méconnaissable : à l'instar de leur dieu lui-même, qui s'identifiait à Apollon, les Thyiades apaisées s'efforçaient de ressembler aux Muses.

Les frontons du nouveau temple ne péchaient donc pas, il s'en faut, par manque d'originalité, même si cette originalité relevait plus de l'iconographie que de la composition ou du style. Pour les compositions, on a vu qu'elles ne témoignaient pas d'une subtilité particulière. Lorsque l'on examine de près nos fragments, on est tenté d'exprimer à propos du style un jugement peut-être encore plus sévère : l'impression d'ensemble est à vrai dire celle d'un travail hâtivement exécuté, voire bâclé dès que l'on s'approche des bords de la face visible des figures. Même sur les parties les plus exposées aux regards, la finition s'est évidemment bornée au minimum acceptable, en tenant délibérément compte du fait que les statues ne pourraient être vues que de loin. Mais cette médiocrité technique relève plutôt de la désinvolture que de la maladresse : vues à bonne distance, bien éclairées, ces sculptures témoignent d'un sens très sûr de l'effet plastique et d'une recherche dans la structure des drapés dont nous avons vu qu'elle était peut-être assez neuve pour l'époque.

(5) LULLIES-HIRMER, pl. 205.

Praxias, pas plus qu'Androsthénès, n'était autant qu'on sache un maître de premier plan : le choix même de personnalités relativement modestes reflète sans doute simplement les difficultés financières qui semblent avoir entravées jusqu'au bout la reconstruction du temple. Mais ils étaient tous deux issus d'un milieu prestigieux, héritiers d'une grande tradition, capable de produire à la fois le génie d'un Praxitèle et celui d'un Léocharès. Que tel type de Muse évoque la Base de Mantinée, que le beau visage du Dionysos ait de fortes affinités avec celui de la Déméter de Cnide[6] ne saurait toutefois suffire à faire passer les sculpteurs du temple de Delphes pour de simples adaptateurs, car nous avons vu que dans l'ensemble leurs créations restaient sans parallèles exacts. Sans que l'on puisse parler de chef-d'œuvre, il ne paraît pas excessif de tenir ces vastes compositions pour l'une des productions les plus significatives du Second Classicisme attique. Et l'on se gardera d'oublier qu'il s'agit là des derniers grands frontons sculptés de l'histoire de l'art grec.

Leur destinée ultérieure se confond avec celle du temple, qui semble être resté debout jusqu'à la fin du paganisme. Incendié par les Thraces en 88 av. J.-C., puis pillé par Sylla, enfin restauré au Ier s. de notre ère par l'empereur Domitien, dont une grande inscription latine rappelait orgueilleusement la pieuse intiative, l'édifice et les sculptures qu'il portait avaient dû subir dès cette époque bien des dommages. Certains de nos fragments en témoignent, dont les cassures sont anciennes, puisqu'elles présentent encore les restes de crampons de réparation. Mais le fait est qu'au milieu du IIe siècle, lors du passage de Pausanias, les frontons étaient entiers, sinon intacts. Cette remise en état sommaire est donc peut-être plutôt à mettre au crédit d'un Romain qui, au début du IIIe siècle, fit réparer le temple, apparemment pour la dernière fois.

Bibl. : Th. HOMOLLE, *BCH* 26 (1902), p. 630-639. *FD* II, *Terrasse du temple*, p. 20-21. F. CROISSANT - J. MARCADÉ, *BCH* 96 (1972), p. 887-895. J. BOUSQUET, *BCH* 108 (1984), p. 695-698. F. CROISSANT, *Archaische und klassische griechische Plastik* II (1986), p. 187-197 (cf. ci-dessus, n. 1).

La colonne des Danseuses.

A la sculpture monumentale doit être encore rapportée l'une des offrandes les plus curieuses de Delphes : la très célèbre colonne d'acanthe dont le dernier tambour s'ornait de trois figures féminines en haut-relief (fig. 46-48), auxquelles leur vêtement et leur attitude ont valu le surnom

---

(6) LULLIES-HIRMER, pl. 218-219.

Fig. 46. — Les « Danseuses », vue d'ensemble.

traditionnel de « Danseuses », que nous reprendrons ici par commodité, dans la mesure où l'interprétation du monument reste controversée.

Trouvés entre mai et juillet 1894 sur les terrasses qui s'étendent à l'Est et au Nord-Est du temple, les fragments de la colonne et des Danseuses eurent plus de chance que ceux des frontons du temple : mieux conservés, fortement caractérisés par leur décor végétal, ils retinrent aussitôt l'attention des fouilleurs, qui furent d'emblée en possession de la quasi-totalité du monument. Très vite on put recomposer une colonne sculptée en forme de tige d'acanthe, comportant cinq tambours et une sorte de chapiteau surmonté lui-même par une prolongation de la tige à laquelle s'adossaient les trois figures. Les scellements visibles sur les trois « volutes » végétales du chapiteau, ainsi que la forme concave de la partie supérieure du fût, au niveau du sommet de la tête des Danseuses, révélaient la fonction de cet ensemble : supporter un trépied colossal, dont on admet généralement, sans absolue certitude, qu'il était en bronze. Au pied de la colonne, afin d'en élargir l'assise, trois feuilles d'acanthe rapportées étaient plaquées contre le fût, large de 0,86 m, et scellées sur la base. La hauteur totale du monument devait dépasser 13 m.

Deux données essentielles restaient pourtant inconnues : l'emplacement de la colonne dans le Sanctuaire et la date de sa consécration. Le second problème fut longtemps faussé par une mauvaise interprétation des circonstances de la découverte : on crut en effet que les restes de la colonne avaient été trouvés dans le même remblai que les fragments des frontons du temple archaïque, et l'on en déduisit que le monument ne pouvait être qu'antérieur à la catastrophe de 373. On admit donc d'abord, non sans réticences (car la conception de l'œuvre comme son style reflétaient un naturalisme bien surprenant dans le premier quart du IVe siècle), une datation haute, dont heureusement de nouvelles recherches menées dans le Sanctuaire ainsi qu'un réexamen attentif du journal de la fouille permirent en 1963 de faire justice. L'identification du soubassement de la colonne avec une base située au Nord-Est du temple, entre l'ex-voto de Daochos et le « téménos de Néoptolème », résolut en effet d'un coup le problème topographique et la question de la date. Car non seulement la base porte la marque de l'entrepreneur Pankratès d'Argos, dont l'activité est bien située par les comptes des naopes dans la seconde moitié du IVe siècle, mais le fragment redécouvert du socle de la colonne conserve les restes de la dédicace, dont l'écriture peut être datée des années 335-325. La cause est donc entendue, et nous savons aujourd'hui à quel endroit et vers quelle date fut dédié le monument.

Fig. 47. — Les «Danseuses», vue d'ensemble.

Fig. 48. — Tête de l'une des « Danseuses », a. face. b. profil.

Mais nous savons sans doute aussi par qui. Car si fragmentaire que soit l'inscription, elle comporte à la fin, indubitablement, la mention du peuple d'Athènes. C'est donc de là, quoi qu'on en ait dit, qu'il faut partir pour chercher à identifier nos Danseuses, et l'hypothèse selon laquelle il s'agirait d'une évocation des Aglaurides, les trois filles du vieux roi-serpent Cécrops et d'Aglaure, personnification de la Terre arable, qu'un chœur de l'*Ion* d'Euripide nous montre menant leurs danses sur les terrasses verdoyantes du flanc Nord de l'Acropole d'Athènes, là-même où, à côté de leur propre sanctuaire, se trouvait justement le Pythion, point de départ de la voie sacrée qui conduisait la Pythaïde vers Delphes, est il faut l'avouer fort séduisante. Les liens des Aglaurides avec la croissance des végétaux pourraient expliquer le choix d'un support qui évoque la poussée généreuse de la sève et semble associer dans un même jaillissement naturel les grandes feuilles dentelées et les corps des trois jeunes filles. Le motif lui-même de la colonne d'acanthe surmontée d'un trépied n'était pas au demeurant une création nouvelle : la céramique attique, précisément, l'atteste dès la première moitié du siècle. Sculpté dans le marbre du Pentélique, admirablement situé, au-dessus de la terrasse du temple, dans l'axe de la Voie Sacrée, cet ex-voto monumental pourrait donc bien être le témoin le plus impressionnant des efforts de Lycurgue, dont nous savons qu'il participa entre 330 et 324 à une Pythaïde particulièrement solennelle, pour restaurer, dans les années qui suivirent Chéronée, le prestige d'Athènes. Le fait que par ailleurs la responsabilité de la décoration du nouveau temple ait été confiée durant la même période à des sculpteurs athéniens prendrait dans un tel contexte une signification particulière.

Il est clair toutefois que seule la découverte, malheureusement peu probable, d'un autre fragment de la dédicace pourrait confirmer cette hypothèse, à laquelle ont été opposés surtout des arguments d'iconographie et de style. La tunique courte et le calathos (sorte de haute couronne de roseaux en forme de corbeille) que portent les Danseuses de Delphes restent en effet sans parallèle attique, alors que l'Asie Mineure en fournit plusieurs exemples. Et l'on invoque, pour le style, les danseuses d'un sarcophage de Xanthos : la parenté typologique est indéniable, mais peut-on parler de style «ionien» à propos de figures dont le drapé reproduit si évidemment les formules créées en Attique à la fin du ve siècle ? Quelle que soit l'identité réelle de nos Danseuses, il est devenu possible, grâce aux recollages qui ont récemment rendu ses bras à la mieux conservée des trois, d'en bien comprendre le mouvement, et par conséquent d'en apprécier pleinement le style.

Loin d'être strictement répétitives, les trois figures introduisaient de subtiles variantes dans un schéma général qui assurait l'unité plastique de l'ensemble : le bras droit levé, la main retournée vers l'extérieur, la paume vers le haut, et la tête légèrement tournée, inclinée vers la droite, étaient équilibrées par le geste de la main gauche soulevant délicatement le bas de la robe et par la ligne de plis qui, prenant naissance à la ceinture sous le sein droit, était déviée vers le sexe par la saillie de la cuisse et accompagnait d'une courbe ample et sinueuse la lente rotation des hanches. On a justement fait observer que cette attitude, d'une grâce incontestable, n'allait pas sans incohérences : elle s'accorde mal en tout cas avec le tournoiement rapide que suppose par ailleurs l'animation du bas de la robe. Et en fait, quel que soit le mouvement de «danse» que l'on veut reconnaître ici, on se heurte à une curieuse impression d'irréalité, comme si ces prétendues danseuses, dont les pieds d'ailleurs ne touchaient aucun sol, ne faisaient que prolonger le jaillissement vertical de la colonne d'acanthe en s'élevant lentement dans les airs, le vêtement plaqué au corps par le souffle de la brise. Même si l'idée première de ces figures a été effectivement suggérée par la danse, il apparaît donc que c'est leur fonction architectonique qui a prévalu dans l'imagination du sculpteur. Si l'on a quelque peine à le comprendre devant la reconstitution présentée au Musée, c'est qu'il y manque un élément essentiel : le grand trépied dont les montants encadraient étroitement chacune des trois figures et dont celles-ci semblaient, de la tête et de la main droite, soutenir comme en se jouant la lourde cuve. Car les Danseuses de Delphes étaient d'abord des Caryatides (et cela seul suffirait à expliquer le port du calathos), mais c'étaient des caryatides aériennes, dont le rôle était moins de supporter un fardeau que d'abolir la pesanteur.

Devant une création aussi originale, la question du style reste évidemment délicate. On ne peut plus en tout cas se contenter, pour des raisons qui ne sont guère qu'iconographiques, d'invoquer un ionisme dont nous ne savons même pas s'il a encore à cette époque une réalité. Comme pour les statues des frontons du temple, il faut dire que l'on observe ici un certain décalage entre la conception et l'exécution matérielle : ce n'est sans doute pas là l'œuvre d'un maître, mais celle d'un bon sculpteur, qui puise son inspiration aux meilleures sources. Ces sources, pourquoi refuser de les chercher en Attique[7] ? Le parti pris de légèreté, le goût des formes pleines et des courbes bien équilibrées qui caractérisent le style des Danseuses orienteraient encore une fois vers ce que nous connaissons de l'œuvre de Léocharès : on songera notamment aux longs plis sinueux de la robe de l'Aurige du Mausolée d'Halicarnasse, à la démarche légère et comme *dansante* de l'Apollon du Belvédère, et surtout à cet Enlèvement de Ganymède qui fut sans doute une des créations les plus originales de l'artiste et dont le schéma, autant que de médiocres répliques nous permettent de le restituer, devait être étrangement semblable à celui de nos danseuses-caryatides, réalisant comme lui l'audacieuse gageure d'une négation plastique de la pesanteur. Léocharès lui-même viendra vers 320 travailler à Delphes avec Lysippe au groupe de la Chasse d'Alexandre : est-il invraisemblable que le rayonnement de son œuvre, alors sans doute à son apogée, se soit exercé quelques années plus tôt sur les ateliers qui travaillaient, presque en même temps, aux frontons du Temple et à la Colonne des Danseuses ?

Bibl.[8] : *FD* II, *Région Nord*, p. 60-67. J. Pouilloux - G. Roux, *Énigmes à Delphes* (1963), p. 123-149. J. Bousquet, *BCH* 88 (1964), p. 655-675. J. Marcadé, *Mélanges hell. offerts à G. Daux* (1974), p. 239-254. J. Frel, *J. P. Getty Mus. Journ.* 6-7 (1978-1979), p. 75-82.

(7) C'est d'ailleurs ce qu'a fait J. Frel, *o.c.*, en attribuant les Danseuses à Chairestratos de Rhamnonte. Mais le rapprochement sur lequel il fonde cette attribution — avec la Thémis du Musée National d'Athènes — n'est pas précisément concluant.

(8) Même si nous nous devons de signaler la contribution de Cl. Vatin, *CRAI* 1983, p. 26-40, nous n'avons pas cru pouvoir en tenir compte dans les pages qui précèdent. Pour des raisons de principe, il nous paraît en effet difficile d'accorder le statut de *document* à des inscriptions que leur inventeur est seul capable pour le moment de lire sur la pierre comme sur les estampages et qui, au moins dans l'état actuel des techniques, ne sont pas photographiables.

2. La statuaire.

Comme pour le vᵉ siècle, la très grande majorité de la statuaire est perdue, car elle était en bronze. Ce n'est guère, de toute façon, qu'à partir du troisième quart du ivᵉ siècle que l'on recommence, au moins à Delphes, à utiliser le marbre dans la ronde-bosse. Les documents conservés ne sont pas nombreux, mais la chance a voulu qu'un ex-voto nous parvienne dans son entier, en tout cas assez complet pour que l'on puisse en reconstituer l'ordonnance générale et retracer les circonstances de sa consécration.

L'ex-voto de Daochos (fig. 49-56).

Dominant la terrasse du temple au Nord-Est, immédiatement à l'Ouest de la Colonne des Danseuses, sur un long socle de calcaire adossé au mur de fond d'un enclos rectangulaire, se dressaient neuf statues en marbre de Paros, dont six au moins furent retrouvées, plus ou moins complètes, aux alentours, ainsi que la plinthe d'une septième. La base, creusée à la face supérieure de cuvettes d'encastrement où deux des plinthes étaient encore en place, portait à la face antérieure, au pied de chaque statue, une inscription en vers indiquant le nom et vantant les mérites du personnage. Nous savons ainsi qu'il s'agissait d'un groupe dédié à Apollon (dont la statue occupait sans doute la première cavité, la seule à laquelle ne corresponde aucune inscription) par un certain Daochos de Pharsale, deuxième du nom, qui fut représentant *(hiéromnémon)* de la Thessalie au Conseil amphictionique de 338 à 334. Personnage influent, qui présida même l'assemblée, où il servit fidèlement les intérêts de Philippe de Macédoine, il entendait ainsi apparemment commémorer son action à Delphes tout en affirmant la noblesse et l'ancienneté de sa famille. En une sorte de suite généalogique, six générations, depuis le début du vᵉ siècle, étaient représentées, glorieuse lignée dont les membres avaient à des titres divers préparé la grandeur de Daochos. Aknonios, fils d'Aparos, avait été *tétrarque* (gouverneur d'une des quatre provinces de la Thessalie), comme le sera lui-même Daochos II. Ses fils Agias, Télémachos et Agélaos, s'étaient illustrés — et avaient fait honneur à la famille — d'une autre manière, par des exploits athlétiques, collectionnant les victoires aux jeux panhelléniques. Mais l'épigramme de Daochos Iᵉʳ, fils d'Agias, nous dit qu'il avait « vingt-sept ans durant commandé pacifiquement à toute la Thessalie », et son fils Sisyphos Iᵉʳ, père du dédicant, était vanté pour sa valeur militaire. Avec Daochos II, tétrarque et hiéromnémon, on revenait à la politique, tandis que

92   LA SCULPTURE EN PIERRE

Fig. 49. — Monument des Thessaliens :
Daochos Ier, Agélaos.

Fig. 50. — Monument des Thessaliens :
Agias, Aknonios.

Fig. 51. — Monument des Thessaliens :
Sisyphos II, Daochos II.

Fig. 52. — Monument des Thessaliens :
Sisyphos Ier, Daochos Ier.

Sisyphos II, son jeune fils, dont seul le nom était mentionné, se contentait apparemment, au moins pour le moment, d'avoir un père.

Galerie disparate à la manière d'une série de «tableaux de famille», le groupe jouait sur la variété des costumes et des attitudes. Si l'on met à part la statue d'Apollon, dont le rapprochement avec le type du dieu citharède assis sur l'omphalos des monnaies amphictioniques reste une pure hypothèse tant que l'on n'en a pas identifié même un fragment, la physionomie de l'ensemble, après bien des controverses, nous apparaît en fin de compte avec une assez bonne précision. D'emblée trois des huit statues humaines, celles d'Aknonios, d'Agias et de Sisyphos Ier, ainsi que la plinthe de Daochos II, seul fragment conservé du dédicant, retrouvaient leur place exacte sur la base. C'est par élimination, et en comparant la forme des cavités avec la position des jambes, que l'on a pu restituer aussi avec une quasi-certitude Agélaos, Daochos Ier et Sisyphos II. Télémachos enfin, d'abord identifié sans hésitation avec un torse acéphale, brisé en haut des cuisses (inv. 1360), qui semble effectivement le pendant exact de celui d'Agias (fig. 53 et 54), a été ensuite, sur la foi d'analyses de style à vrai dire bien subjectives qui excluaient ce torse de l'ensemble, durablement réputé perdu. Mais l'attribution a été reprise, avec de très bons arguments, dans une étude récente, et il semble qu'elle devrait être tenue désormais pour acquise. On peut donc aujourd'hui se faire une idée de la composition, et apprécier comment l'artiste avait tenté d'éviter le double risque — de monotonie ou d'incohérence — qui guettait ce genre de groupe.

Un premier principe d'organisation transparaît dans la répartition des statues sur la base : le milieu était exactement marqué par Agélaos, et aux deux extrémités semblaient se répondre à droite la figure imposante du dieu, à gauche le groupe, légèrement décalé, du dédicant et de son fils, c'est-à-dire des deux mortels vivants qui lui rendaient hommage en lui offrant les images de leurs ancêtres disparus. Mais à ce schéma s'en superposait un autre, qui isolait le dieu et soulignait la cohésion de la lignée familiale : Aknonios, l'ancêtre, et Sisyphos II, l'héritier, encadraient deux groupes antithétiques et complémentaires, trois athlètes, nus, à droite, trois hommes d'état ou chefs de guerre, vêtus, à gauche.

A l'intérieur de ce cadre, la spécificité de chaque personnage se reflétait dans l'attitude, l'anatomie, le vêtement. Car il ne s'agissait pas de portraits — au demeurant les seuls personnages qui eussent pu fournir un modèle vivant étaient Daochos II et son fils — mais de représentations idéales, chargées de reproduire un type social ou humain plutôt que d'individualiser une personnalité. Les hommes d'état, Aknonios et Daochos Ier, chaussés d'élégantes mais robustes sandales, portaient tous deux la *chlamyde*, vêtement national des Macédoniens et des Thessaliens, mais la différence des attitudes créait un effet de contraste. Le premier, solidement campé sur ses deux jambes, mais le corps légèrement déporté vers la droite, la tête tournée vers le centre du groupe, semblait, du bras gauche levé dans un geste de présentation assez emphatique, appeler l'attention du dieu sur ses descendants : le drapé est animé, parcouru de grands plis cassants, la lourde étoffe froissée et rejetée sur l'épaule avec vivacité. L'impression est de majesté, mais aussi de rudesse et d'énergie, et par comparaison Daochos Ier, le grand

94 LA SCULPTURE EN PIERRE

Fig. 53. — Monument des Thessaliens : Torse de Télémachos.

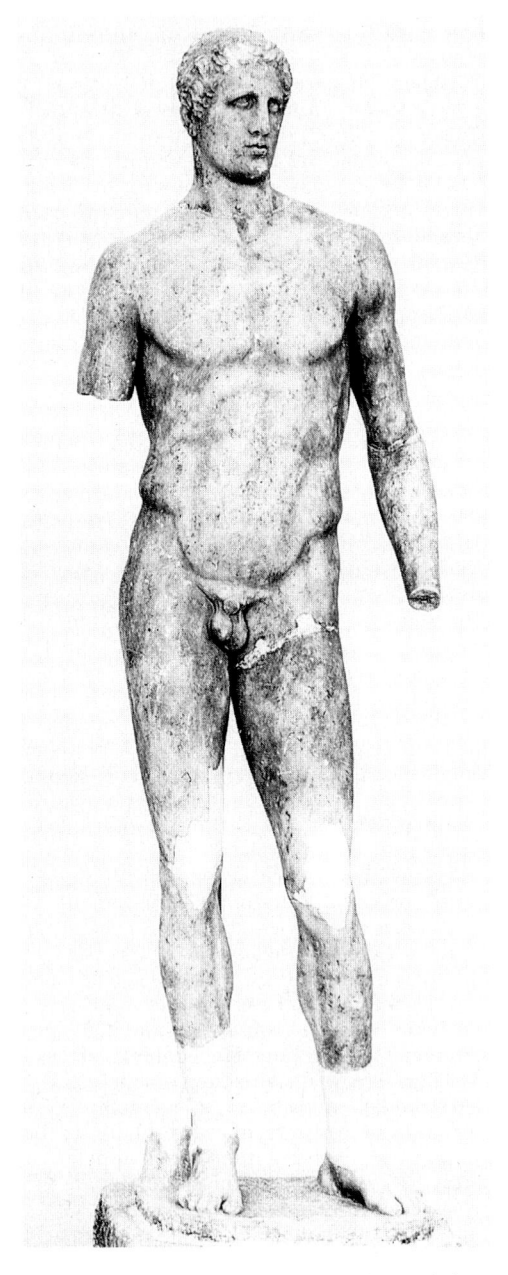

Fig. 54. — Monument des Thessaliens : Agias.

homme de la famille, qui se présentait de face, immobile, étroitement serré dans son vêtement, paraît étrangement compassé. Sisyphos Ier, le soldat, illustre encore un autre type : chaussé de hauts brodequins, vêtu d'une courte tunique serrée à la taille, la poitrine barrée par une sorte de baudrier, il a rejeté sur le bras gauche sa chlamyde et lève le bras droit, dans un geste de commandement sans doute, préfigurant les poses théâtrales qu'adopteront plus tard bien des statues d'empereurs romains. Autant qu'on puisse en restituer les gestes, les trois athlètes étaient eux aussi nettement différenciés. Agias, le pugiliste, avec ses deux pieds plaqués au sol, ses bras pendant le long du corps, les coudes légèrement fléchis, les poings sans doute encore à demi serrés, semblait prêt à reprendre aussitôt le combat. Pour les deux autres, la marge d'incertitude reste grande : on a proposé de restituer chez Agélaos le geste du Diadumène polyclétéen levant les bras pour ceindre son front d'un bandeau, tandis que Télémachos pourrait être l'adaptation d'une autre création de Polyclète, le Kyniskos d'Olympie qui de la main droite levée portait à sa tête la couronne du vainqueur. L'opposition en tout cas était nette entre les anatomies massives et puissantes du pugiliste et du lutteur et le corps souple, les jambes minces et nerveuses du coureur Agélaos. Dernier contraste enfin, celui que formait avec toutes les autres la figure charmante mais insignifiante du jeune Sisyphos II, nonchalamment accoudé à un hermès archaïsant dans une attitude que l'on a parfois jugée praxitélienne.

Si délibérés, en effet, que paraissent avoir été ces effets de contraste, ils ne vont pas sans poser le problème de l'unité stylistique du groupe. Bien que la base ne porte aucune signature, on dispose en principe d'une donnée capitale : peu après la découverte de nos statues, le rapprochement de deux fragments d'une base inscrite de Pharsale permit d'y lire une épigramme presque exactement identique à celle d'Agias, accompagnée de la signature de Lysippe. La conclusion que l'on en tira aussitôt, et qui reste d'ailleurs la seule strictement inattaquable, est que l'Agias de Delphes n'était que la reproduction en marbre d'une statue de bronze exécutée à Pharsale par le grand sculpteur sicyonien. Le style de la statue delphique ne contredisait d'ailleurs pas cette hypothèse, et l'on a maintes fois depuis relevé les affinités profondes qui unissent Agias à l'œuvre la plus célèbre de Lysippe, l'*Apoxyomène*. Devait-on pour autant considérer que l'ensemble du groupe reflétait le style du maître ? Le problème était d'abord de savoir si la statue de Pharsale, vraisemblablement dédiée par le même Daochos II, faisait elle-même partie d'un groupe comportant les mêmes personnages qu'à Delphes, et dans ce cas si tous les bronzes du groupe de Pharsale étaient l'œuvre de Lysippe, hypothèse que l'association de la signature avec la seule épigramme d'Agias rendait *a priori* peu probable.

Il faut bien dire que ces questions demeurent encore aujourd'hui sans réponse satisfaisante. L'adjonction aux jambes des statues du groupe de

Fig. 55. — Monument des Thessaliens : Sisyphos Ier.

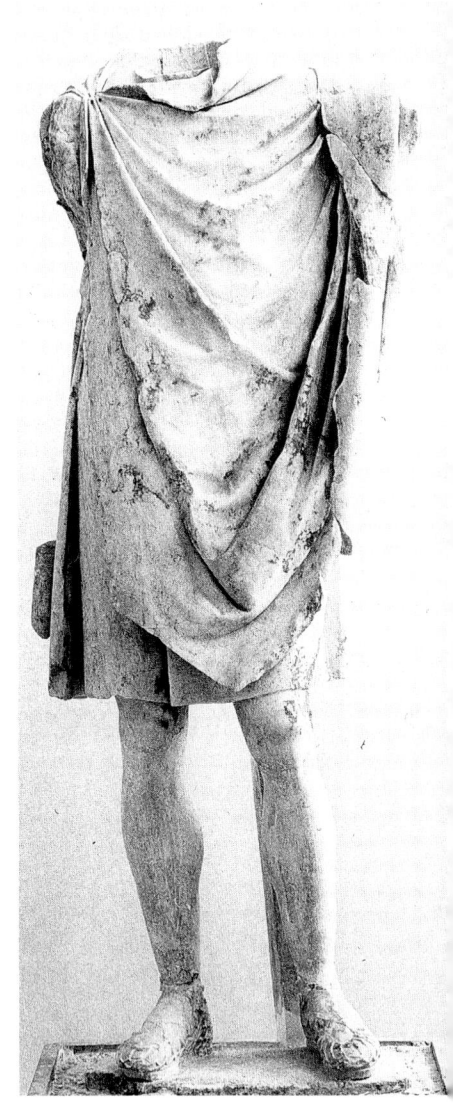

Fig. 56. — Monument des Thessaliens : Aknonios.

Delphes d'éléments d'appui qui, lorsqu'ils n'ont pas de caractère décoratif (comme l'hermès de Sisyphos II ou à la rigueur le «tronc d'arbre» de Sisyphos I), semblent placés de manière à ne pas apparaître dans la vue principale, pourrait indiquer qu'en effet l'on est parti d'originaux en bronze. Mais l'argument n'est pas décisif, car l'utilisation de ce type de supports est attestée, au moins dans la seconde moitié du IVe siècle, par la sculpture funéraire. Et l'on a fait observer à juste titre qu'un type comme celui du Sisyphos II n'était guère imaginable en bronze. Au demeurant, si l'on s'en tient à l'analyse du style, il est clair que seuls Agias et peut-être Agélaos offrent des traits proprement lysippiques ; encore ce dernier se référait-il apparemment, comme son frère Télémachos, à un schéma polyclétéen. Mais cela ne nous éloignerait pas de l'ambiance argivo-sicyonienne où s'est formé le génie de Lysippe, dont on ne doit pas oublier qu'il se proclamait lui-même disciple de Polyclète. Et l'on peut se demander si l'idée, trop facilement admise comme une évidence, que l'ex-voto de Delphes avait suivi de peu son «modèle» de Pharsale n'a pas faussé les données du problème. En 338, au moment où il devint hiéromnémon, Daochos n'était certainement pas un débutant dans la politique : ne peut-on imaginer qu'ayant célébré dix ou quinze ans auparavant, dans sa propre patrie, par la consécration d'un groupe de bronze la gloire de sa famille, il ait trouvé naturel de commémorer ses fonctions amphictioniques par la reproduction en marbre, à Delphes, de ce monument déjà ancien, qu'il fallut sans doute adapter pour la circonstance et même augmenter (de la statue d'Apollon sûrement, et probablement de celle de Sisyphos II, qui avait atteint entre temps l'âge de figurer, évidemment sans mention particulière, dans la «galerie familiale»), mais qui devait être bien connu à Pharsale et dont il pouvait escompter que ses compatriotes éprouveraient une certaine fierté à le retrouver ainsi, en bonne place, dans le sanctuaire d'Apollon Pythien ? Quelle qu'ait été exactement la composition du groupe initial, l'éclectisme à dominante péloponnésienne que l'on peut relever au moins dans le style des statues athlétiques s'expliquerait en tout cas assez bien vers 360-350 dans le cadre d'un atelier argivo-sicyonien où Lysippe n'avait pas encore dépassé la première phase de sa carrière.

Quant à savoir qui furent les exécutants de cette «seconde édition» du groupe, on jugera prudent d'y renoncer pour le moment : le travail, du point de vue technique, est en tout cas excellent, et la qualité de la finition rend hasardeux le rapprochement qui a été récemment proposé avec l'atelier des frontons du temple. Mais il est un autre problème qu'il est fâcheux de devoir laisser en suspens : celui de l'état de conservation, le plus souvent parfait, de l'épiderme des statues, dont une au moins gardait encore des traces de couleur. Peut-on croire dans ces conditions qu'elles étaient exposées aux intempéries ? Rien pourtant n'autorise, dans l'architecture du monument, la reconstitution d'un dispositif de couverture. L'édifice toutefois, on en a la preuve, était déjà sérieusement endommagé au plus tard à la fin du IIe siècle av. J.-C. : peut-être est-ce seulement la ruine des statues, prématurément enfouies, qui nous les a conservées dans cet état de fraîcheur.

Bibl. : E. Will, *BCH* 62 (1938), p. 289-304. *FD* II, *Région Nord*, p. 67-78. T. Dohrn, *AntPlast* VIII (1968), p. 33-53. S. Adam, *The Technique of Greek Sculpture*, p. 97-102. I. Tsirivakos, *ArchEph* 1972, p. 70-85. P. Thémélis, *BCH* 103 (1979), p. 507-518.

A part cet ensemble exceptionnel, le seul document que l'on puisse attribuer encore avec quelque vraisemblance à la statuaire indépendante du ive siècle est une figure drapée assise que son piètre état de conservation a fait longtemps négliger et dont il rend d'ailleurs toujours l'interprétation incertaine.

Statue drapée assise (fig. 57-58).

La figure, haute dans son état actuel de 1,73 m, était de proportions semi-colossales. La tête, qui était rapportée, est perdue, mais le fond de la cuvette d'encastrement est conservé et l'on peut, en appliquant le même rapport entre le torse et la tête que chez le Dionysos du fronton Ouest du temple, restituer la hauteur de l'ensemble avec une assez bonne précision. La statue devait mesurer 2,40 m environ, ce qui est considérable pour une figure assise et invite *a priori* à y reconnaître une effigie divine.

Inv. 10950. Marbre. La partie supérieure surtout a malheureusement subi d'irréparables dommages. Non seulement les bras sont perdus, mais les deux épaules même ont été complètement arrachées, ainsi que toute la partie antérieure du buste : seul subsiste au-dessus de la ceinture le départ des plis divergents du chiton, mais pas assez haut pour qu'il soit possible de déterminer sûrement le sexe du personnage.

Si la grande cassure oblique qui a emporté le genou droit n'empêche pas de restituer le mouvement de retour de l'himation qui s'amorce sur le côté de la cuisse et se poursuit en direction du genou gauche, la position des bras demeure problématique. Une indication pourtant nous est fournie, à droite, par les restes d'un trou de goujon creusé dans l'épaule : oblique, et sensiblement tourné vers l'avant, il implique d'une part que le bras était rapporté, de l'autre qu'il devait être légèrement avancé et levé, dans un mouvement qui entraînait toute l'épaule, comme pour tenir une phiale ou un attribut quelconque. L'état du côté gauche ne permet pas d'affirmer grand-chose, mais il est probable que le bras, rapporté ou non, restait serré contre le buste et que la main se posait sur la cuisse pour retenir la masse des plis de l'himation, dont un pan retombait devant le côté du trône. Car bien qu'il soit brisé de part et d'autre au ras des flancs, l'épais plateau rectangulaire sur lequel est assis le personnage, et qui était lui-même soutenu par une paroi verticale, large de 0,20 m, située dans l'axe et sculptée dans le même bloc, ne peut guère avoir été que le siège d'un trône, version simplifiée d'un dispositif connu par des œuvres comme la Déméter de Cnide ou la Cybèle de Pergame. La statue de Delphes était d'ailleurs, comme cette dernière, juchée sur un socle mouluré, haut d'une vingtaine de centimètres, et pour toute la partie inférieure — plis du chiton laissant apparaître le bout du pied gauche chaussé d'une sandale à haute semelle, et soulevés par le pied droit rapporté qui devait déborder du socle — la ressemblance entre les deux documents est

Fig. 57. — Statue assise, face.   Fig. 58. — *Id.*, profil g.

frappante. A la position du buste près, qui était différente, l'ensemble rappelle aussi, très fortement, une statue du Musée de Chalcis, datable du IVe siècle, qui représentait peut-être Déméter[9].

Trouvée à l'Est ou au Nord-Est du temple, comme en témoigne une photographie de 1894 où elle apparaît au pied du Mur Polygonal dans le dernier segment de la Voie Sacrée, la statue devait se dresser sur une des bases qui dominent la «place du pronaos», et elle était probablement adossée à un mur ou placée dans une niche : les restes d'un goujonnement subsistent dans le dos, qui n'est qu'incomplètement travaillé, et le traitement sommaire de l'arrière du trône trouverait là son explication. Mais c'est à peu près tout ce que l'on est en droit de dire, car ni l'identité

(9) *ArchEph* 1953-1954 II, p. 30-40, pl. 1-2.

ni même la date de cette figure ne sauraient être, dans l'état actuel de la documentation, déterminées avec certitude. A l'origine, il est clair qu'il s'agit d'un type féminin, sans doute directement dérivé d'une création de la fin du ve siècle, peut-être la «Mère des Dieux» d'Agoracrite, qui s'est maintenu sans grand changement jusqu'à l'époque hellénistique, puisque nous le retrouvons à Pergame employé pour une représentation de Cybèle. Mais le Dionysos du monument de Thrasyllos à Athènes montre aussi que dès le début du IIIe siècle il avait fait l'objet d'adaptations masculines : il n'est donc pas exclu qu'à Delphes, compte tenu de la date que l'on peut proposer pour notre statue (deuxième moitié du IVe siècle au plus tôt), il s'agisse d'un Dionysos, voire d'un Apollon.

Et l'on pourrait s'en tenir là, si la statue n'avait fait l'objet récemment d'une hypothèse aussi ingénieuse que gratuite, qui n'a eu pour résultat que d'embrouiller passablement la question : on a voulu en effet reconnaître dans cette énorme figure haute de 2,40 m, profonde de 1,20 m au moins, l'Apollon du fronton Est du temple. Identification péremptoire qui a d'ailleurs failli en entraîner une autre, présentée il est vrai avec plus de prudence, mais non moins irrecevable : exclu du fronton du temple, l'Apollon assis que nous proposons d'y replacer serait devenu l'effigie divine du groupe de Daochos. Il est donc indispensable de rappeler ici, pour en terminer, que cette hypothèse se heurte, en raison des caractéristiques techniques et des dimensions de la statue, à une pure et simple impossibilité matérielle.

Bibl. : P. Thémélis, *ArchEph* 1976, p. 8-11. F. Croissant, *BCH* 102 (1978), p. 587-590. P. Thémélis, *BCH* 103 (1979), p. 508-514. *LIMC*, s.v. «Apollon», 179 et 189. *Archaische und klassische griechische Plastik* II (1986), p. 197.

IV. L'époque hellénistique

1. *La statuaire.*

Le monument de Daochos inaugurait un nouveau type d'ex-voto, le groupe familial, où se traduisait beaucoup plus l'orgueil des particuliers que la gloire d'une cité ou d'un peuple. A partir de l'époque hellénistique ces groupes furent sans doute assez nombreux dans le sanctuaire : nous en avons des témoignages architecturaux et épigraphiques, mais les statues conservées, là encore, sont rares, et malheureusement toutes d'attribution incertaine.

La plus célèbre est celle que l'on a surnommée le *Philosophe,* ou le «Vieillard de Delphes» (fig. 59, 61-62).

Inv. 1819. H. (sans la plinthe) 2,07 m. C'est l'une des statues les plus complètes que nous ait restituées la fouille : seules manquent les deux mains, brisées au poignet. Drapé dans un ample himation qui laisse dégagés l'épaule

L'ÉPOQUE HELLÉNISTIQUE : LA STATUAIRE 101

Fig. 59. — Statue de vieillard, face.   Fig. 60. — Statue féminine, face.

droite et le buste, l'homme se présentait de face, bien campé sur ses deux jambes, les pieds posés à plat, chaussés de sandales à fines lanières. Un léger hanchement vers la gauche équilibrait le double mouvement vers l'avant de la jambe et du bras droits, qu'accompagne la direction du regard et où s'exprime une sorte d'énergie contenue. L'ensemble donne une impression de force et de sévérité, qui culmine dans la représentation de la tête : le crâne massif, puissamment arrondi, le front haut et bombé, les yeux enfoncés sous les arcades sourcilières, la bouche mince, à demi cachée par la moustache qui va se fondre dans les mèches hirsutes de la barbe, composent une physionomie si personnelle que l'on ne saurait hésiter à parler cette fois de portrait. Pas plus que les traits individuels, les stigmates du temps ne sont estompés par une quelconque idéalisation : la calvitie, les joues flétries de rides, le dos voûté et même la rondeur un peu grasse d'une anatomie dont les ans ont alourdi la robustesse disent sans pathos comme sans complaisance l'âge déjà avancé du personnage.

Mais c'est un grand et noble vieillard que nous avons devant nous, et s'il y a tout de même idéalisation, elle se situe au plan moral, à la manière dont Lysippe, dans son fameux portrait de Socrate, avait fait ressortir de la laideur même du visage l'élévation de la pensée. Car si forte que soit ici la caractérisation individuelle, le Vieillard de Delphes n'en incarne pas moins un *type* : aussi lui a-t-on donné tout naturellement ce nom de Philosophe alors que nous n'avons pas la moindre indication sur son identité réelle. Le vêtement, qui est effectivement souvent porté par les philosophes, n'est pas ici déterminant : les stèles funéraires attiques l'attestent abondamment, et c'est aussi à l'occasion celui des orateurs. S'il s'agit tout de même d'un philosophe, on peut exclure au moins qu'il ait appartenu, comme l'a fait parfois supposer la rudesse de l'expression du visage, à l'« école » cynique, dont les membres allaient pieds nus. Quant à le rattacher à une base inscrite ou à un monument daté de Delphes, nous verrons plus loin qu'il faut sans doute y renoncer.

Ainsi privée de tout point de repère objectif, la chronologie du Vieillard de Delphes a fait l'objet des opinions les plus contradictoires. Bien que le support dissimulé sous la draperie contre la jambe gauche puisse faire penser à une copie romaine, tout le monde s'est accordé sans hésitation à y reconnaître un original grec, et l'analyse technique, notamment en ce qui concerne l'emploi du foret libre et du ciseau, confirme absolument ce point de vue. Mais la date de l'œuvre, selon qu'on en rapprochait le drapé de celui du « Mausole » d'Halicarnasse ou qu'on la croyait inspirée du portrait de Démosthène[10], a oscillé sur un siècle entier, entre le milieu du IVe siècle et le milieu du IIIe. On tend aujourd'hui avec raison, en la

---

(10) Lullies-Hirmer, pl. 198 et 248.

situant vers 280-270, à privilégier le second rapprochement, qui est effectivement le meilleur possible à la fois pour le style du drapé et pour la conception générale du portrait : comme au Démosthène de Polyeuctos, le réalisme sans ménagement de la description physique confère ici au personnage une densité psychologique particulière, d'où il tire l'essentiel de sa stature morale. Il y manque, bien sûr, la dimension tragique d'un destin exceptionnel, mais ce vieillard au geste volontaire et au regard farouche ne devait pas être, à tout prendre, une personnalité banale.

Bibl. : F. POULSEN, *BCH* 70 (1946), p. 497-500. *FD* II, *Région Nord*, p. 86. J. BOARDMAN - J. DÖRIG - W. FUCHS - M. HIRMER, *L'art grec* (1966), pl. 261 et p. 200. FUCHS, *SkGr*, p. 132, fig. 119. LULLIES-HIRMER, pl. 249 et p. 124.

La *figure féminine drapée* (fig. 60 et 64), qu'on lui associe traditionnellement, avait sans doute moins de caractère, et elle a d'ailleurs beaucoup moins retenu l'attention. Mais elle n'est pas sans mérite, et le fait est que du point de vue du style comme de la technique la présence des deux statues dans un même groupe n'aurait rien que de vraisemblable.

Inv. 1817. H. cons. 1,78 m. Marbre. Le torse est pratiquement complet, avec la plinthe, mais les éléments rapportés — tête, bras droit, avant-bras gauche — ont disparu. Le personnage se présentait de face, le poids du corps reposant sur la jambe gauche, le pied droit en assez fort retrait et déporté sur le côté, le talon soulevé. La forme de la cuvette d'encastrement suggère pour la tête une position légèrement tournée, et inclinée vers la gauche. Le long chiton, qui laisse seulement dépasser l'extrémité des pieds chaussés d'épaisses sandales, dont les lanières devaient être peintes, est presque entièrement enveloppé par un himation. Le bord supérieur de celui-ci forme un gros bourrelet de plis qui traverse obliquement le dos, passe sous l'aisselle droite et barre horizontalement le torse juste au-dessous des seins avant de retomber par-dessus l'avant-bras gauche tendu en avant. Le bras droit tout entier était porté vers l'avant et sans doute légèrement fléchi.

Outre les circonstances de la trouvaille (elles furent découvertes étendues l'une à côté de l'autre dans le «téménos de Néoptolème»), l'une des raisons qui firent d'emblée associer cette statue à celle du Philosophe était d'ordre typologique : le «couple» semblait être une sorte d'adaptation de celui du Mausolée d'Halicarnasse[11], ce qui valut quelque temps à notre statue le sobriquet de «Pseudo-Artémise». Mais comme pour le Philosophe, s'il y a dérivation, il faut avouer qu'elle est lointaine, et le surnom de «Thémis», qui lui fut aussi donné, paraîtra beaucoup plus judicieux. C'est en effet dans l'entourage de la Thémis de Rhamnonte[12],

---

(11) BIEBER, fig. 249.
(12) LULLIES-HIRMER, pl. 244.

Fig. 61. — Statue de vieillard, détail de la tête.

Fig. 62. — Statue de vieillard, profil g.

et plus encore d'une statue du Musée d'Istanbul trouvée à l'Artémision de Thasos[13], ou du modèle qu'elle reproduit, qu'il faut replacer cette œuvre. Les deux références nous conduisent vers une date — environs de 270 — qui est aussi celle que l'on a retenue pour le Philosophe.

La tentation était donc forte sinon de voir dans ces deux statues un couple isolé, du moins de les attribuer à la même offrande. Et l'on a même pu croire un certain temps avoir identifié celle-ci : juste à l'Ouest du monument de Daochos se dresse en effet une grande base en forme de fer à cheval, malheureusement anépigraphe, mais qui portait vraisemblablement un groupe familial comparable à celui des Thessaliens. Groupe considérable, puisque les encastrements pour statues de marbre de l'assise supérieure permettent d'y restituer dix-huit ou dix-neuf figures. Une première reconstitution de la base semblait autoriser le rapprochement des plinthes de nos statues avec deux de ces encastrements, mais l'anastylose réalisée en 1954 avait exclu cette hypothèse. Compte tenu de la rareté des bases pour statues de marbre dans le sanctuaire, il serait toutefois imprudent d'y renoncer, d'autant que la découverte, toute récente, d'un nouveau bloc permet aujourd'hui de reprendre de manière plus précise l'étude architecturale du moment.

Bibl. : FD IV, *Album*, p. 39-40, pl. 72. *FD* II, *Région Nord*, p. 86. R. KABUS-JAH' *Studien zu Frauenfiguren des IVen Jahrhdts v. Chr.* (1963), p. 46-48.

En tout cas le problème n'est pas simplifié par la présence, de même ensemble de trouvailles, de deux autres statues[14], qu' dimensions nettement plus fortes semblent *a priori* placer à pa dont une au moins (fig. 63 et 65) entretient avec la «Pseudo- (fig. 64) des relations typologiques et stylistiques évidentes.

Inv. 1820. H. cons. 1,98 m. Marbre. N'étaient la poitrine abso⌐   ⌐ plate, qui impose d'y reconnaître un personnage masculin, et la   ⌐tion de l'himation, dont le bourrelet supérieur barre obliquement   buste en remontant sur l'épaule, cette figure serait, aux dimensions p   , quasiment identique à la statue 1817, aussi bien pour l'attitude que pou⌐   structure du drapé. La technique est d'ailleurs la même : la tête, aujo⌐   l'hui perdue, s'encastrait dans un cuvette semblable, le bras droit était   eillement fixé par un goujon horizontal, et au côté gauche venaient s'aju⌐   selon le même

---

(13) R. HORN, *Stehende weibliche Gewandstatuen in der   lenistischen Plastik*, pl. 22, 2.

(14) La première était couchée à côté des deux précédente'   autre gisait, brisée en plusieurs morceaux, près de l'angle Nord-Est du temple, c'est   ⌐ire juste en contre-bas de la base en fer à cheval.

106 LA SCULPTURE EN PIERRE

Fig. 63. — Statue masculine drapée, profil dr.

Fig. 64. — Statue féminine, profil dr.

L'ÉPOQUE HELLÉNISTIQUE : LA STATUAIRE 107

Fig. 65. — Statue masculine drapée, face.

Fig. 66. — Statue masculine nue.

procédé deux grandes pièces rapportées comprenant le bras et la retombée de l'himation.

   Bibl. : FD IV, *Album*, pl. 71, 2.

Cette statue, qui a été tout à fait négligée, n'est pourtant pas sans intérêt, ne serait-ce que du point de vue iconographique. Car le type du vêtement, même si une telle combinaison du chiton talaire et de l'himation devait y demeurer théoriquement possible pour un homme, est pratiquement, à l'époque classique, toujours féminin : à part la statue de « Mausole », dont le drapé est très différent, le seul parallèle que l'on puisse trouver à notre homme drapé est le type du Dionysos « Sardanapale » attribué à Praxitèle[15]. Encore l'attitude est-elle tout autre, et bien entendu il n'est guère question de reconnaître ici une effigie divine. On songerait bien à la statue d'un prêtre, mais en l'absence de tout parallèle, il vaut mieux se borner à poser le problème.

Il reste que les deux statues 1817 et 1820 semblent bien former une sorte de « couple » indissociable, extrêmement cohérent quant au rythme et à la composition des drapés. Mais la différence de sexe suffit-elle à expliquer la sensible différence de taille ? Auquel cas on pourrait avoir affaire à une offrande conjugale comme celle de Cléopatra et Dioskouridès à Délos[16]. Mais l'association, également tentante, de 1817 avec le Philosophe serait alors exclue, même au sein d'un groupe familial plus large. En fin de compte, peut-être 1820 provient-il seulement d'un autre groupe, exécuté vers la même époque par le même sculpteur. Malgré l'identité frappante des schémas, le travail d'ailleurs est plus sec, le dessin des plis plus raide et la finition moins soignée. De toute façon il est difficile de douter que les deux œuvres soient sorties du même atelier.

Pourra-t-on en dire autant d'une quatrième statue (fig. 66) trouvée dans les parages, et d'abord considérée comme l'un des Thessaliens, avant d'en être vite séparée pour d'évidentes raisons de forme et de style ?

   Inv. 1793. H. cons. 2,01 m. Marbre. Jeune homme nu debout, portant seulement, rejetée sur l'épaule gauche, une chlamyde qui vient s'enrouler autour du bras et retombe le long de la cuisse, dissimulant le pilier-support placé derrière la jambe. Les deux pieds sont posés à plat sur le sol, mais l'attitude est fortement hanchée vers la droite et la jambe gauche fléchie est portée en avant. Manquent la tête, brisée au ras du cou, le bras droit, cassé au milieu du biceps, ainsi que le poignet et la main gauches, qui étaient

---

(15) G. E. Rizzo, *Prassitele*, p. 94-96, pl. 144.
(16) Lullies-Hirmer, pl. 279.

rapportés. Bien que la statue ait été trouvée en morceaux et reconstituée, l'épiderme est partout en excellent état.

Bibl. : Th. Homolle, *BCH* 23 (1899), p. 426-427, 437 et 460-462. E. Gardiner-K. Smith, *AJA* 13 (1909), p. 454-459.

Identifiée avec une hâte surprenante, en dépit du problème que posait sa haute taille, comme le Sisyphos II du groupe de Daochos, la statue était dès 1909 retournée à l'anonymat, d'où l'on a peu de chances, en l'état actuel des choses, de la sortir. A part celui d'Homolle, les jugements que l'on a portés sur son compte ont été unanimement sévères : « molle et sans caractère » (Gardiner-Smith), elle ne pouvait être au mieux que l'œuvre d'un portraitiste romain de l'époque impériale. Et il est vrai que cette pièce, de prime abord impressionnante aussi bien par la stature que par la qualité du travail (qui n'est pas aussi inférieur qu'on l'a dit à celui des statues thessaliennes), n'en donne pas moins assez rapidement un sentiment de gêne. C'est que deux schémas, à la vérité peu conciliables, semblent s'y combiner de bizarre façon : celui de l'Agias et celui de l'Hermès de Praxitèle[17]. Et le résultat est que, contrairement aux intentions du sculpteur, le personnage, au lieu de porter vraiment sa chlamyde sur le bras, a l'air de s'accouder au support qu'elle est censée dissimuler. Le modelé du torse, nous l'avons vu, a été taxé de mollesse : n'est-ce pas plutôt qu'une structure directement héritée, à travers le modèle lysippique, de la tradition polyclétéenne s'y accommode mal d'un hanchement prononcé que seule la fluidité des anatomies praxitéliennes pouvait rendre supportable ? Ce qu'a réussi le sculpteur du Sisyphos II par une adaptation très sensible du schéma aux formes juvéniles, et en choisissant de donner un rôle au support latéral, celui-ci l'a manqué par l'indécision même de son projet. Mais on y verra plutôt les hésitations d'une époque où la statuaire grecque cherche à se renouveler tout en restant fidèle aux formules du Second Classicisme — c'est-à-dire la première moitié du IIIe siècle — que l'éclectisme classicisant de la sculpture augustéenne : une statue héroïque de Lucius Caesar, au Musée de Corinthe[18], nous montre d'ailleurs du même type une version beaucoup plus équilibrée. Et la référence évidente aux modèles fournis par l'ex-voto de Daochos porterait de toute façon à croire que la statue appartenait, comme les précédentes, à un groupe familial dédié dans la même région du sanctuaire.

---

(17) Lullies-Hirmer, pl. 226.
(18) *Corinth* IX, *Sculpture* (1931), nº 135, p. 73-74.

Fig. 67. — Statue de petite fille.

Fig. 68. — Enfant à l'oie.

Est-ce également à l'un de ces groupes que l'on doit attribuer deux figures dont la petite taille n'est due qu'à l'âge des personnes représentées, et qui par le vêtement et le style se rattachent clairement à la statuaire du début de l'époque hellénistique ? Il peut évidemment s'agir aussi de consécrations isolées, encore que la qualité plutôt médiocre du travail rende la chose peu vraisemblable. Les statues du monument à deux colonnes d'Aristainéta[19], qui a été daté des environs de 270, sont perdues, mais nous avons là un exemple de groupe familial composé de la dédicante, de son père, de sa mère et de son fils : il n'est donc pas gratuit de supposer que certains ex-voto comprenaient des statues d'enfants ou d'adolescents.

Inv. 1791 (fig. 67). H. tot. 0,83 m. Marbre. Statue de petite fille, vêtue du chiton et de l'himation. N'était la perte du bras droit, qui était rapporté, la figure serait complète, mais la partie inférieure en est restée inachevée. Le type semble une réduction maniériste des types féminins dérivés de l'« Artémise » du Mausolée, mais il trouve surtout un très proche parallèle en

---

(19) *FD* II, *Terrasse du temple*, p. 258-260.

Attique, avec les « ourses » de Brauron[20]. Doit-on pour autant supposer des relations directes entre le sanctuaire d'Artémis Brauronia et un culte delphique de la déesse dont l'existence est assurée, mais dont nous ne savons même pas exactement où il était célébré ? Il ne serait pas étonnant en tout cas que cette figure au charme un peu mièvre, qui offre le même contraste entre un traitement soigné du visage et un travail assez sommaire du drapé, fût sortie du même atelier que les petites statues de Brauron. Mais peut-être témoigne-t-elle seulement à Delphes, parmi d'autres, d'une vogue des représentations d'enfants qui se répand partout en Grèce à partir du début du IIIe siècle, et qu'illustre de toute façon le document suivant.

Inv. 4755 (fig. 68). H. cons. 0,69 m. Marbre. Statue de petit garçon nu, portant une oie. Le récent recollage d'un fragment de draperie a permis d'en mieux comprendre l'attitude (*BCH* 105 [1981], p. 758) : retenant du bras gauche une chlamyde froissée qui, traînant jusqu'à terre, faisait accessoirement office de support, l'enfant tenait l'oiseau, aujourd'hui en grande partie arraché avec le bras droit, de ses deux mains et le portait en avant d'un mouvement vif, qu'expriment à la fois l'inclinaison du buste et la rotation de tout le corps entraînant le manteau qui flotte en arrière de la jambe. Les variantes sur le thème de l'enfant jouant ou luttant avec un oiseau ou un petit animal se multiplient dans l'art grec à partir du IIIe siècle : ici le type du bambin un peu trop potelé, précurseur des *putti* de l'âge baroque, dérive à l'évidence du célèbre « Enfant étranglant une oie » de Boéthos[21]. Toutefois la composition, en dépit de la vivacité du mouvement, n'a pas de caractère dramatique : elle trouve ses meilleurs parallèles dans une série de statuettes trouvées à Thespies[22] et peut-être consacrées à Asklépios, mais elle évoque aussi les petits garçons nus offrant un oiseau ou un fruit à Artémis Brauronia.

Peut-être est-ce pure coïncidence, mais le fait est que nous nous retrouvons ici encore dans une ambiance qui est non seulement celle de la sœur d'Apollon, mais aussi d'Ilithyie, qui préside à l'enfantement, et peut-être de l'Athéna delphique, qui, associée à Artémis Eukleia, protégeait la famille et le mariage. Et la petite plastique nous donnera l'occasion de reposer le problème (ci-après, p. 121).

Auparavant il nous faut toutefois revenir à la statuaire honorifique avec l'un des documents les plus fascinants du Musée de Delphes, la tête-portrait dite longtemps du « Romain mélancolique » (fig. 69), avant qu'on ne proposât d'y reconnaître un personnage célèbre : le consul Titus Quinctius Flamininus, qui, après sa victoire de Cynoscéphales, en 197 av. J.-C., sur le roi de Macédoine Philippe V, proclama aux fêtes de l'Isthme l'indépendance des cités grecques.

---

(20) P. THÉMÉLIS, *Brauron*, p. 20-24, pl. p. 70-71.
(21) LULLIES-HIRMER, pl. 253.
(22) A. DE RIDDER, *BCH* 46 (1922), p. 255-231, fig. 5-6, et 246, fig. 24-25.

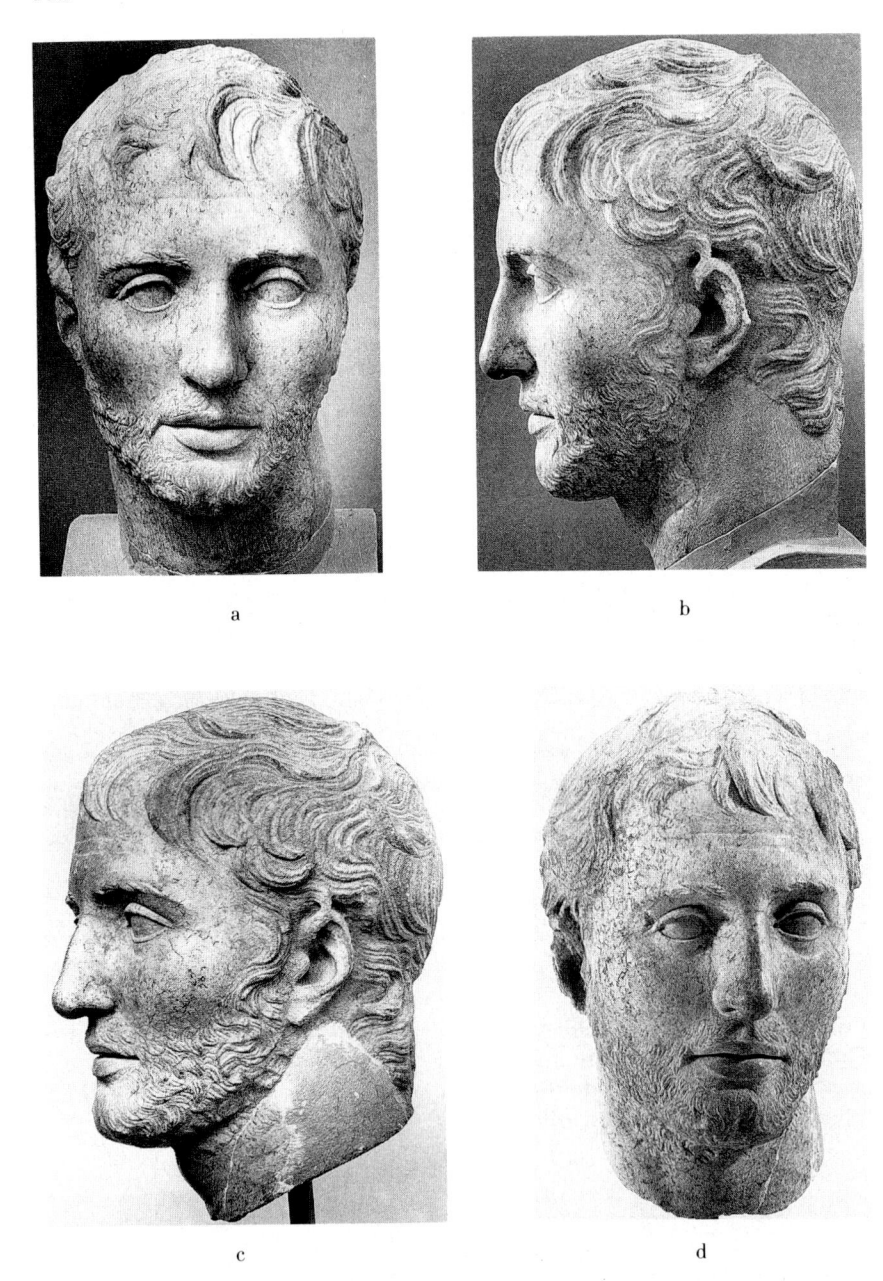

Fig. 69. — a-d. Portrait d'homme.

Inv. 1706. H. cons. 0,28 m. Marbre de Paros. L'œuvre est à juste titre célèbre, et l'on a assez souvent analysé l'intensité expressive de ce beau visage au regard désabusé, aux lèvres lasses où flotte comme une ironie un peu triste, pour qu'il soit nécessaire d'y insister ici. Il est entendu qu'elle constitue l'un des chefs-d'œuvre du portrait grec, dans la grande tradition de réalisme psychologique du Démosthène de Polyeuctos. Mais le fait est que sans l'identification qui a été proposée avec Flamininus on aurait eu un peu de mal à la situer chronologiquement. Du point de vue formel, de toute façon, elle est sans parallèle exact, en raison notamment d'une particularité qui a été souvent relevée : cette sculpture en marbre semble faite, dans ses moindres détails, pour imiter le travail du bronze. On chercherait vainement dans toute la sculpture (même, ce qui est paradoxal, sur les copies romaines d'originaux en bronze) un tel traitement des sourcils et de la barbe, qui semblent ciselés au burin, ou des paupières et des lèvres, qui paraissent porter l'empreinte d'un moule. La chevelure enfin est très particulière, et rendue elle aussi de manière étrangement plastique : ces longues mèches fines et sinueuses, comme collées sur le crâne, évoquent bien sûr par leur désordre réaliste les modèles lysippiques, mais leur traitement ne trouve d'équivalent que sur des documents en bronze, et relativement tardifs. On songera notamment au beau portrait d'Auguste conservé à la Bibliothèque Vaticane[23] : de ce point de vue il est évidemment plus proche de la tête de Delphes que, par exemple, l'Antiochos III du Louvre, pourtant contemporain presque exact de Flamininus.

On conçoit dans ces conditions que pendant longtemps les dates les plus diverses — de la fin du IVe siècle au début du Ier — aient été proposées. L'identification avec Flamininus, qui aurait dû mettre un terme à ces errements, n'est malheureusement pas assurée, encore qu'elle demeure séduisante : même si la ressemblance des traits avec ceux que nous montrent les monnaies frappées à son effigie par le «libérateur des Grecs» est moins évidente qu'on ne l'a dit (il est douteux en particulier que l'on puisse vraiment rapprocher la chevelure du portrait de Delphes de celle des profils monétaires, qui n'est visiblement qu'un stéréotype emprunté aux effigies des princes hellénistiques), cette hypothèse a au moins pour elle une parfaite vraisemblance historique. On sait que dans toute la Grèce Flamininus fut honoré comme un bienfaiteur, et à Delphes même, où Plutarque nous dit qu'il avait fait des offrandes somptueuses, la base d'une statue en bronze portant son nom a été retrouvée. Si le «Romain mélancolique» est bien Flamininus, cette statue aura pu servir de modèle à celle dont la tête nous a été conservée.

Bibl. : *FD* IV, *Album*, p. 40, pl. 73. F. CHAMOUX, *BCH* 89 (1965), p. 214-224.

---

[23] K. KLUGE - K. LEHMANN-HARTLEBEN, *Die antiken Grossbronzen* II, p. 9, fig. 1, et pl. 3.

2. La petite plastique.

A en juger par le nombre relativement élevé de petites statues et de statuettes en marbre, plus ou moins fragmentaires, que la fouille nous a restituées, les ex-voto de ce genre ont dû se multiplier à Delphes à partir de l'époque hellénistique. Mais même lorsque le lieu de trouvaille en a été noté dans l'inventaire du Musée, il est encore plus difficile que pour la statuaire de replacer ces offrandes aisément transportables dans un cadre topographique précis. Au moins l'étendue du répertoire iconographique illustre-t-elle concrètement la diversité religieuse qui ne cessera de se développer jusqu'à l'époque impériale dans les sanctuaires d'Apollon et d'Athéna Pronaia. Ces offrandes modestes ne font toutefois, dans leur majorité, que reproduire des types connus par ailleurs : il est donc souvent hasardeux de les dater trop précisément, et une répartition entre l'époque hellénistique et l'époque impériale eût été ici, sauf exception, assez arbitraire. On essaiera donc seulement, par un choix de documents représentatifs, d'en donner un aperçu d'ensemble.

Apollon.

1 (fig. 70). Inv. 1876. H. cons. 0,93 m. Petite statue d'Apollon Citharède. Le type est celui de l'Apollon Patrôos d'Euphranôr, création du IVe siècle que l'on a pu identifier avec une statue en marbre de l'Agora d'Athènes. Le dieu, debout, la jambe gauche d'appui, portait sous le péplos un chiton à manches et, agrafée sur les épaules, une longue cape qui retombait jusqu'à terre. Du bras gauche il maintenait la cithare, dont la mortaise d'encastrement subsiste ici en partie à la hauteur de l'aisselle. La main droite tenait sans doute le plectre. Bien d'autres répliques ou adaptations sont connues, mais celle de Delphes, dont la tête, qui était rapportée, et les bras sont malheureusement perdus, est l'une des plus proches de l'original, au moins pour le type. Car le style du drapé, qui introduit quelques variantes de détail, et le travail assez habile, mais souvent négligé, situent cette reproduction au plus tôt dans le courant du IIIe siècle.

Bibl. : *FD* IV, *Album*, p. 40, pl. 75. H. A. Thompson, *ArchEph* 1953-1954 III (1961), p. 30-44. J. Marcadé, *BCH Suppl* IV (1977), p. 396-398.

2 (fig. 77). Inv. 1716. H. cons. 0,17 m. Torse d'une statuette virile nue, brisée au cou, aux bras et en haut des cuisses. Le type semble se référer à quelque création de l'époque du Style Sévère. Les lourdes mèches torsadées tombant sur les épaules, la musculature très fermement articulée évoqueraient même l'«Apollon du Tibre», si le hanchement inversé vers la droite et trop prononcé n'impliquait l'influence de modèles plus tardifs. D'un travail assez soigné, au moins sur le devant, la statuette n'est sans doute qu'une adaptation classicisante d'époque impériale.

Bibl. : Cf. *LIMC*, *s.v.* «Apollon», 38-40 et 67.

L'ÉPOQUE HELLÉNISTIQUE : LA PETITE PLASTIQUE 115

Fig. 70. — Apollon citharède n° **1**.

Fig. 71. — Isis n° **13**.

Fig. 72. — Athéna n° **3**.

Fig. 73. — Enfant n° **18**.

Fig. 74. — Figure Féminine n° **16**.

Fig. 75. — Enfant n° **19**.

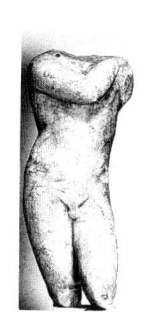

Fig. 76. — Enfant n° **17**.

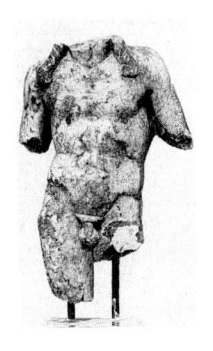

Fig. 77. — Apollon
n° **2**.

Fig. 78. — Asclépios
n° **5**.

Fig. 79. — Artémis
n° **7**.

Athéna.

3 (fig. 72). Inv. 4129. H. cons. 0,63 m. Torse d'une petite statue d'Athéna, brisée au cou, au ras des épaules et à mi-cuisses. Le type, évidemment proche de la Parthénos de Phidias, en diffère par la forme de l'égide, qui découvre les seins, et renverrait plutôt au type d'Ince Blundell Hall, qui doit refléter une création de la fin du ve siècle. Le Gorgoneion est ici curieusement décalé vers la gauche, peut-être sous l'influence des types du ive siècle comme l'«Athéna à la ciste» ou l'«Athéna Giustiniani». Travail sommaire, mais assez souple, qui peut dater encore du iiie siècle.

Bibl. : Cf. *LIMC*, s.v. «Athena», A 11, et «Athena/Minerva», 145 et 154.

4 (fig. 82). Inv. 5672. H. cons. 0,22 m. Partie inférieure d'une statuette d'Athéna, brisée au niveau des hanches. Type de la Parthénos, mais avec un drapé très simplifié. Le serpent était peut-être travaillé avec la moitié antérieure, rapportée, du bouclier. Travail sommaire, sans doute d'époque impériale.

Asclépios.

5 (fig. 78). Inv. 3991. H. cons. 0,21 m. Torse d'une statuette d'Asclépios. Manquent la tête, brisée au ras du cou, l'avant-bras droit et les pieds. Reproduction assez fidèle du «type Giustini», connu par de nombreuses répliques et dont on s'accorde à situer l'original dans le premier quart du ive siècle. Travail soigné, mais sec, d'époque impériale.

Bibl. : Cf. *LIMC*, s.v. «Asklepios», p. 879 et 894.

Artémis.

6 (fig. 80). Inv. 3693. H. cons. 0,21 m. Torse d'une statuette d'Artémis, brisée au cou, au ras des épaules et à mi-cuisses. Chasseresse en mouvement, portant un chiton court dont les plis, au-dessous de la peau de bête qui sangle tout le torse, sont agités par le vent de la course. La cuisse soulevée indique ici que la déesse se déplaçait vers la droite. Le type, pour le vêtement, est exactement celui d'une statuette de la Glyptothèque Ny Carlsberg, mais le mouvement est inversé, et évoque directement un torse de statue du sanctuaire de Brauron. A Delphes comme à Brauron il peut s'agir d'une adaptation libre, faite au début de l'époque hellénistique, d'une création de la deuxième moitié du IVe siècle.

Bibl. : Cf. *LIMC*, s.v. «Artemis», 348 et 361, et «Artemis/Diana», 34 b.

7 (fig. 79). Inv. 2559. H. cons. 0,17 m. Torse d'une statuette d'Artémis, brisée au cou, aux épaules et aux genoux. Dans le dos apparaît le carquois suspendu derrière l'épaule droite. Ce type de la Chasseresse au repos est bien connu : c'est celui de l'Artémis Laphria, une statue chryséléphantine qui se dressait encore du temps de Pausanias sur l'acropole de Patras, et dont la création paraît dater du IIe siècle. Réplique sommaire, assez grossièrement travaillée, sans doute d'époque impériale.

Bibl. : Cf. *LIMC*, s.v. «Artemis», p. 641-642.

8 (fig. 81). Inv. 6801. H. cons. 0,22 m. Torse d'Artémis Chasseresse, vêtue du chiton court et d'un himation qui s'enroule autour du bras gauche et passe derrière le dos, où la partie inférieure du carquois est conservée. Type dit de la Diane Rospigliosi, voisin du précédent mais plus mouvementé, et qui est peut-être une création pergaménienne. D'après les autres répliques connues, la déesse, chaussée de hautes bottines, était accompagnée d'un chien et tenait son arc de la main gauche. La réplique de Delphes, que l'on rapprochera pour le travail, très sommaire dans le dos, d'une statuette de Samos, doit être comme elle d'époque impériale.

Bibl. : Cf. *LIMC*, s.v. «Artemis», p. 646, et «Artemis/Diana», 35 h.

9 (fig. 83). Inv. 2573. H. cons. 0,37 m. Statuette féminine drapée, brisée au cou et au-dessous de l'épaule droite. La figure, hanchée vers la droite, est accoudée à gauche sur une statuette archaïsante à polos, qui est en partie dissimulée de face, par la retombée du bourrelet de l'himation. A première vue adaptation simplifiée du type de l'Artémis de Larnaka, créé sans doute au début de l'époque hellénistique. Mais la retombée oblique de l'himation évoque d'autres modèles, notamment dans l'iconographie d'Aphrodite, où la déesse est accoudée à une semblable figurine archaïsante. Travail très médiocre, sans doute d'époque impériale.

Bibl. : Cf. *LIMC*, s.v. «Artemis», 406, et «Aphrodite», 309 et 314.

Aphrodite.

10 (fig. 84). Inv. 1672. H. cons. 0,13 m. Statuette fragmentaire d'Aphrodite, brisée au ras du cou et au niveau du bassin. Les avant-bras manquent. Type de la statue du Louvre dite «Aphrodite de Fréjus», dont l'original est aujourd'hui généralement attribué à Callimaque, et en tout cas daté de la fin du Ve siècle. Réplique assez fidèle au type, mais d'un travail très médiocre, probablement d'époque impériale.

Bibl. : Cf. *LIMC*, s.v. «Aphrodite», p. 34-35.

Fig. 80. — Artémis n° 6.

Fig. 81. — Artémis n° 8.

Fig. 82. — Athéna n° 4.

Fig. 83. — Artémis n° 9.

Fig. 84. — Aphrodite n° 10.

Fig. 85. — Aphrodite n° 11.

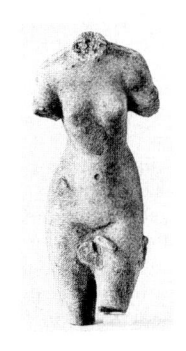

11 (fig. 85). Inv. 5840. H. cons. 0,19 m. Torse d'Aphrodite nue, brisé au cou, en haut des bras et au niveau des genoux. Pauvre adaptation du type de la Cnidienne de Praxitèle, à rapprocher d'une statuette hellénistique de Délos, A 4409.

Bibl. : Cf. MARCADÉ, *MDélos*, p. 35, 233 et 460, pl. 46. *LIMC*, s.v., p. 49-52.

Cybèle.

12 (fig. 87). Inv. 5697. H. cons. 0,30 m. Statuette de Cybèle trônant, un petit lion sur les genoux. Le bras droit, la tête et l'épaule gauche ont été arrachés avec le haut du dossier. Type bien connu, qui résulte sans doute d'une contamination avec une Héra au lion : il est représenté notamment à Délos, et apparaît à Delphes même sur un relief votif (ci-après, fig. 89). Époque impériale.

Bibl. : Cf. MARCADÉ, *MDélos*, p. 245, pl. 53 (A 5774, A 5775).

Isis.

13 (fig. 71). Inv. 3020. H. cons. 0,57 m. Statuette d'Isis. La tête, encastrée dans une large cuvette, est perdue. Le bras droit est brisé et toute l'épaule gauche arrachée avec le bras. Le nœud isiaque entre les seins est bien reconnaissable, et l'identification ne fait pas de doute, même si l'on n'a guère d'autres témoignages sur un culte d'Isis à Delphes. Comme pour les statuettes trouvées à Délos, mais avec lourdeur et maladresse, le sculpteur a tenté ici une synthèse du type égyptien original et des types grecs traditionnels de figures drapées. Le résultat est pittoresque, et sans parallèle exact. Époque impériale tardive.

Bibl. : Cf. BIEBER, p. 97. MARCADÉ, *MDélos*, p. 430-432, pl. 57.

Héraclès.

14 (fig. 88). Inv. 2769. H. cons. 0,25 m. Statuette fragmentaire d'Héraclès. La tête, le bras droit et la plus grande partie des jambes manquent. Grâce au recollage récent de l'épaule et du bras gauches, le type est devenu identifiable : c'est un dérivé de l'Héraclès de Lysippe, connu par l'« Hercule Farnèse » du Musée de Naples. Le héros s'appuyait sur sa massue calée sous l'aisselle gauche et enveloppée dans la peau de lion. Le modelé du torse, d'où se dégage « une impression de vigueur juvénile » (J. Marcadé), est assez subtil. Travail soigné d'époque impériale.

Bibl. : J. MARCADÉ, *BCH* 105 (1981), p. 758-761, fig. 80.

Figures féminines.

15 (fig. 86). Inv. 2344. H. cons. 0,21 m. Torse d'une statuette féminine drapée. Manquent la tête, le bras droit, les jambes et la main gauche. La figure est complètement enveloppée dans un himation plaqué au corps par la vivacité du mouvement. Il ne peut guère s'agir que d'une danseuse, selon un schéma dont le répertoire des terres cuites fournit de nombreux exemples. On en rapprochera notamment une figurine récemment découverte à l'Artémision de Thasos. La statuette de Delphes a un modelé vivant et souple, et peut dater de l'époque hellénistique.

Bibl. : Cf. BIEBER, fig. 555-556 et 601. *BCH* 105 (1981), p. 939, fig. 21.

Fig. 86. — Figure féminine n⁰ **15**.

Fig. 87. — Cybèle n⁰ **12**.

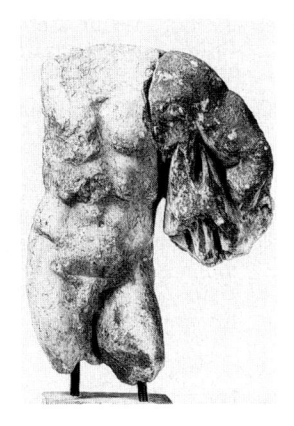

Fig. 88. — Héraclès n⁰ **14**.

16 (fig. 74). Inv. 3866. H. (sans la plinthe) 0,80 m. Statuette féminine drapée, presque complète depuis qu'en 1970 la tête en a été identifiée et recollée. Le type de la tête comme le schéma général du drapé évoquent dès l'abord la tradition praxitélienne. « Mais l'allongement des formes, le buste étroit ceinturé haut, le bassin large et le hanchement très marqué sont ici hellénistiques » (J. Marcadé), aussi bien que la technique d'exécution et le style très contrasté de la draperie. Comme pour le torse de Délos A 4267, dont on l'a justement rapprochée, toute identification de la figure est ici hasardeuse. S'il ne s'agit pas d'une Muse ou d'une Nymphe (on songera aussi à la petite statue délienne A 4289), la pose alanguie de cette gracieuse jeune femme conviendrait mieux, semble-t-il, à Aphrodite qu'à Artémis. Fin du IIe siècle av. J.-C.

Bibl.: J. Marcadé, *BCH* 105 (1981), p. 760-761, fig. 79.

Enfants.

17 (fig. 76). Inv. 1366. H. cons. 0,42 m. Statuette d'enfant nu, brisée au ras du cou et aux genoux. Manquent le bras gauche et la plus grande partie de la main droite. Le petit garçon, dont le type physique est le même — en un peu moins gras — que celui de l'enfant à l'oie fig. 68, a une attitude différente : debout, la jambe droite d'appui, avec un hanchement prononcé, il posait sa main droite (dont les doigts subsistent à l'arrière) sur son épaule gauche, tandis que l'autre bras s'appuyait peut-être sur quelque pilier, disparu avec la plinthe. Même si dans l'ensemble la figure participe évidemment d'un répertoire bien connu par les terres cuites et la petite plastique hellénistique, notamment à Délos et à Thespies, il est notable que cette attitude particulière soit sans parallèle exact. Comme pour les « putti » déliens, on serait bien en peine de dire qui représentait cet enfant à la pose presque aussi maniérée que celle du garçon à l'oie de Lilaia, au Musée National d'Athènes. A Thespies, une série d'« enfants à l'oie » semble en relation directe avec le culte d'Asklépios, dont nous savons qu'il occupait à Delphes une place importante. Mais on a vu aussi que la petite fille fig. 67 renvoyait directement aux « ourses » de Brauron, où l'on consacrait en même temps des statues de petits garçons. A Delphes, au demeurant, deux autres documents au moins inviteraient à chercher dans la même direction.

18 (fig. 73). H. cons. 0,61 m. Marbre. Statuette de petite fille, vêtue du chiton et de l'himation. La tête, brisée au ras du cou, et le bras droit rapporté sont perdus, mais le schéma d'ensemble est clair : hanchement assez appuyé sur la jambe droite, jambe gauche avancée, bras gauche retenant la masse des plis de l'himation qui glisse à droite au-dessous de la hanche et découvre très largement le torse moulé dans un chiton finement plissé, serré sous la poitrine par une cordelette et dont l'encolure dégage l'épaule droite. Aussi bien le traitement du drapé, qui joue sur les contrastes, que les formes du corps, dont la rondeur confine à l'obésité, témoignent ici d'un parti pris de réalisme que l'on ne trouvait pas chez la petite fille fig. 67, dont on est évidemment tenté de rapprocher celle-ci : comme les « ourses » de Brauron, la première pouvait encore dater de la fin du IVe siècle ; avec notre statuette on se trouve déjà sans doute assez avant dans le IIIe siècle.

19 (fig. 75). Inv. 324. H. cons. 0,30 m. Torse d'une statuette d'enfant. Manquent la tête, le bras droit et les jambes. Le petit garçon est cette fois à demi couvert d'une chlamyde agrafée sur l'épaule droite et tirée vers la gauche où elle enveloppe complètement le bras, laissant apparaître la main qui tient un oiseau de petite taille. On ne peut s'empêcher de penser à la fois aux statuettes de Délos et à celles de Brauron. Autant qu'on puisse la restituer, l'attitude était calme et réservée, comme celle d'un enfant apportant son offrande. A quelle divinité ? Dans l'état actuel de nos connaissances sur les cultes secondaires de Delphes, il serait imprudent de vouloir le préciser. Notons seulement que la petite plastique comme la statuaire de Delphes apportent au dossier encore obscur des représentations enfantines de l'époque hellénistique quelques pièces intéressantes.

Bibl. : Cf. S. KAROUZOU, *Cat. sc. Mus. Nat.*, n° 2772, pl. 63. A. DE RIDDER, *BCH* 46 (1922), p. 225-231, fig. 5 et 6. MARCADÉ. *MDélos*, p. 242-243, pl. 51 (A 4140, A 4160) et 52. P. THÉMÉLIS, *Brauron*, pl. p. 70-71. H. RÜHFEL, *Das Kind in der griechischen Kunst* (1984), p. 218, pl. 88, 91, 95.

3. *Les reliefs.*

Outre un certain nombre de reliefs isolés, l'époque hellénistique nous a laissé à Delphes deux frises sculptées, fort différentes par la fonction et la signification historique, mais qui continuent chacune à sa manière la tradition du relief monumental.

122   LA SCULPTURE EN PIERRE

Reliefs isolés.

Ce sont pour l'essentiel des reliefs votifs et des en-tête de décrets. Leur qualité artistique est généralement très inférieure à celle de la ronde-bosse contemporaine, mais certains ont une grande valeur documentaire. L'ensemble ayant été récemment publié, nous nous limiterons ici à trois exemples.

Relief votif (fig. 89), reconstitué à partir de deux fragments non jointifs, mais dont l'association est sûre, et représentant une scène complexe, que la perte du milieu de la stèle empêche de restituer avec certitude. Il s'agit d'une scène de sacrifice, d'un type courant au ive siècle, mais qui illustre de manière frappante l'interpénétration des cultes dans la religion delphique. A gauche deux divinités féminines (Artémis et Létô ?), l'une debout, tenant une torche, l'autre assise, dont il ne reste que les jambes et le trône, sous lequel est agenouillée une petite fille, recevaient l'hommage d'une procession de fidèles : trois adultes et deux enfants, dont l'un conduit un mouton destiné au sacrifice. Mais au-dessus de leurs têtes une curieuse assemblée des dieux, représentés en miniature, semble présider à la cérémonie : de droite à gauche Hermès avec son caducée, Apollon citharède, peut-être Dionysos, et une triade de déesses coiffées du polos, trônant derrière une table (les Nymphes du

Fig. 89. — Relief votif.

Fig. 90. — En-tête de décret.   Fig. 91. — En-tête de décret.

Parnasse, très probablement), qui doit marquer le centre de la composition. Vers la gauche, dans la partie perdue du relief, figuraient sans doute d'autres divinités. Dédié à Artémis par un certain Kleuménès, le relief est d'exécution très sommaire, mais doit dater encore de la seconde moitié du IVe siècle.

Bibl. : *FD* IV 6, *Reliefs*, **8** et **9**, p. 32-40. P. AMANDRY, *BCH Suppl* IX, p. 398-401.

Partie supérieure d'une stèle (fig. 90) portant l'en-tête et trois premières lignes d'un décret de proxénie en faveur de l'orateur et homme politique athénien Démade, qui permet de la dater des environs de 330. Le relief représente, dans un cadre architectural, Athéna à gauche, s'appuyant du bras droit levé sur sa lance, et face à elle un personnage masculin drapé qui lève également le bras droit ; entre les deux, l'omphalos. Quelle que soit l'identité du second personnage (Apollon lui-même ou plutôt la personnification du Démos, du peuple de Delphes), l'image garantissait la validité du décret par un face à face entre les deux cités contractantes. La composition banale et le travail sommaire montrent à quel niveau de médiocrité était déjà parvenue la petite sculpture utilitaire à l'époque même où se dressaient dans le sanctuaire l'ex-voto de Daochos et la Colonne des Danseuses.

Bibl. : *FD* IV 6, *Reliefs*, **14**, p. 49-57.

Fragment de stèle à en-tête (fig. 91) portant les restes du relief et les premières lettres de l'inscription. Apollon, vu de profil, le buste penché en avant, tenant la cithare de la main gauche, le bras droit replié, est assis sur l'omphalos entre deux femmes debout, qui ne peuvent être qu'Artémis, vêtue du péplos, et Létô, drapée dans un himation. Cette représentation de la triade, compte tenu des simplifications exigées (notamment la représentation du dieu en vue de profil) par la transposition en bas-relief, est peut-être le reflet direct, encore que déformé par la grossièreté du travail, des trois figures centrales du fronton Est du temple, inauguré au plus tard en 327. Comme les reliefs du Pythion d'Ikaria (ci-dessus, p. 79), il pourrait dater des environs de 325.

Bibl. : *FD* IV 6, *Reliefs*, **15**, p. 57-60. F. Croissant, *RA* 1980, p. 178-179.

Reliefs monumentaux.

Les deux frises que l'on peut ranger sous cette rubrique sont de genres tout à fait différents : l'une est un bas-relief historique dédié par un général romain victorieux, l'autre décorait un autel rond, de dimensions modestes, trouvé dans le sanctuaire d'Athéna Pronaia.

La frise du pilier de Paul-Émile (fig. 92).

Plutarque nous rapporte qu'après la bataille de Pydna, au cours de laquelle, le 22 juin 168, le roi Persée, fils de Philippe V et dernier espoir de la monarchie macédonienne, fut défait par les Romains, le général vainqueur, Lucius Aemilius Paullus, plus connu en français sous le nom transcrit de Paul-Émile, vint à Delphes où il vit devant le temple d'Apollon un grand pilier rectangulaire en marbre, encore inachevé, au haut duquel il était prévu de placer la statue de Persée. Le Romain décida d'achever le monument, mais de le faire servir à sa gloire en y élevant sa propre effigie.

A défaut de celle-ci, dont la plinthe nous montre qu'il s'agissait d'une statue équestre au cheval cabré, la fouille nous a rendu, sinon la fondation, dont on peut toutefois situer l'emplacement près de l'angle Sud-Est du temple, du moins assez d'éléments de l'architecture du pilier pour que l'on puisse en donner une restitution. Sur un piédestal en marbre bleu où était gravée la dédicace latine se dressait un fût rectangulaire, dont la dernière assise était ornée de rosettes, et que surmontait une sorte de chapiteau d'ante, portant lui-même un entablement ionique complet. Au-dessus de la frise sculptée, qui représentait la bataille de Pydna, s'élevait, à plus de dix mètres de haut, la statue de Paul-Émile.

Cette frise, dont les quatre faces sont conservées, formait un bandeau continu haut de 0,45 m, long de 6,50 m (longs côtés, 2,20 ; petits côtés, 1,05 m). Elle doit surtout son importance au fait qu'il s'agit du plus ancien exemple d'un genre appelé à connaître dans l'art romain un développement considérable, le relief historique. Elle entendait en effet raconter des événements précis, que la confrontation des reliefs de Delphes avec les récits concordants que nous ont laissés Tite-Live et Plutarque du début de la

L'ÉPOQUE HELLÉNISTIQUE : LES RELIEFS   125

Fig. 92. — a-d. Frise du pilier de Paul-Émile.

bataille a d'ailleurs permis d'identifier au moins partiellement. Alors que les deux armées étaient face à face, et que le consul hésitait encore à engager le combat, il advint qu'un cheval échappé des lignes romaines provoqua bientôt une mêlée générale avec les Thraces, puis avec les Macédoniens de l'armée de Persée, qui tourna en moins d'une heure à la déroute de ce dernier. C'est incontestablement cet épisode initial que nous voyons sur l'un des longs côtés de la frise (fig. 92 a) : au milieu, le cheval emballé, de part et d'autre, les premiers affrontements. Mais cette scène n'était peut-être que le début d'un récit, lisible de gauche à droite, et dont les faces du monument illustraient les étapes successives. Le quatrième côté (fig. 92 d), en tout cas, où des cadavres jonchent le sol, semble représenter la fin du combat et la victoire des Romains, qui, si l'on en juge par la situation d'encerclement où ils se trouvent sur les deux plaques intermédiaires (fig. 92 b-c), ne l'avaient pas remportée sans une particulière vaillance.

Même si elle soutient largement la comparaison avec d'autres créations similaires du IIe siècle, comme la frise du temple de Magnésie du Méandre, il est évident que la frise du pilier de Paul-Émile n'est pas un chef-d'œuvre. Malgré un effort de composition qui joue sur la caractérisation des combattants (on reconnaît les Macédoniens à leurs boucliers ronds très ornés, les auxiliaires de l'armée romaine à leurs longs boucliers ovales) et sur l'alternance entre cavaliers et fantassins, la narration reste confuse et gauche, exploitant un répertoire de stéréotypes empruntés à la sculpture monumentale et aussi sans doute à la grande peinture du Second Classicisme. Mais ces formules anciennes, le sculpteur échoue à les faire revivre : guerriers et chevaux sont raides et disproportionnés, le modelé reste sec et sommaire.

Bibl. : *FD* II, *Terrasse du temple*, p. 302-305. H. KÄHLER, *Der Fries vom Reiterdenkmal des Aemilius Paullus in Delphi* (1965). A. JACQUEMIN - D. LAROCHE, *BCH* 106 (1982), p. 207-212.

L'autel rond de Marmaria.

Sur une base carrée d'env. 1,40 m de côté s'élevait, quelque part dans le sanctuaire d'Athéna Pronaia (peut-être à proximité ou même à l'intérieur de la Tholos), un autel circulaire en marbre pentélique de près d'1,20 m de diamètre, haut d'un peu plus d'1 m, dont on a retrouvé assez de fragments pour en faire dès le début du siècle une reconstitution en plâtre.

Au-dessus d'une mouluration ionique une frise continue faisait le tour de ce petit monument. Elle représentait douze jeunes filles, qui par groupes de deux se faisaient face et suspendaient des bandelettes à une guirlande. Un grand fragment (fig. 93), qui nous a conservé un groupe complet et la figure de droite du groupe voisin permet de comprendre l'organisation générale de la frise, et montre chez le sculpteur un souci de variété systématique dans les

Fig. 93. — Autel de Marmaria, détail de la frise.

drapés, sinon dans les attitudes. Vêtues tantôt du péplos à rabat, tantôt du chiton, ces trois figures portent l'himation de trois manières différentes. Et les petits fragments qui permettent de se faire une idée au moins partielle de six autres figures confirment qu'il n'y en avait apparemment pas deux semblables. L'ensemble était donc une suite de gracieuses variations sur le thème de la jeune fille drapée aux bras levés, dont la continuité de la grosse guirlande de feuillage, rythmée par la retombée verticale des bandelettes, assurait la cohésion et l'unité. Le décor de la moulure ionique, ainsi que les proportions et le style des figures, qui trouvent de bons parallèles sur le relief d'Archélaos de Priène, daté des environs de 130 av. J.-C., invitent à situer l'autel de Marmaria dans la seconde moitié du IIe siècle.

Bibl. : *FD* IV 6, *Reliefs*, p. 79-99.

V. L'époque impériale

Outre les documents relevant de la petite plastique, dont on a donné quelques exemples, de date incertaine, dès le chapitre précédent, un certain nombre de réalisations notables, dans les domaines du relief, de la statuaire héroïque et du portrait, témoignent jusqu'à la fin de l'Empire de l'activité des sculpteurs dans les sanctuaires et les nécropoles de Delphes.

1. *La frise du théâtre.*

Trouvés en 1895 sur le dallage de l'*orchestra*, divers fragments de reliefs en marbre furent bientôt reconnus comme appartenant à une frise qui décorait, comme au Théâtre de Dionysos à Athènes, le *proskénion* du théâtre de Delphes. Haute de 0,86 m, longue d'une dizaine de mètres, et composée de six plaques jointives (des lettres de pose indiquent la place de chacune) ou peut-être séparées par des colonnes engagées ou des pilastres, elle représentait les travaux d'Héraclès. Les fragments conservés ont permis d'en reconstituer l'essentiel.

De gauche à droite se succédaient la cueillette des pommes d'or du Jardin des Hespérides, la capture de Cerbère, les combats contre le Lion de Némée, le Centaure, l'Hydre de Lerne (?) (fig. 94), Antée, l'Amazonomachie, la lutte avec le triple Géryon, les Cavales de Diomède, Diomède lui-même (fig. 95), et enfin la chasse des Oiseaux du lac Stymphale.

D'abord mise en rapport avec une réfection du théâtre dont l'épigraphie nous apprend qu'elle fut effectuée en 159 av. J.-C. aux frais du roi de Pergame Eumène II, cette décoration apparaissait, dans une scène de type grec, comme une étrange anomalie. Elle convient au contraire parfaitement à un *pulpitum* romain, et pouvait être *a priori* mise au compte d'une transformation d'époque impériale. Une première analyse stylistique vint par la suite conforter ce point de vue. Certes la conception de l'espace, dépourvu de toute profondeur, se réfère bien à la tradition grecque, mais la composition enchevêtre les groupes, bien qu'ils représentent le héros à des moments successifs de sa carrière, d'une manière qui évoque le «style continu» des bas-reliefs romains. Et l'iconographie, où figurent notamment le Centaure et Antée, n'est pas conforme aux canons du répertoire hellénistique. Quant au style, il associe curieusement des proportions exagérément élancées, héritées peut-être de la sculpture hellénistique tardive, à une référence constante aux schémas du Premier Classicisme. En dépit d'études récentes, selon lesquelles les affinités — au demeurant peu évidentes — de la frise de Delphes avec celles de Lagina et de Magnésie du Méandre obligeraient à la dater de la fin du IIe siècle av. J.-C. (dans cette hypothèse elle proviendrait d'un autel ou de quelque autre ex-voto de petite taille[24], et n'aurait été que remployée dans la scène romaine du théâtre), on préférera donc attribuer cette œuvre hybride à un artiste local, délibérément classicisant, du Ier siècle de notre ère.

Replacée dans ce contexte provincial, elle peut être jugée à sa vraie valeur : maladroitement composée, certes, et presque dérisoire par ses

---

(24) L'impossibilité matérielle d'une telle restitution vient toutefois d'être démontrée par A. JACQUEMIN, *BCH* 109 (1985), p. 585-587 : les reliefs du théâtre constituaient de toute façon une frise linéaire.

Fig. 94. — Frise du théâtre : le Centaure et l'Hydre.

Fig. 95. — Frise du théâtre : les Cavales de Diomède et Diomède.

prétentions à l'élégance, mais ferme et précise quant à l'exécution, et finalement assez touchante par sa volonté de faire revivre encore une fois, en l'adaptant discrètement au goût nouveau, la tradition des grands reliefs classiques.

Bibl. : P. Perdrizet, *BCH* 21 (1897), p. 600-603. P. Lévêque, *BCH* 75 (1951), p. 247-263, pl. 27-29. M. C. Sturgeon, *AJA* 82 (1978), p. 226-235.

2. Le sarcophage de Méléagre

Trouvé entre 1828 et 1831 dans la nécropole Est, et installé devant le Musée en 1901, le sarcophage dit de Méléagre a été depuis souvent commenté. La date en avait été généralement située dans la seconde moitié du IIe siècle ap. J.-C. : la fouille du petit hérôon à abside, d'où il provenait, et qui contenait plusieurs autres sarcophages, en apporta la confirmation.

Pourvu d'un couvercle en forme de couche funéraire, que les figures d'angle semblent soutenir comme des caryatides, le sarcophage de Delphes fait partie d'un groupe de sarcophages attiques à représentations mythologiques et symboliques qui s'échelonnent du début du IIe siècle au début du IIIe siècle de notre ère. Il doit son nom à la scène, aujourd'hui lacunaire, qui en ornait la face principale (fig. 96) : la chasse du Sanglier de Calydon, épisode de la légende de Méléagre qui apparaît très souvent sur les sarcophages romains. Contrairement aux versions habituelles, deux moments successifs de la chasse semblent avoir été représentés : la mise à mort du sanglier à droite, à gauche

Fig. 96. — Sarcophage dit de Méléagre : la Chasse de Calydon.

la dispute autour de sa dépouille, dont le petit côté droit illustrait d'ailleurs la tragique conséquence. Althée, la mère du héros, apprenant qu'il avait, au cours de la dispute, tué l'un de ses oncles, jette au feu le tison dont la combustion devait selon les oracles entraîner la mort de Méléagre. Sur l'autre petit côté se tient un cavalier, debout devant son cheval, derrière lequel apparaît un sanglier : plutôt qu'à Méléagre lui-même, on a pensé à l'un des Dioscures. A l'arrière enfin deux griffons affrontés de part et d'autre d'un candélabre reproduisent un motif fréquent, chargé d'un symbolisme funéraire, et deux hermès d'Héraclès font aux extrémités office d'atlantes. Sur le couvercle était étendue une figure féminine drapée, accoudée à un oreiller.

Malgré la commune référence au fonds mythologique grec, les musculatures boursouflées, la composition surchargée aussi bien que l'exécution soignée et même minutieuse forment un frappant contraste avec la manière un peu maladroite mais encore personnelle de l'artiste local qui, environ un siècle plus tôt, avait sculpté les reliefs du théâtre. Production de série, le sarcophage de Méléagre ne retient de l'art classique qu'un répertoire de formules académiques, auxquelles seul le foisonnement baroque de l'époque des Sévères saura redonner une certaine saveur.

Bibl. : FD IV 6, *Reliefs*, p. 107-132.

3. *Statues et portraits.*

La statuaire, vouée occasionnellement à la reproduction d'œuvres anciennes, semble avoir été surtout consacrée au portrait. Si l'on met à part le célèbre Antinoüs, qui est en fait une statue de culte, les quelques documents qui méritent d'être cités ici sont des représentations de philosophes.

Copies d'œuvres classiques.

Deux documents inédits doivent d'abord retenir l'attention : très différents l'un de l'autre, ils sont ici parmi les rares témoins d'une activité partout répandue dans l'Empire, mais dont le caractère exceptionnel sur un site comme Delphes ne doit pas étonner : la copie des œuvres classiques. C'est qu'en effet pour une telle production il n'y avait pas là à proprement parler de clientèle : on sait à quelles déportations massives de statues en bronze procédèrent les empereurs romains (Néron notamment s'en appropria cinq cents), mais nous n'avons aucun indice qui nous permette de supposer que les œuvres ainsi disparues aient été à l'occasion remplacées par des copies en marbre. Aussi les deux têtes présentées ici, dans la mesure où l'on ne peut guère y voir des originaux, ne sont-elles sans doute que l'exception qui confirme la règle.

Fig. 98. — Tête barbue.

Fig. 97. — Tête d'Héraclès.

Inv. 5269 (fig. 98). H. max. 0,25 m. Tête barbue, brisée au ras du menton. Le nez est complètement arraché, ainsi que les oreilles. Trouvée à Chryssô, mais provenant sans aucun doute de Delphes, cette tête évoque d'emblée les créations du Style Sévère. On pense à l'Aristogiton du groupe des Tyrannoctones[25], mais la structure du visage est différente, plus arrondie et plus ramassée ; la coiffure également, qui comporte bandeau et frange bouclée, et dont le traitement sur le crâne rappelle des types plus récents. Le modèle principal en tout cas doit dater du second quart du Ve siècle, comme l'original du portrait de Thémistocle[26]. Il serait arbitraire toutefois de reconnaître ici une représentation individualisée. Bien qu'il ne puisse s'agir d'un hermès, on a affaire à un type idéalisé : un Zeus par exemple n'est pas à exclure. Quant au document lui-même, on peut hésiter entre une copie et une adaptation archaïsante du Ier siècle de notre ère. Le fait que la tête ne soit pas travaillée à l'arrière ferait pencher pour la première solution.

Inv. 1552 (fig. 97). H. cons. 0,38 m. Tête d'Héraclès barbu. Brisée verticalement en deux fragments, elle a été assez fâcheusement complétée

---

(25) Fuchs, *SkGr*, fig. 655-656.
(26) Fuchs, *SkGr*, fig. 657.

avec un ciment grisâtre. Dans son état actuel il ne lui manque que le nez presque entier. L'arrière est simplement dégrossi à la pointe. Il s'agissait évidemment d'une effigie semi-colossale, dont le type évoque des modèles célèbres du IVe siècle, sans que l'on puisse l'identifier précisément à aucun d'entre eux. La position de la tête — légèrement tournée vers la gauche et relevée —, telle que le mouvement du cou invite à la restituer, devait être semblable à celle d'une statue de Copenhague[27], où l'on a souvent reconnu la copie d'un Héraclès au repos, œuvre de jeunesse de Lysippe. Et notre Héraclès a les mêmes oreilles tuméfiées de pugiliste. Mais le front haut, le crâne large, les grands yeux écartés au regard rêveur, la bouche ronde et charnue ne sont pas lysippiques, et l'apparenteraient plutôt aux œuvres de Léocharès[28], et plus encore à la tête colossale d'Asclépios, trouvée à Milo[29], que l'on a parfois tenté de mettre en relation avec l'art de Bryaxis. Quoi qu'il en soit, l'Héraclès de Delphes reproduit sans doute l'œuvre d'un maître, créée vers le milieu du IVe siècle, à l'apogée du Second Classicisme.

Statue de culte d'Antinoüs (fig. 99-100).

Trouvée dans le sanctuaire d'Apollon en 1893, la statue fut aussitôt identifiée comme une des nombreuses effigies que l'empereur Hadrien, après la mort tragique de son jeune ami, qui s'était noyé dans le Nil en 130 ap. J.-C., fit dresser dans toutes les cités et les sanctuaires du monde antique afin d'immortaliser sa mémoire en lui faisant rendre un culte comme à un demi-dieu.

Une base inscrite de Marmaria atteste que dès 125 l'empereur philhellène, qui avait comblé Delphes de ses faveurs, était l'objet de la part du clergé d'Apollon d'honneurs particuliers. Il n'est donc pas surprenant que le nouveau culte, dont témoignent aussi des monnaies frappées à l'effigie d'Antinoüs, ait eu sa place dans le sanctuaire, et une inscription nous apprend d'ailleurs qu'il y fut introduit sur proposition de l'un des deux prêtres d'Apollon. On aimerait savoir où exactement fut érigée la statue, car le lieu de trouvaille, une chambre de briques adossée au péribole Ouest, au Nord de la terrasse du temple, n'est sans doute pas le lieu de culte originel. Quoi qu'il en soit, le fait qu'elle ait été retrouvée là presque intacte (seuls manquent les avant-bras), debout sur sa base, indique que ce culte où nous serions tentés aujourd'hui de ne voir que flatterie à l'égard de l'empereur se maintint probablement longtemps après sa mort, survenue en 138.
Sculptée dans un beau marbre de Paros, haute de 1,80 m, la statue de Delphes est à juste titre considérée comme la meilleure de la série. La tête, dont la lourde chevelure bouclée était ceinte d'une mince couronne végétale (sans doute du laurier, mais les feuilles de bronze rapportées ont disparu), s'inclinait légèrement vers la gauche. Les sourcils froncés, les yeux ombrés de

---

(27) FUCHS, *SkGr*, fig. 94.
(28) Cf. par ex. LULLIES-HIRMER, pl. 230.
(29) *LIMC*, s.v. «Asklepios», 345.

134   LA SCULPTURE EN PIERRE

Fig. 100. — *Id.*, détail du profil.

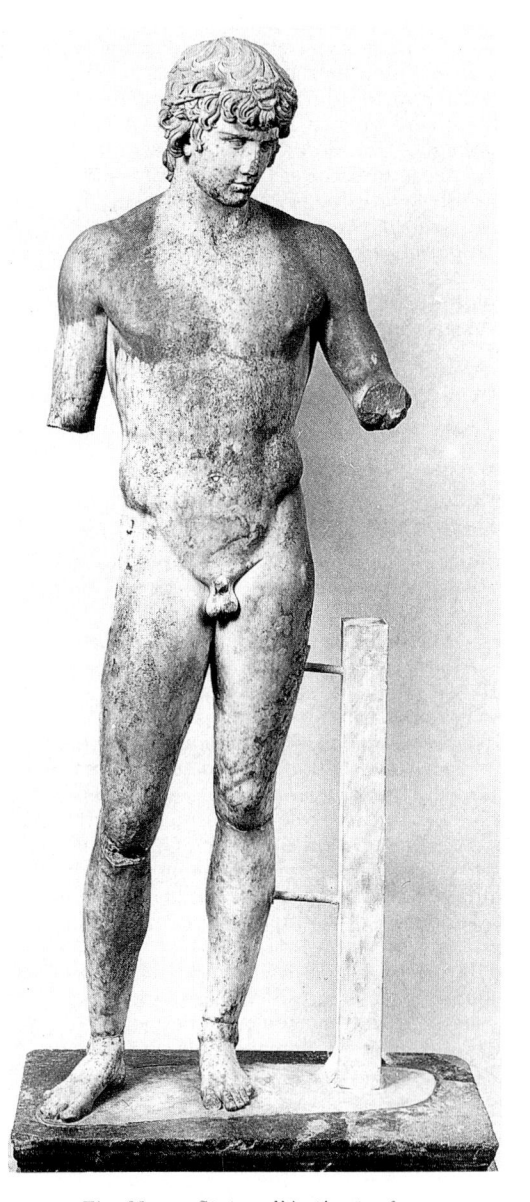

Fig. 99. — Statue d'Antinoüs, face.

mélancolie, la bouche à la fois sensuelle et triste composent une physionomie romantique qui a le charme personnel et la présence d'un portrait, même si la volonté d'idéalisation n'y est pas moins évidente que dans la construction du torse. Dans l'esprit savamment éclectique qui caractérise le néo-classicisme de l'époque d'Hadrien, le sculpteur semble avoir voulu faire la synthèse de toute la tradition classique : son jeune héros a des affinités aussi bien avec le Diadumène de Polyclète qu'avec l'Arès d'Alcamène, avec le Méléagre de Scopas qu'avec l'Apoxyomène de Lysippe[30]. Mais l'on ne peut se défendre de quelque gêne devant cet amalgame, devant ce torse d'athlète un peu trop enveloppé, monté sur des jambes à la fois trop élancées et trop rondes. D'une extraordinaire finesse de modelé, renforcée encore par la *ganôsis* (pratique qui consistait à lustrer régulièrement les statues de culte au moyen d'huiles parfumées), qui a donné au marbre une belle patine luisante, la statue d'Antinoüs n'en montre pas moins les limites d'un art dont la vocation n'était plus que d'adapter habilement des formules anciennes.

Bibl. : É. Bourguet, *Les ruines de Delphes* (1914), p. 219-222. *Delphes*, pl. 204-205, p. 331. Chr. W. Clairmont, *Die Bildnisse des Antinous* (1966), p. 29 et 34.

Portraits de philosophes.

Les statues, les bustes et les hermès de philosophes ou de penseurs, comme celui, malheureusement réduit au pilier, qui porte une dédicace en l'honneur de Plutarque, ont dû se multiplier à Delphes à partir de l'époque impériale. De la petite série qui nous a été conservée, on extraira ici deux exemples significatifs des dernières phases de l'histoire du portrait grec.

Inv. 5667 (fig. 101). H. tot. cons. 0,47 m. Marbre parien. Tête barbue, provenant d'un hermès, brisé à l'extrémité supérieure du fût. A part le nez arraché, la conservation est parfaite. Le front large et dégagé, couronné par une chevelure touffue dont les grosses mèches rebelles forment comme un épi au-dessus de l'œil gauche, les yeux pensifs aux paupières lourdes, la longue barbe soignée sont d'un philosophe ou d'un homme de science, encore assez jeune, et fort conscient — un peu trop peut-être — de son importance. Richesse psychologique à laquelle s'ajoute ici une qualité d'exécution assez exceptionnelle : l'artiste a su jouer habilement d'un effet de contraste entre les chairs lisses, soigneusement polies, et la rugosité mate de la barbe et surtout des cheveux.

Ce portrait, où l'on a successivement voulu reconnaître Plutarque, puis Plotin ou quelque autre penseur néo-platonicien de la fin du IIe siècle ap. J.-C., mais qu'il est plus prudent de renoncer à identifier, trouve ses meilleurs parallèles dans la série des cosmètes athéniens[31], ce qui ne simplifie pas pour autant le problème. Car la chronologie de ces derniers est loin d'être assurée, et l'on tend aujourd'hui à les faire remonter au

---

(30) Fuchs, *SkGr*, fig. 80, 86, 96 et 103.
(31) P. Graindor, *BCH* 39 (1915), n°s 27 et 28.

Fig. 101. — Portrait de philosophe : a, profil ; b, face.

II⁰ siècle. Mais à l'exception peut-être d'un bronze de Copenhague[32], très isolé par son style, et dont l'identification comme un Septime-Sévère reste purement hypothétique, il n'y a vraiment pas grand-chose ni sous les Sévères ni sous les Antonins que l'on puisse rapprocher de notre philosophe, notamment pour le traitement de la barbe et des cheveux. Et il faut bien dire qu'une datation au III⁰ siècle, et même jusque dans la deuxième moitié, à l'époque de Gallien[33], demeure tentante.

Bibl. : F. POULSEN, *BCH* 52 (1928), p. 245-255. M. BERGMANN, *Studien zum römischen Porträt des 3. Jahrhunderts n. Chr.*, p. 87-88.

En tout état de cause, de la date que l'on retiendra pour ce portrait, ainsi que pour les deux cosmètes qui en ont été justement rapprochés, dépend celle que l'on devra assigner à un autre groupe de philosophes, qui est évidemment plus tardif. Deux exemplaires au moins le représentaient à Delphes, dont un seul se trouve au musée, l'autre, découvert dès 1887, étant au Musée National d'Athènes, inv. 360 (fig. 102).

---

(32) Glyptothèque Ny Carlsberg : V. H. POULSEN, *Les portraits romains* II (1974), n° 127.
(33) Cf. par ex. M. BERGMANN, *Studien zur röm. Porträt des 3. Jhdts n. Chr.*, pl. 20, 3-4.

L'ÉPOQUE IMPÉRIALE 137

Fig. 102. — Athènes, Musée National. Portrait de philosophe : a, trois-quarts ; b, face.

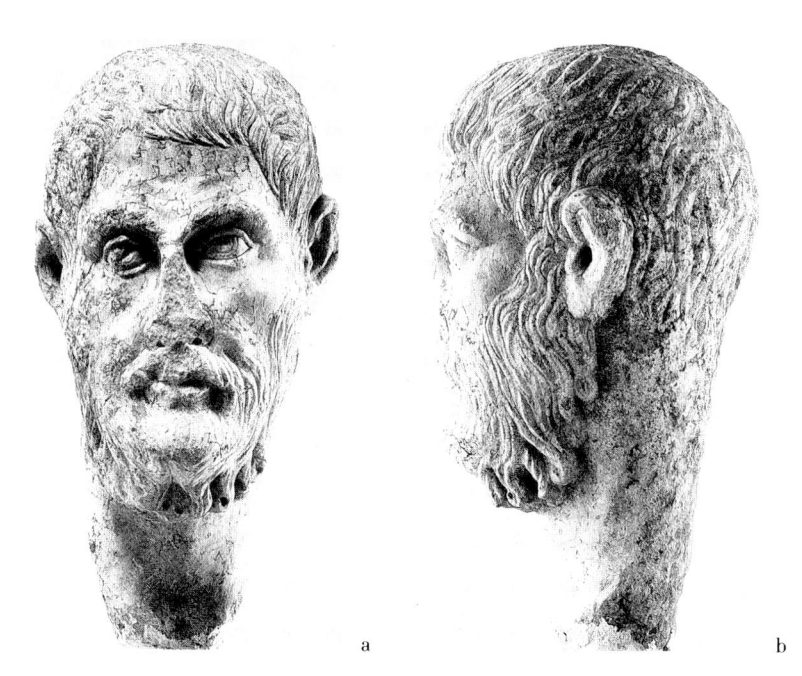

Fig. 103. — Delphes. Portrait de philosophe : a, face ; b, profil.

Inv. 4040 (fig. 103). H. tot. 0,43 m. Marbre pentélique. Tête barbue, provenant d'une statue drapée. A part le nez et le devant de la moustache, la tête est entière avec le bouchon d'encastrement, de forme étroite et allongée. Le travail, qui est sommaire à l'arrière et sur les oreilles, offre un frappant contraste avec celui du portrait précédent. Négligé et rapide dans le détail, il n'en est pas moins d'une grande efficacité plastique, opposant le modelé tourmenté du visage (front plissé, joues émaciées, yeux enfoncés sous des arcades sourcilières osseuses et proéminentes) au traitement linéaire, en mèches longues et fines, de la chevelure et de la barbe. Le regard, à la fois sévère et triste, est d'une intensité prenante.

Le style comme la technique apparentent directement ce portrait et celui du Musée National à une série de têtes barbues, dont les exemplaires sont assez largement dispersés (Athènes, Éleusis, Épidaure, Corinthe et même Rome), mais dont l'unité a été depuis longtemps reconnue : il semblait qu'*a priori* on pût les tenir pour contemporaines et sorties du même atelier attique, et l'on proposa d'abord d'y retrouver les maîtres de l'école néo-platonicienne qui, à la fin du IVe siècle, secondèrent l'empereur Julien dans sa tentative désespérée de restauration du paganisme. Mais cette datation basse a été depuis généralement contestée, et l'on préfère aujourd'hui remonter le groupe dans le premier quart du IVe siècle. Il faut bien dire toutefois que ce qui caractérise si fortement ces portraits n'y trouve guère d'équivalent : l'extraordinaire stylisation de la chevelure et de la barbe, dont les longues mèches sinueuses accompagnent les volumes de la tête et du visage, et en organisent l'unité de manière quasi abstraite. On se gardera donc de négliger le rapprochement suggéré autrefois avec des têtes du début du Ve siècle, trouvées en Asie Mineure : quel que soit exactement l'écart chronologique qui les en sépare, elles sont évidemment dans la postérité directe de nos philosophes. Et l'on admettra qu'en dépit des savantes études qui lui ont été consacrées, les problèmes posés par ce groupe fascinant demeurent entiers : nous ne saurions dire actuellement ni qui étaient, ni même quand vécurent ces hommes, probablement illustres en leur temps, dont le regard lucide et sans espoir, d'une sévérité déjà presque byzantine, porte de toute façon un émouvant témoignage sur la fin du monde antique.

Bibl.: G. RODENWALDT, *Griechische Porträts aus dem Ausgang der Antike* (76. Berliner Winckelmannsprogramm, 1919). H. P. L'ORANGE, *Studien zur Geschichte des spätantiken Porträts* (1933), p. 40-43. E. HARRISON, *The Athenian Agora* I, *Portrait Sculpture*, p. 100-105. M. BERGMANN, *Studien zum römischen Porträt des 3. Jahrhunderts n. Chr.* (1977), p. 157-158.

Francis CROISSANT et Jean MARCADÉ*.

(*) J. MARCADÉ est l'auteur des p. 29-76, F. CROISSANT celui des p. 77-138.

III. LES BRONZES

STATUETTES ET OBJETS DIVERS

Les usages du bronze étaient multiples dans la Grèce antique, de la grande statuaire aux crampons qui scellaient entre eux les blocs architecturaux, en passant, par exemple, par un certain nombre de grandes inscriptions, plus souvent en Grèce d'Occident qu'en Grèce propre. Delphes a livré de très nombreux objets, souvent très fragmentaires ; nous évoquerons, p. 187, à propos de la statuaire, les mauvaises conditions de conservation du métal sur le site. La plupart de ces bronzes sont des offrandes, à Apollon dans le sanctuaire principal, à Athéna dans le sanctuaire dit de Marmaria. Mais il ne faut pas oublier la ville, et ses tombes, dont plusieurs ont été fouillées. L'hydrie **43** est une urne cinéraire ; le miroir **44** avait été déposé dans une tombe de femme. Un certain nombre des objets recueillis hors des sanctuaires doivent provenir de la ville. Mais les bouleversements provoqués par les séismes, les éboulements, la construction des terrasses, ne permettent pas de jugement certain quand le type de l'objet, en lui-même, n'est pas décisif. Le pied de lion **32** a été découvert, avec tout un lot de fragments de métal datables du VIIIe au Ve siècle, dans un remblai hellénistique ou romain, à l'Est du sanctuaire : or tous sont des offrandes, emportées avec les terres qui les contenaient.

La comparaison avec des sanctuaires où on n'a pas retrouvé l'habitat correspondant — Olympie est, ici aussi, l'exemple le plus instructif — montre que, en règle générale, on ne dédie plus guère de « petits bronzes », mis à part les armes, à partir du IVe siècle avant J.-C. Il est donc probable que les objets postérieurs à cette date viennent de la ville ou de ses tombes.

Dans ces conditions, le lieu de découverte précis d'un objet a peu d'intérêt ; il ne sera indiqué que s'il s'agit d'un des deux sanctuaires ou d'une tombe. On verra qu'Athéna, à Marmaria, reçoit les mêmes offrandes qu'Apollon. Dans tout le monde grec, Athéna, vierge guerrière, se voit offrir plus souvent des armes que les objets féminins que préfèrent,

140 LES BRONZES

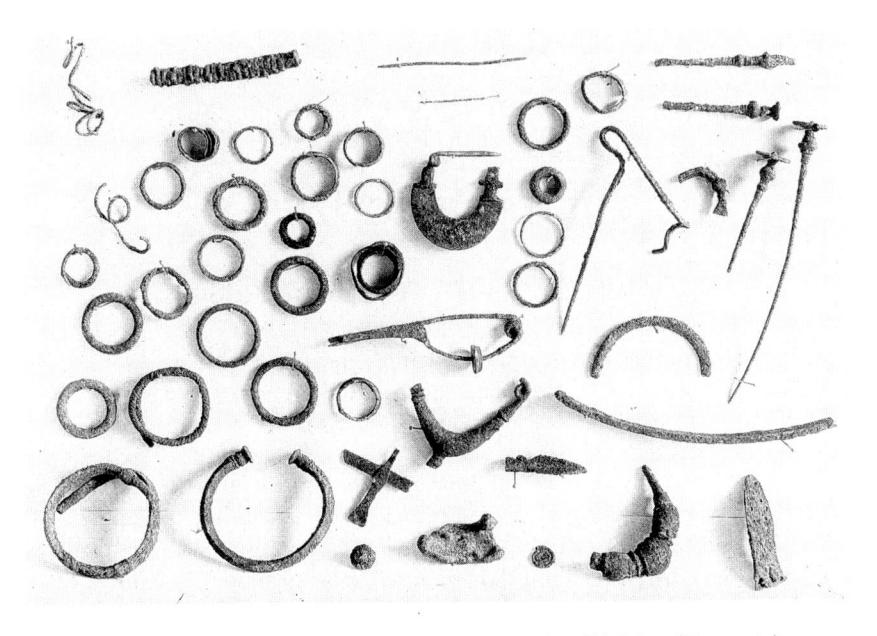

Fig. A. — Objets découverts dans le sanctuaire d'Athéna (Marmaria),
photo de fouille (1922).

par exemple, Artémis autour de son autel d'Olympie ou les Nymphes de l'Antre Corycien. Peut-être les fibules sont-elles plus nombreuses à Marmaria (fig. A); nous n'avons malheureusement aucun moyen de savoir si elles avaient été dédiées non à Athéna Pronaia, mais à l'Athéna Erganè, c'est-à-dire ouvrière, présente aussi à Marmaria. Il y a, à Delphes, des divinités secondaires. Elles ne sont guère représentées dans les bronzes que par un disque de miroir, qui porte une dédicace à Élythie (d'ordinaire écrite Eileithyia), la protectrice des accouchements, connue dans le sanctuaire d'Athéna par plusieurs inscriptions.

Il faut, pour classer les offrandes, envisager à la fois la fonction des divers types d'objets, souvent employés dans la vie réelle, ou susceptibles de l'être, et, d'autre part, les différentes périodes, entre lesquelles les usages ont changé. Dans un grand sanctuaire comme Delphes, il faut faire une place à part aux armes, qui remercient d'une victoire. L'offrande collective d'armes saisies sur les ennemis vaincus est l'équivalent d'un monument construit par une cité; un peu avant 480, les Phocidiens ont dédié à Apollon 2 000 boucliers pris aux Thessaliens (Hérodote, VIII, 27).

L'offrande individuelle d'une arme isolée est autre chose ; mais il est alors souvent difficile de savoir si elle a été prise à l'ennemi ou si elle a protégé le dédicant. Un des boucliers crétois de Delphes porte la trace de l'enfoncement provoqué par une forte lance ; à Olympie, le casque corinthien dédié par Miltiade avait été porté par lui au cours d'une bataille victorieuse — pas nécessairement celle de Marathon. On regrettera, pour ces problèmes comme pour les datations précises, qu'il ait été moins fréquent à Delphes qu'à Olympie de graver une dédicace sur les casques et les talons de lances.

Jusque vers le milieu du ve siècle, à Delphes comme dans beaucoup de sanctuaires de Grèce propre — mais à peu près jamais en Occident —, l'offrande majeure est celle d'un grand ustensile de bronze. Dans un premier type, la cuve est rivée à trois pieds et à deux anses circulaires ; on parle en français de «trépied à cuve clouée» (*Dreifusskessel* en allemand). C'est le grand type de la période géométrique, qui restera l'emblème de l'oracle de Delphes, disparaissant ailleurs. Ensuite, des importations du Proche-Orient, puis leurs imitations grecques, répandent un type où le chaudron, mobile, est posé sur un trépied fait de tiges. Nous verrons l'ornementation figurée des deux types. Les statuettes isolées, qui apparaissent au VIIIe siècle, sont alors des offrandes de moindre prix. Notons ici que les trépieds à cuve clouée apparaissent à Olympie avant la fin du Xe siècle, à Delphes peu avant la fin du IXe. De plus, nous n'avons pas, à Delphes, l'équivalent des figurines de terre cuite qui marquent, à Olympie, le début du sanctuaire de Zeus, vers l'an 1000. Il y a un net décalage entre les deux sanctuaires, et la fin du IXe siècle, pour le sanctuaire d'Apollon, marque les débuts du culte, à la même date qu'à Délos. En d'autres termes, l'étude des objets montre que les origines mythiques de l'oracle, élaborées dès le VIe ou même le VIIe siècle, et acceptées encore par plusieurs modernes, sont une création de la «propagande delphique».

Les statuettes, nombreuses à peu près à partir du milieu du VIIe siècle, sont évidemment des offrandes ; Delphes n'a pas livré de ces figurines hellénistiques qui ailleurs, à Délos par exemple, ne sont souvent que des «objets d'art», au sens moderne de l'expression. Leur grande période est l'archaïsme «récent». Quelques-unes sont des offrandes des vainqueurs aux Concours Pythiques. Mais, en général, dans tous les sanctuaires grecs, on a l'impression que le choix des offrandes était assez souple. Les objets divers le montrent davantage. La première grande catégorie est constituée par les vases : pendant tout l'archaïsme au moins, la vaisselle de métal — nous avons perdu celle d'or et d'argent, dont les textes nous parlent — est appréciée par tous les dieux. L'autre groupe important est celui des objets dits de parure, c'est-à-dire accessoires du vêtement, épingles et fibules, aussi bien que miroirs. Les bagues, si nombreuses à l'Antre Corycien, sont rares à Delphes. Les épingles sont surtout du VIIIe siècle ; c'est l'époque où elles sont le plus utilisées et celle où elles constituent une des offrandes les plus usuelles : l'Héraion d'Argos a livré plus de 2000 grosses épingles votives. Les fibules datent surtout du VIIe siècle. A cette époque, elles constituent l'offrande principale de plusieurs sanctuaires de Thessalie où les objets figurés sont rares.

Enfin, bien des «petits bronzes» ne sont, en fait, que des fragments d'objets plus complexes dont ils étaient des éléments, fonctionnels ou décoratifs : appliques diverses, de meubles ou de coffres, pas toujours faciles à identifier. Nous en verrons quelques exemples.

Bibliographie.

Sur les bronzes grecs en général, on pourra voir le livre de Cl. ROLLEY, *Les Bronzes grecs* (1983). Les publications les plus riches et les plus détaillées sont celles des bronzes d'Olympie, dans les deux séries publiées par l'Institut Allemand d'Athènes : les *Olympische Forschungen,* suite de monographies dont les plus nombreuses sont consacrées aux bronzes, et les études regroupées dans les *Berichte* d'Olympie, où on verra surtout les articles de E. Kunze sur les statuettes humaines et les armes. Depuis 1983, Cl. Rolley donne dans la *RA* une chronique critique sur les travaux récents.

Trois volumes des *Fouilles de Delphes* sont consacrés aux bronzes :

Paul PERDRIZET, *Monuments figurés, petits bronzes, terres cuites, antiquités diverses* (1908), abrégé ci-dessous en *FD* V 1.
Claude ROLLEY, *Les statuettes de bronze* (1969), abrégé *FD* V 2.
Claude ROLLEY, *Les trépieds à cuve clouée* (1977), abrégé *FD* V 3.

N.B. Je donne pour chaque objet la référence à la dernière publication dans les *FD* ou le *BCH,* éventuellement la référence d'une étude qui renouvelle le sujet. En revanche, je ne renvoie pas aux volumes ou aux passages des *Forschungen* ou des *Berichte* d'Olympie. La longueur des notices dépend de la complexité de l'état actuel des problèmes, non de l'importance de l'objet.

*
**

On n'a pas trouvé à Delphes l'équivalent de l'atelier de Phidias d'Olympie, installé à un emplacement où on avait auparavant coulé des statues de bronze ; il reste, en revanche, quelques fragments d'un moule de statue de bronze. En effet, c'étaient les bronziers qui voyageaient, non les statues. Pour les objets divers, il n'est pas possible de savoir lesquels ont été faits sur place, lesquels apportés de chez eux par les dédicants. Mais plusieurs lingots de plomb et de fer, de types divers, et plusieurs objets inachevés, tous de date assez tardive, sont la trace matérielle d'un travail des métaux sur place. On comprend mal, ici comme ailleurs, qu'on n'ait pas récupéré le bronze des coulées manquées.

Fig. 1. — Quatre pointes de flèches.

1. Quatre pointes de flèches, encore partiellement réunies par un canal de coulée. L. de la plus grande : 11,1 cm. Elles ont été coulées dans un moule de pierre en deux valves, réutilisable. C'est une technique de l'Âge du Bronze, rare en Grèce au Ier millénaire, où on préfère la coulée à la cire perdue, qui oblige à briser le moule à chaque fois. Cette forme de pointe date de l'époque classique (entre 479 et 348 à Olynthe), mais celles de Delphes sont apparemment tardives dans l'évolution du type : IVe ou IIIe s.(?).

Sans n° d'inv. *FD* V 1, n° 484 *bis*.

2. Situle inachevée, ratée de coulée. Haut. : 27 cm. L'artisan avait préparé avec une feuille de cire le corps du vase, tronconique. Il avait ajouté d'une part les attaches des deux anses et leur décor en feuille de lierre, d'autre part des rubans, qui devaient constituer les canaux de coulée. Le métal s'est solidifié avant d'avoir entièrement rempli l'espace compris entre le moule et le noyau. D'après le décor des attaches d'anses, Ier s. av. J.-C. ou Ier s. après ; mais, d'ordinaire, le profil du seau est bombé.

N° d'inv. : 3099. *FD* V 1, n° 710 ; *FD* V 3, p. 82-83.

***

Le trépied à cuve clouée (fig. B) est fait d'une cuve martelée, à laquelle sont rivés trois pieds et deux anses ; pieds et anses sont coulés dans la

Fig. 2. — Raté de coulée.

plupart des séries, fabriquées surtout à Argos et Corinthe, martelés à Athènes. Ces attributions s'appliquent aussi bien aux bronziers originaires de ces cités et installés à côté des grands sanctuaires. A de rares exceptions près, ces ustensiles fragiles sont découverts en morceaux isolés, et il est exceptionnel qu'on puisse attribuer avec certitude un pied et une anse au même trépied. Mais l'évolution générale apparaît aujourd'hui assez clairement.

3. Anse circulaire, avec un fragment de la cuve. Diam. ext. : 25 cm. On a ici l'anse elle-même, les rubans d'attache qui permettent de la river à la cuve, avec deux étais soutenant le cercle, et, au-dessus, un cheval presque complet, à côté duquel on distingue l'arrachement du personnage qui le tenait par la bride : ces groupes de «conducteurs de chevaux» sont courants à cet emplacement. Le décor de l'anse est d'un dessin fréquent, mais sa technique est exceptionnelle : il a été réalisé, dans le modèle, en collant des fils de cire au corps de l'anse. L'ensemble, exceptionnellement fragile, a été réparé par une seconde coulée de métal, autour d'un des étais. Son profil date l'anse de la 1re moitié du VIIIe s.

N° d'inv. : 2956. *FD* V 3, n° 454.

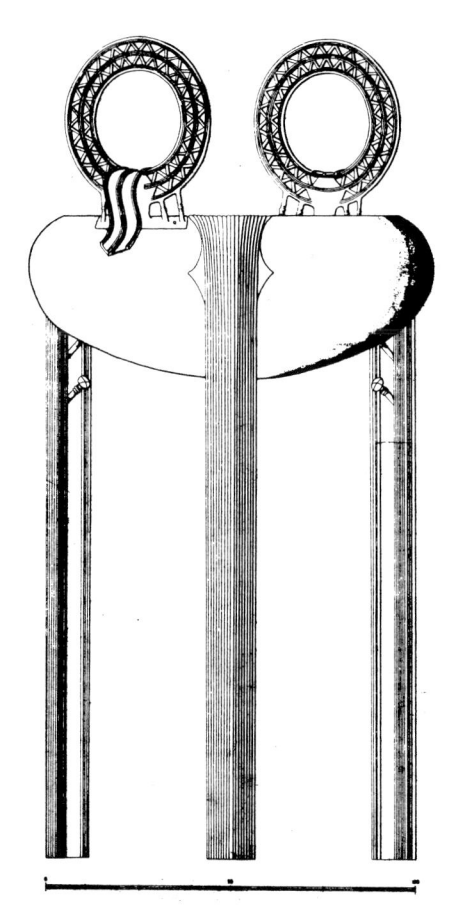

Fig. B. — Reconstruction d'un trépied d'Olympie (travail corinthien, 2ᵉ moitié du vɪɪɪᵉ siècle). D'après M. Maass, *Ol. Forsch.* X, p. 50.

Delphes a conservé en plus grand nombre qu'Olympie des fragments des trépieds orientaux à baguettes, qui apparaissent dans la deuxième moitié du vɪɪɪᵉ siècle, pour supplanter après 700 le type à cuve clouée, avec de nombreuses imitations grecques ; mais le type connaîtra un développement beaucoup plus grand en Étrurie. Ils supportaient des chaudrons mobiles, dont, en Grèce, seul un exemplaire d'Olympie (fig. C) a permis de restituer le décor complet, très voisin de celui de deux ustensiles d'Étrurie, également de fabrication orientale.

4. Trépied de fer à sabots de bronze ; il est fortement complété, mais tous les éléments sont sûrs. Haut. : 70 cm. Les tiges verticales et les arceaux étaient fixés à la couronne supérieure par des clous verticaux ; le bronze des sabots

Fig. 3. — Anse de trépied à cuve clouée.

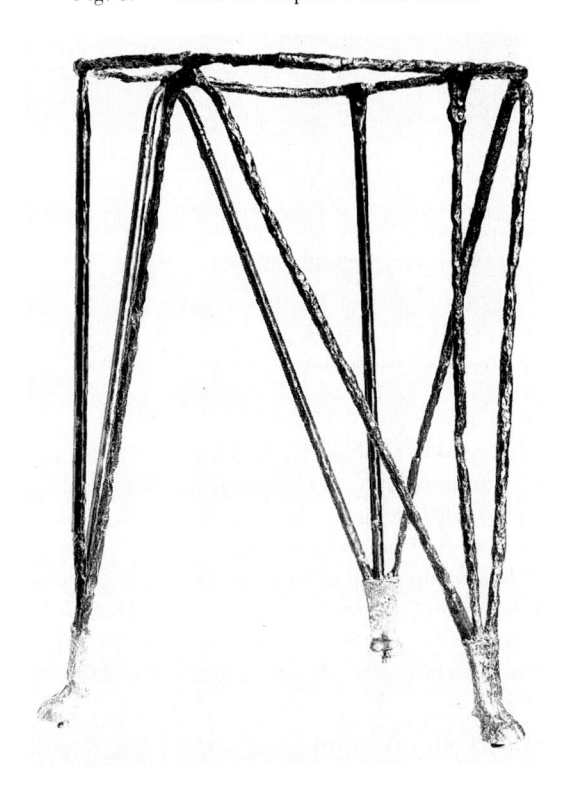

Fig. 4. — Trépied de fer à sabots de bronze.

STATUETTES ET PETITS OBJETS 147

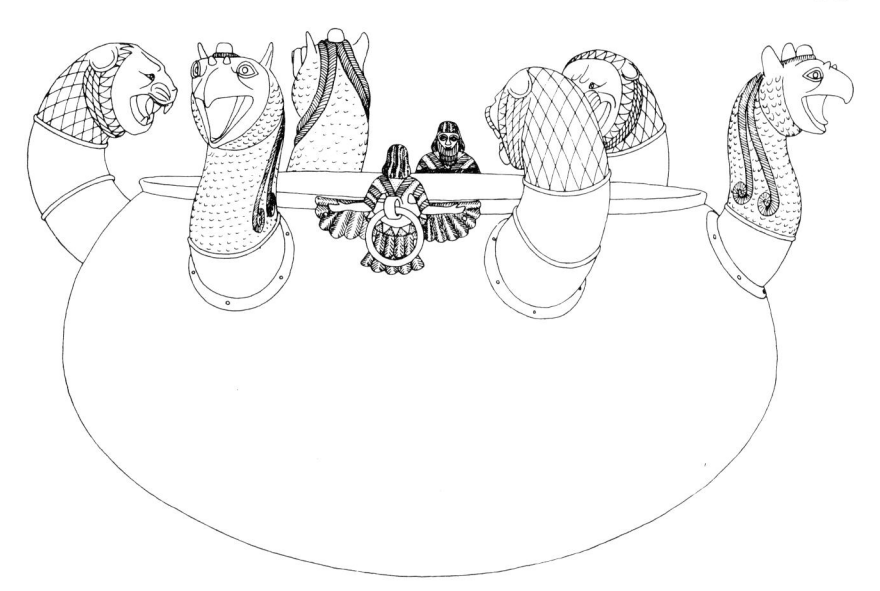

Fig. C — Reconstruction d'un chaudron oriental d'Olympie.
D'après H.-V. Herrmann, *Ol. Forsch.* VI, pl. 4.

(de bovidés) a été coulé sur les tiges de fer. Il s'agit d'un exemplaire importé d'Orient, à en juger par l'emploi du fer et les sabots, les Grecs ayant préféré des griffes de lion. 2ᵉ moitié ou fin du VIIIᵉ s. Le chaudron qui a été placé sur le trépied au Musée de Delphes est sans rapports avec lui.

Sans nᵒ d'inv. *FD* V 1, nᵒ 248 (avant restauration).

Un certain nombre de chaudrons portent des inscriptions, surtout sur le bord. Il s'agit toujours de chaudrons mobiles, la plupart constituant des prix reçus à des jeux, et dédiés ensuite à un dieu.

5. Deux inscriptions sur le rebord du même chaudron. La première se lit « Lawosowos m'a donné comme prix (lors des jeux funèbres célébrés) en l'honneur de son fils Euthymos »; la seconde n'est pas compréhensible, mais représente certainement la formule d'offrande à Apollon.

Fig. 5. — Dédicace d'un chaudron.

Nᵒ d'inv. : 10011. *FD* V 3, nᵒ 268.

Les plus belles statuettes humaines de l'époque géométrique décoraient des anses de trépieds, soit au centre du cercle, soit au sommet, quelquefois, surtout à Athènes, à la place des étais latéraux.

6. Femme nue debout, les bras le long du corps. Haut. : 16,5 cm. Nez, yeux et bouche sont indiqués sur le visage plat ; elle porte une coiffure aplatie au-dessus. D'après la forme de la base, elle se dressait au centre d'une grande anse : c'est la place habituelle des statuettes de femmes, plus rares que les figures d'hommes armés, au sommet des anses, qui tiennent souvent un cheval (voir l'anse **3**).

Du sanctuaire d'Apollon. N° d'inv. : 7730. *FD* V 2, n° 1.

7. Homme nu debout. Haut. cons. : 18,5 cm. Les bras sont déformés ; le droit, levé, pouvait brandir une lance, le bras gauche peut-être un bouclier. Le personnage porte sur la peau une large ceinture, sur la tête une coiffure, plate au-dessus, qui doit être un casque.

N° d'inv. : 3495. *FD* V 2, n° 4.

La comparaison de ces deux statuettes montre à la fois la permanence d'un même schéma, et son évolution, qui va vers un assouplissement des formes, au détriment de l'équilibre géométrique, plus net dans la figure féminine. Elles proviennent toutes deux du même atelier, peut-être corinthien, la première proche du milieu du viiie siècle, la seconde plus récente d'un quart de siècle.

8. Homme nu debout, tenant un petit bouclier roud, l'autre main brandissant la lance. Haut. : 6,8 cm. Il s'agit ici d'une statuette indépendante, qui reprend le thème de la précédente, mais avec le seul souci du mouvement. Ces offrandes, évidemment de moindre prix que les trépieds, sont nombreuses dans la 2e moitié du viiie siècle, mais difficiles à dater par rapport aux œuvres plus soignées.

Du sanctuaire d'Apollon. N° d'inv. : 7731. *FD* V 2, n° 20.

Pour les chevaux, la situation est inverse : les plus soignés sont des statuettes indépendantes, presque toujours sur des bases décorées ; ceux qui ornent les anses de trépieds, seuls ou avec un « conducteur », sont sommaires.

9. Cheval, fixé autrefois en haut d'une anse de trépied. L. : 7,5 cm. Les cuisses et les épaules peu développées, les lignes molles indiquent, par comparaison avec quelques représentations céramiques, une date haute, tôt dans le cours du viiie siècle. Mais le traitement du cou, à pans coupés, est original.

Du sanctuaire d'Apollon. N° d'inv. : 1868. *FD* V 2, n° 46.

10. Cheval, sur une base ajourée. Haut. : 6,9 cm. Le corps est une tige, entre les épaules et les cuisses plates ; le cou est plat, la tête cylindrique. Le sexe est indiqué. Ce traitement, en feuilles et tiges, est corinthien, mais il a influencé aussi bien les peintres de vases attiques. Milieu ou 3e quart du viiie s.

Du sanctuaire d'Apollon. N° d'inv. : 4021. *FD* V 2, n° 60.

Fig. 6. — Statuette de femme.   Fig. 7. — Statuette de guerrier.

Fig. 8. — Statuette de guerrier.

Fig. 9-11. — Statuettes de chevaux.

STATUETTES ET PETITS OBJETS 151

Fig. 12. — Épingle.

Fig. 13. — Bossettes.

11. Cheval, d'une anse de trépied. Les jambes et la queue sont fortement déformées. L. : 10,3 cm. Le corps plus charnu, la différence de forme entre les épaules et les cuisses, le détail des sabots indiquent une date plus récente : nous avons ici, vers le début du VIIe siècle, un des derniers chevaux qui aient décoré un trépied à cuve clouée.

Du sanctuaire d'Apollon. N° d'inv. : 2904. *FD* V 2, n° 73.

Les accessoires du vêtement, épingles, fibules et pendeloques, sont nombreux dans beaucoup de sanctuaires grecs jusqu'au VIIe siècle. Au VIe, il semble que ce soient plus nettement des offrandes faites par des femmes à quelques déesses précises. Ce sont des objets qu'on trouve également dans des tombes, qui fournissent des éléments de datation. Parmi les épingles, à côté des types courants, dont l'ornementation est faite de disques et de boules, quelques-unes, surtout au VIIIe siècle, ont un décor figuré.

152   LES BRONZES

Fig. 14. — Pied de trépied chypriote.

12. Épingle, faite d'une tige de section carrée, et d'un quadrupède qui pourrait être un bovidé. Déformée et incomplète; L. actuelle : 21 cm. Une épingle de cette taille n'est pas utilisable : elle a donc été faite pour être dédiée. Ce type, plus souvent avec des béliers, est assez fréquent, vers la 2ᵉ moitié du VIIIᵉ siècle.

Du sanctuaire d'Apollon. Nᵒ d'inv. : 6573. *FD* V 2, nᵒ 109.

13. Dix bossettes ajourées de fentes étroites. Elles sont ouvertes en dessous, avec une barrette axiale, pour le passage d'un lacet. Diam. : de 3,35 à 3,5 cm. Il s'agit d'éléments d'une même parure d'étoffe ou de cuir, vêtement ou ceinture. D'après leur répartition géographique, ces objets sont illyriens, du VIIIᵉ ou du VIIᵉ siècle. Mais, puisqu'on en trouve jusqu'en Thessalie, cette parure a pu être dédiée aussi bien par une femme de Thessalie.

Du sanctuaire d'Athéna Pronaia (Marmaria). Sans nᵒ. R. DEMANGEL, *Sanct. Ath. Pronaia*, p. 53; Kl. KILIAN, *Arch. Korrespondenzblatt* 3 (1973), p. 431 sq.

*
**

Le trépied à baguettes nᵒ 4 correspond aux dimensions habituelles de ces supports. Le fragment suivant, qui porte la seule inscription en écriture chypriote syllabique découverte hors de Chypre, est exceptionnel. Il souligne le rôle joué par Chypre dans les relations entre l'Occident, Grèce et Étrurie, et le Proche-Orient; voir aussi la phiale nᵒ 21.

14. Pied de lion en bronze, avec l'amorce de cinq grosses tiges de fer ; il s'agit d'un énorme trépied à baguettes, du type habituel. Haut., mesurée verticalement : 13,5 cm ; poids : environ 3 kg. Le haut porte cinq signes (un sixième a été emporté par une fente), tracés dans le modèle de cire avant coulée, appartenant au syllabaire chypriote commun. On lit, de droite à gauche : *e-re-ma-i-*, le dernier signe étant une barre de séparation. En rétablissant *-o* ou *-yo*, on lit le nom grec *Ermaio*, au génitif. Avec un mot sur chaque pied, ce que prouve la barre de séparation, on doit restituer : «A Apollon (1er pied), un tel (2e pied), fils d'Hermaios». L'allure des griffes, et le fait même que ce soit un trépied à baguettes, pousse à dater le pied du VIIe siècle, époque où les inscriptions syllabiques chypriotes sont rares. Bien entendu, pour juger de l'importance de l'offrande, il faut restituer le trépied complet et, vraisemblablement, le chaudron à protomes qu'il portait.

Du sanctuaire d'Apollon. N° d'inv. : 1717. *FD* V 1, n° 249 (avant le nettoyage qui a fait apparaître l'inscription); O. MASSON et Cl. ROLLEY, *BCH* 95 (1971), p. 295 à 304.

Les chaudrons orientaux et leurs imitations grecques «orientalisantes» portent trois sortes d'appliques, soit, par ordre de fréquence croissante, des têtes de taureau, des monstres à queue et ailes d'oiseau et buste humain, improprement dits «Sirènes» par les modernes, et des protomes de griffon, martelées ou coulées. Les Sirènes orientales et grecques ont été fabriquées pendant un demi-siècle, autour de 700 ; les protomes de griffon ont duré plus longtemps.

15. Applique de chaudron : Sirène, de fabrication orientale. Largeur : 23,3 cm. L'origine orientale ne fait pas de doute, par comparaison avec les exemplaires découverts à Gordion, dans la région du lac de Van et en Étrurie : la structure de l'applique, avec deux petites ouvertures et trois rivets, et le style du visage sont caractéristiques. Le décor gravé est détaillé. Dernier quart du VIIIe s. ou premier quart du suivant. Parmi les hypothèses avancées pour la région précise de fabrication, la plus probable est qu'il s'agit de la zone du Taurus, près de la Syrie du Nord, région qui a été un temps sous la domination de l'Ourartou (Arménie actuelle), dont l'influence s'est mêlée à celle de l'art «néohittite» des maîtres antérieurs de cette zone : voir M. N. Van Loon, *Urartian Art* (Istanbul, 1966).

Sans n° d'inv. *FD* V 1, n° 368.

16. Applique de chaudron : «Sirène», de fabrication grecque. Manque la queue. Largeur : 19,5 cm. Sous le buste, un A gravé, qui est un repère de montage. La structure de l'applique, beaucoup plus ajourée que la précédente, et le style du visage sont caractéristiques des exemplaires grecs, assez peu nombreux. Une Sirène de l'Acropole d'Athènes est extrêmement proche de celle-ci, jusque dans les détails gravés. Les deux objets pourraient être attiques.

Probablement du sanctuaire d'Athéna (Marmaria). Sans n° d'inv.; inédit.

17. Tête de taureau, coulée en creux. Haut. de la section du cou : 13 cm ; largeur max. : 16 cm. Elle est d'une taille et d'une qualité exceptionnelles,

154   LES BRONZES

Fig. 15-16. — Appliques de chaudron : sirènes.

mais rappelle exactement les appliques de chaudron. Ici la surface de contact est plane : il s'agit d'un décor de meuble. Malgré l'usure, on distingue le décor gravé du dessus, les poils formant une étoile sur le front. La répartition des têtes de taureau entre l'Orient et la Grèce est beaucoup moins claire que celle des Sirènes. Il semble que nous ayons ici une œuvre grecque, qui a un équivalent précis, mal conservé, à Délos. On a pensé à Rhodes, et proposé la fin du VIIe siècle, ce qui est peut-être un peu tard (H. Kyrieleis, *AthMitt* 92 [1977], p. 84-85).

N° d'inv. : 2808. *FD* V 1, n° 373.

Fig. 17-20. — Appliques de chaudron : têtes de taureau et de griffons.

18. Protome de griffon, en tôle de bronze remplie de bitume. Le métal est très mal conservé. Haut. max. : 29,5 cm. La protome est faite de deux éléments ; en bas, un manchon cylindrique assure le passage entre la protome proprement dite et le chaudron. On devine le décor d'écailles et les deux boucles latérales ; l'essentiel de la tête est conservé, avec le bec d'oiseau de proie, la langue étroite, les yeux très saillants, les oreilles courtes et le bouton caractéristique au sommet. L'origine des protomes de griffon martelées, Proche-Orient ou Grèce, est encore discutée. La solution la plus raisonnable est qu'elles viennent de la même région que les Sirènes orientales (voir au n° 15), puisque, à Olympie et en Étrurie, on les trouve sur les mêmes chaudrons (voir fig. C, ci-dessus). Le travail du métal en feuilles minces renforcées par un remplissage de bitume est, en Mésopotamie, une tradition très ancienne.

Du sanctuaire d'Apollon. N° d'inv. : 7734. P. Amandry, *BCH* 68-69 (1944-45), p. 67 à 74.

19. Protome de griffon, coulée en creux ; incomplète en bas. Haut. cons. : 11,9 cm. Cette protome, qui se situe assez tôt dans l'histoire des imitations grecques coulées des protomes martelées, en conserve les longues boucles latérales. La date est à peu près le milieu de la 1re moitié du VIIe s. ; le centre de fabrication principal est alors Samos.

N° d'inv. : 3737. *FD* V 1, n° 380 (*bis* : il y a une erreur dans la numérotation).

20. Grande tête de griffon, coulée en creux. Du bas du cou à la pointe des oreilles : 21,5 cm. En bas, tout autour, petits rivets, qui fixaient la tête sur un cou martelé. Il s'agit d'un petit groupe de technique mixte, de très grande taille (jusqu'à 1 m, d'après quelques cous conservés à Olympie). On a des têtes identiques à celle-ci à Olympie et à l'Acropole d'Athènes. Vers le milieu du VIIe siècle ; Grèce continentale.

Sans n° d'inv. *FD* V 1, n° 390.

Les chaudrons à appliques et protomes sont les plus marquants des bronzes orientaux et orientalisants. Mais, même en nous en tenant aux bronzes, les objets rapportés par les marins grecs de diverses régions d'Asie (et d'Égypte, au moins pour l'Héraion de Samos) sont très variés. Delphes permet un bon échantillonnage de ces offrandes, dont la plupart ont dû être rapportées comme simples «curiosités».

21. Phiale décorée au repoussé. Diam. : 17,2 cm ; prof. : env. 6 cm. Autour d'une rosette, siège d'une ville ou d'une forteresse, que défendent quatre archers. A gauche, trois assaillants : l'un tombe d'une échelle appuyée au mur, le suivant tire de l'arc, le dernier tient un arc et une sorte de bâton. A droite, un assaillant coiffé d'une coiffure haute, proche d'une des couronnes pharaoniques, monte à une échelle ; derrière lui, un archer à pied, puis un char tiré par un sphinx ailé qui a la même coiffure que le premier assaillant ; sur le char, le conducteur et un archer. On possède un certain nombre de ces phiales décorées, souvent plus plates, diffusées de l'Assyrie à l'Étrurie, où elles sont plus nombreuses qu'en Grèce ; quelques-unes sont en argent. Elles sont toutes de style phénicien, influencé par l'art égyptien ; mais une bonne

Fig. 21. — Phiale. *Dessin A. Platon*

part au moins de celles qu'on a trouvées à Chypre et en Grèce ont été faites à Chypre, et représentent le groupe le plus récent de ces objets. Une patère d'Amathonte montre également le siège d'une ville, représentée à peu près comme ici ; mais les assaillants sont tous humains, et à pied. VIIe siècle. Sur ces phiales, voir E. Gjerstad, «Decorated Metal Bowls from Cyprus», *Opuscula Archaeologica* 4 (1946), p. 1 à 18.

Du sanctuaire d'Athéna (Marmaria). N° d'inv. : 4463. *FD* V 1, p. 23 à 25 ; voir en dernier lieu Gl. MARKOE, *Phoenician Bronze and Silver Bowls from Cyprus and the Mediterranean* (Un. of California Press, 1985), n° G 4 (Phénicie, 750-700).

22. Élément de ceinture. Largeur : 6,8 cm. L'objet, coulé en un seul morceau, est en forme de D, avec trois fois cinq clous décoratifs, qui traversent le métal, et, sur trois bobines, des clous qui servaient à fixer l'objet sur son support. On possède, à Delphes, un second objet quasiment identique à celui-ci. La forme générale et le décor de clous rappellent très précisément des fibules phrygiennes, dédiées dans beaucoup de sanctuaires grecs, et imitées en Grèce du Nord. Mais ici, comme sur quelques autres exemples, il n'y a pas de trace de ressort ni d'aiguille. Certaines ceintures phrygiennes, notamment dans les tumulus de Gordion, au début du VIIe siècle, se terminent par des éléments de cette taille et de cette forme, fixés sur la tôle du revêtement de la ceinture ; c'est cette feuille de tôle qui se termine en crochet : voir R. S. Young, *The Gordion Excavations. Three Great Early Tumuli*, n° P 34. Deux rois de Phrygie, Gygès et Midas, avaient fait des offrandes à Delphes, nous dit Hérodote ; on peut donc envisager l'offrande d'un Phrygien à Athéna.

Inédit, sans n° d'inv. ni provenance. Pour l'autre exemplaire, du sanctuaire d'Athéna (Marmaria), voir *FD* V 1, n° 603.

23. Joue de mors ; il manque la jambe d'un des chevaux. Largeur : 8,4 cm. L'objet est lisse au revers. Ce type précis, avec deux avant-trains de chevaux dos à dos, et cette disposition des anneaux (deux pour les brides, le plus gros pour la barre du mors) est originaire du Louristan. Il a été imité en Grèce, jusqu'au VIe siècle, alors que les modèles orientaux sont du début du VIIe siècle. Cet exemplaire est grec, de la 1re moitié du VIIe siècle à peu près. Sur ces mors, voir H. V. Herrmann, *JdI* 83 (1968), p. 1 à 38.

Du sanctuaire d'Athéna (Marmaria). N° d'inv. : 4394. *FD* V 1, n° 795 (où sa fonction n'est pas reconnue).

La Crète tient une place à part dans l'histoire de l'art grec orientalisant : ses relations avec Chypre n'ont jamais dû être interrompues. Deux séries au moins d'objets crétois, connues surtout par les découvertes de la grotte de l'Ida, ne sont attestées, sur le continent, qu'à Delphes, trace des liens privilégiés entre le sanctuaire d'Apollon et la Crète, dont on a un écho dans l'*Hymne* homérique à Apollon. Il s'agit de supports ajourés, qui prolongent en Crète un type chypriote du XIIe et du XIe siècle, et de boucliers décorés au repoussé, faits en Crète pendant un ou deux siècles (IXe et VIIIe), probablement, au début, par des bronziers orientaux ou chypriotes.

STATUETTES ET PETITS OBJETS

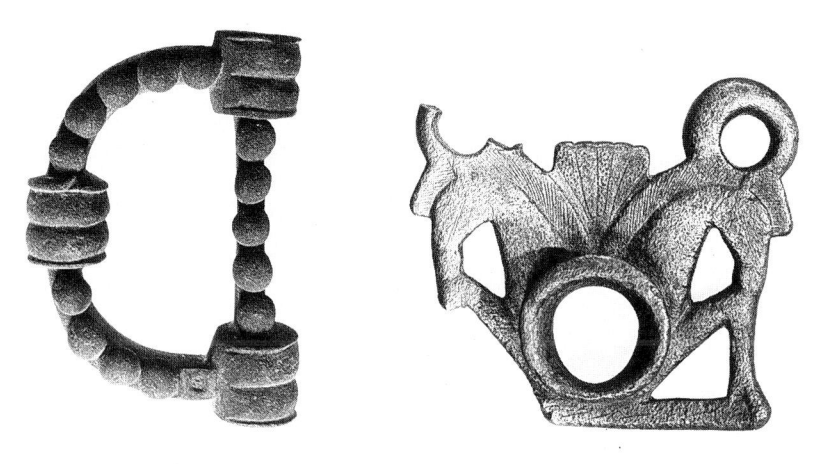

Fig. 22. — Élément de ceinture.

Fig. 23. — Joue de mors.

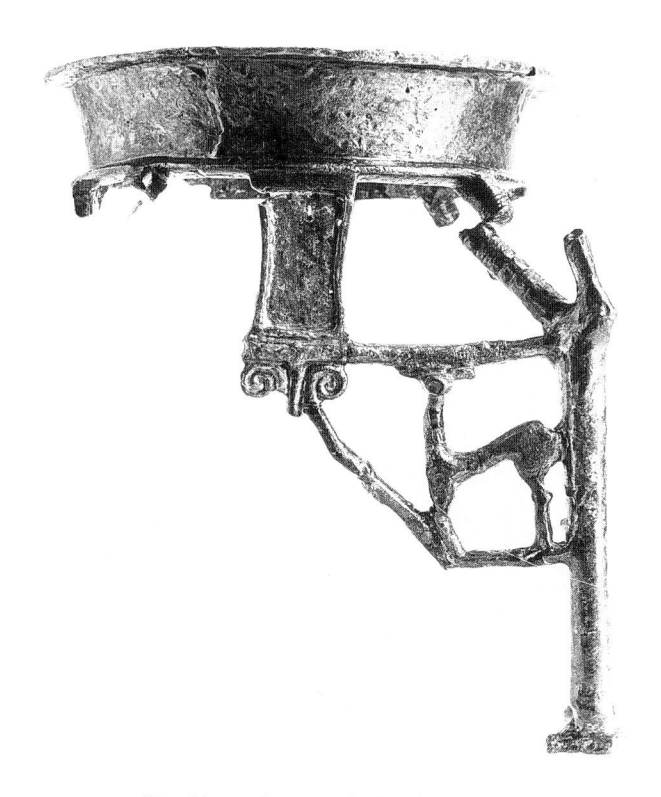

Fig. 24. — Support de bassin crétois.

24. Support ajouré, incomplet. Haut. : 21,6 cm. Il comporte une couronne supérieure lisse, surélevée au-dessus de la partie inférieure, dont les quatre faces sont faites de tiges, avec au moins, sur chaque face, deux quadrupèdes symétriques, daims ou faons. La structure du bas des faces n'est pas certaine, ni le rôle de grosses tiges qui partent vers l'extérieur, à chaque angle. C'est le plus petit exemplaire du groupe, mais le seul, parmi ceux qui datent de la fin du VIIIe siècle, dont la construction générale soit sûre.

N° d'inv. : 3252 + 9471. *FD* V 3, n° 504.

25. Bouclier décoré au repoussé (dessin, complété). Diam. : env. 40 cm. En très mauvais état, le bouclier avait laissé dans la terre une empreinte, qui a pu être photographiée, et assure l'exactitude du dessin ; seuls quelques

Fig. 25. — Bouclier crétois.

fragments sont conservés. L'élément principal du décor est constitué par deux frises, l'une de sphinx, l'autre de cerfs paissant, encadrées de tresses. C'est un des exemplaires assez anciens dans la série des «boucliers de l'Ida», certainement de fabrication crétoise, et du VIIIe siècle. Mais les rapports avec certains objets chypriotes sont indéniables : voir ici même la phiale n° 21.

Du sanctuaire d'Apollon. N° d'inv. : 6948 P. AMANDRY, *BCH* 68-69 (1944-1945), p. 45-49.

*
**

Les bronzes les plus séduisants, pendant la période archaïque et jusqu'au milieu du Ve siècle, sont les statuettes indépendantes, qui reflètent l'évolution de la grande sculpture. Au VIIe siècle, les bronzes montrent quelques-uns des plus beaux exemples de ce que les modernes appellent le style dédalique. Au VIe, mieux encore que la sculpture de marbre, les statuettes de bronze permettent d'identifier les productions et les styles des diverses régions, et plus précisément, en Grèce du Sud et du centre, des différentes cités. Offrandes relativement modestes, elles témoignent de la fréquentation réelle du sanctuaire, et, à Delphes, de la consultation de l'oracle par des particuliers, alors que les grandes offrandes, trésors et groupes statuaires, dédiées par des peuples ou des cités, reflètent plutôt les ambitions et les rivalités politiques. Par exemple, au VIe siècle comme au VIIIe, les petits bronzes, statuettes et vases, montrent que les Lacédémoniens allaient volontiers à Olympie, mais très peu à Delphes, alors que les monuments construits par Sparte sont au moins aussi nombreux et riches à Delphes, jusqu'au groupe des Navarques qui commémore la victoire sur Athènes en 404. C'est dire l'importance des attributions et des jugements stylistiques, quelle qu'en soit, bien entendu, la part d'incertitude.

Rappelons d'abord les trois objets qui sont parmi les plus beaux bronzes de Delphes, signalés et reproduits, dans ce volume, à leur place logique, dans le chapitre consacré à la *favissa* où ils ont été découverts (p. 222-226). Le joueur d'aulos, certainement dédié par un vainqueur à cette épreuve des Jeux Pythiques, est un beau produit des ateliers de Corinthe, vers le début du Ve siècle. Le brûle-parfum, dont le drapé, d'une part, le visage de l'autre se laissent précisément comparer à des œuvres de marbre, a été fait à Paros, vers 460 ou 450 ; il est d'autant plus précieux que nous n'avons à peu près pas de bronzes des Cyclades de cette époque. Le groupe des deux athlètes, l'un couronnant l'autre, vainqueur au saut en longueur d'après les haltères qu'il tient, est un des derniers bronzes qui montrent, vers 450, les caractères propres des ateliers attiques ; c'est aussi un des rares groupes classiques dont la composition soit assurée.

26. Homme nu debout, les bras le long du corps. Haut. : 19 cm. Il porte un ceinturon sur la peau. Son visage à la structure géométrique, sa chevelure traitée en bourrelets superposés sont caractéristiques du style dédalique, dont c'est l'un des chefs-d'œuvre. Il date du 3ᵉ quart du VIIᵉ siècle. Malgré la souplesse, tout à fait exceptionnelle, du traitement du corps, il est probable que c'est une œuvre crétoise.

Nº d'inv. : 2527. *FD* V 2, nº 172.

27. Jeune homme nu debout, les mains le long du corps («couros»). Haut. cons. : 15,3 cm. C'est une œuvre caractéristique de la Grèce de l'Est, plutôt de la côte ionienne (Milet?) que des îles proches. La structure du visage est assez voisine de quelques têtes de marbre, mais aussi d'ivoires d'Éphèse. La datation est plus difficile, car le peu d'intérêt que les artistes de cette région portent au traitement musculaire ôte une part des éléments de jugement ; entre 590 et 570, a-t-on proposé.

Nº d'inv. : 2846. *FD* V 2, nº 179.

28. Jeune homme nu debout, les bras pliés. Haut. cons. : 21 cm. Le corps est longiligne, la tête assez volumineuse, la musculature discrètement indiquée. Il porte une «couronne de perles», au-dessous de laquelle pendent de longues mèches. Le visage plein est apparenté à celui de bronzes laconiens, mais le parallèle le plus précis, un banqueteur d'Olympie, est probablement de Tarente. 3ᵉ quart du VIᵉ siècle.

Nº d'inv. : 3674. *FD* V 2, nº 180.

29. Personnage juvénile, nu, en action : il fait une grande enjambée, en tendant les deux bras dans la même direction. C'est certainement Apollon, dans une scène qui fait partie du répertoire delphique (voir le fronton du trésor de Siphnos, ci-dessus) : sa lutte avec Héraclès qui veut lui dérober le trépied oraculaire. Haut. : 21 cm. Il s'agit donc d'un des rares éléments de véritable groupe statuaire du Vᵉ siècle que nous puissions restituer. La vue principale de l'Apollon est son profil droit ; Héraclès devait être dans une pose symétrique, le trépied formant l'axe de la composition. La statuette, malgré l'usure, est d'une qualité exceptionnelle. Le visage comme le corps, très proche d'athlètes de l'Acropole d'Athènes, permettent d'y voir une œuvre attique, de 480-470 environ.

Nº d'inv. : 2939. *FD* V 2, nº 197.

30. Vache marchant ; le bas des pattes a été très maladroitement restauré. L. : 36 cm. La statuette a été coulée en creux, dans un moule en deux parties, ce qui est rare, avec un noyau également en deux parties, ce qui est tout à fait exceptionnel. Sur le front, une étoile gravée. Le modelé, vivant mais sobre, permet de situer l'œuvre au 1ᵉʳ quart du Vᵉ s. Sauf à l'Héraion d'Argos, l'offrande d'une statuette de vache est rare.

Nº d'inv. : 3742. *FD* V 2, nº 208.

C'est surtout dans le Péloponnèse, puis en Grande Grèce, qu'on a fait des vases de bronze à l'époque archaïque. Comme pour les statuettes, on peut identifier la production de quelques centres, la Laconie surtout dans

STATUETTES ET PETITS OBJETS 163

Fig. 26-28. — Statuettes masculines.

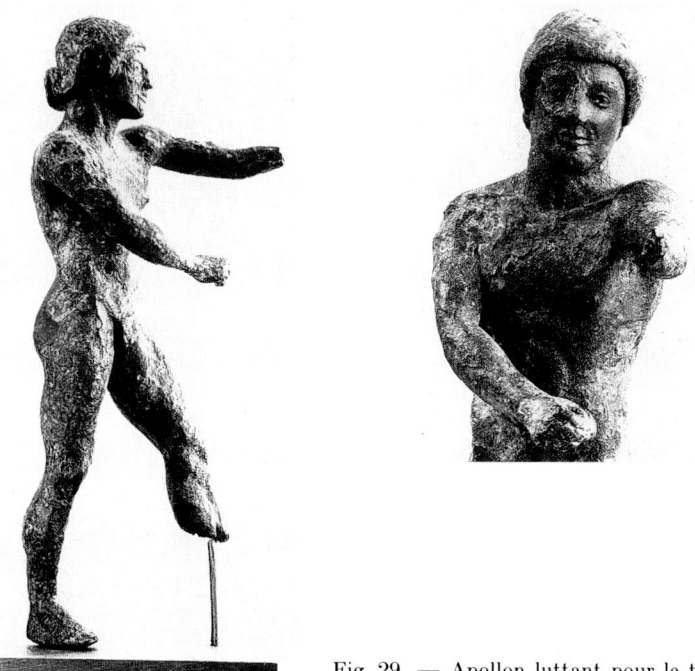

Fig. 29. — Apollon luttant pour le trépied.

Fig. 30. — Statuette de vache.

STATUETTES ET PETITS OBJETS 165

Fig. 31. — Aryballe miniature.

Fig. 32. — Pied de grand vase.

la première moitié du vi[e] siècle, Corinthe dans la seconde, au moins pour quelques formes caractéristiques, ou quand un décor figuré permet des comparaisons avec les statuettes. L'état de conservation des fragments de Delphes ne le permet pas toujours.

31. Aryballe piriforme miniature. Haut. : 5,8 cm. Stries incisées à mi-hauteur ; au même niveau, arrachement circulaire de l'anse, qui était faite à part. Mise à part l'anse, qui s'attache plus haut sur les exemplaires d'argile, c'est exactement un vase protocorinthien du milieu du 3e quart du viie s.

N° d'inv. : 3433. *FD* V 1, n° 436.

32. Pied de lion, du support d'un très grand vase, bassin ou cratère. Dim. max. : 25,5 cm. La patte reposait sur un support en forme de rocher. Elle porte une large couronne circulaire ; à droite et à gauche, à la hauteur de la naissance des doigts, on a le départ d'une autre couronne, plus étroite. La structure générale est celle des nombreux supports à trois pieds de lion, de toutes tailles, mais celui-ci est particulièrement lourd et complexe, sans qu'il

Fig. D. — Support d'un cratère de Trebenischte, Musée National de Belgrade ; photo Cl. Rolley.

soit possible de restituer l'ensemble. Le meilleur parallèle, qui reste approximatif, est le support, entièrement conservé, d'un des cratères à volutes découverts à Trebenischte, près du lac d'Ochrid, qui date de la fin du vɪ° siècle. Mais celui-ci est complet parce qu'il avait été déposé dans une tombe, alors que, dans les sanctuaires, nous n'avons en général que des morceaux épars. Ici, l'aplatissement des deux doigts centraux, trop régulier pour être fortuit ou accidentel, suppose un montage plus complexe qu'à Trebenischte. D'après le modelé général, le pied de Delphes doit dater de la fin de l'époque archaïque.

Sans n°. Cl. Rolley et G. Rougemont, *BCH* 97 (1973), p. 515 à 517.

33. Anse verticale, avec une partie de l'embouchure. Haut. : 17 cm. Il s'agit d'une œnochoé à embouchure trilobée. L'anse, en trois bourrelets, se termine en bas par une palmette très courte, surmontée de deux serpents qui encadrent une tête de chouette. L'attache supérieure est faite de deux demi-bobines encadrant la tête et les pattes avant d'un lion. La tête est d'un travail très soigné. Il reste, à l'intérieur de l'embouchure, quelques lettres d'une inscription gravée, qui ne peut être qu'une dédicace. L'anse est originale ; elle a un parallèle précis, découvert au temple de Bassae, en

STATUETTES ET PETITS OBJETS 167

Fig. 33. — Anse d'œnochoé.

Fig. 34. — Applique décorée d'une silhouette féminine.

Arcadie. L'allure de la tête de lion et le dessin de la palmette à larges feuilles arrondies poussent à la dater au plus tard du milieu du VIe s. Probablement Péloponnèse du Nord-Est.

Du sanctuaire d'Athéna (Marmaria). N° d'inv.: 4456. *FD* V 1, n° 393; voir Th. WEBER, *Bronzekannen* (1983), n° C 2.

*
**

L'époque archaïque, surtout le VIe siècle, est celle où les objets de bronze décorés sont les plus variés, et souvent de très bonne qualité. A en juger par les vases peints, toutes sortes de meubles, trônes et coffres en particulier, comportaient des appliques de métal, que nous découvrons isolées, ce qui ne permet pas toujours d'en déterminer la fonction précise.

34. Plaque de tôle décorée au repoussé, avec détails gravés. Dim. : 15,8 × 6,2 cm. Elle figure une femme de profil, enveloppée dans une tunique et un manteau. Sur ses cheveux soigneusement coiffés, elle porte une guirlande : il s'agit d'une participante à une procession. Le style est exactement celui des plus beaux vases corinthiens du «corinthien moyen», c'est-à-dire du premier quart du VIe siècle.

Du sanctuaire d'Athéna (Marmaria). N° d'inv. : 5288. R. DEMANGEL, *Sanct. Ath. Pronaia*, p. 95, et *BCH* 45 (1921), p. 309 à 315.

35. Applique coulée : Ulysse ou un de ses compagnons sous le bélier. L. : 9,1 cm. Les deux rivets de fixation à un meuble sont conservés. Il y avait certainement plusieurs appliques semblables, montrant Ulysse et ses compagnons s'échappant de la caverne de Polyphème. L'allure du personnage, surtout sa tête, permettent une datation dans la 2e moitié (3e quart?) du VIe s.

Du sanctuaire d'Apollon. N° d'inv. : 2560. *FD* V 1, n° 680.

36. Manchon et protome de serpent, coulés en creux. Dim. max. cons. : 26 cm. On voit l'arrachement d'une protome symétrique de celle de serpent, mais d'un autre type, puisque la section n'était pas circulaire. Le manchon était enfilé sur une grosse tige verticale, où il était fixé par un clou ou une cheville ; il pourrait s'agir d'un grand candélabre. Le serpent a des écailles gravées, une barbe, une langue faite de trois fils juxtaposés, et un bouton, brisé, sur la tête. Le travail de la tête, très soigné, est de la 1e moitié du Ve s.

N° d'inv. : 9420. Cl. ROLLEY et G. ROUGEMONT, *BCH* 97 (1973), p. 520-521.

37. Fibule à plaque. Il manque un angle de la plaque et l'ardillon. L. : 14,8 cm. Une fibule aussi lourde ne peut être que votive. Sur la plaque, d'un côté, on voit assez bien, malgré l'usure, un sphinx, avec une aile très courte, et une coiffure plate, de profil vers la droite. Au revers, motifs géométriques. L'orientation du sphinx montre que la fibule était portée, ou accrochée, avec la plaque en haut. On a fait des fibules à plaque en Béotie et en Thessalie. Ce type est thessalien ; il faut restituer une pointe moulurée à l'angle manquant

Fig. 35. — Applique : Ulysse sous le bélier.

Fig. 36. — Manchon avec tête de serpent.

Fig. 37. — Fibule à plaque
décorée d'un sphinx.

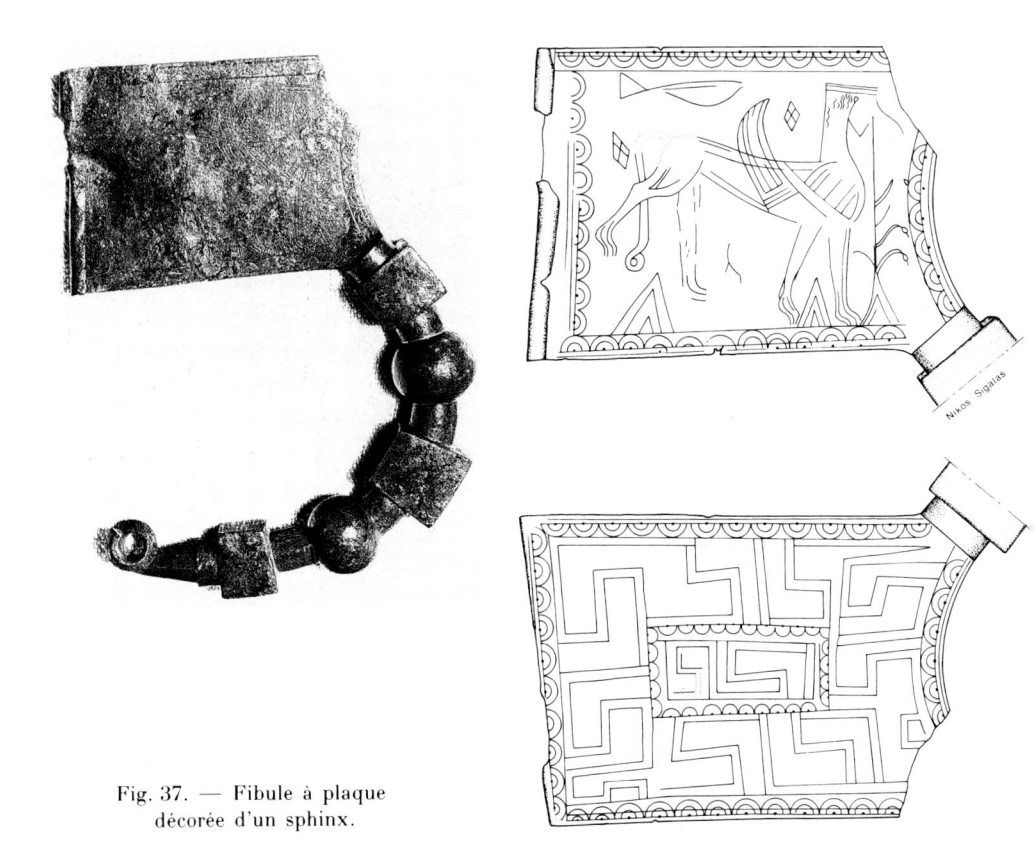

de la plaque. viie s. Sur ces fibules, voir Kl. Kilian, *Fibeln in Thessalien*, *Präh. Bronzefunde* XIV 2 (1975).

Du sanctuaire d'Athéna (Marmaria). Sans n°. *FD* V 1, n° 599.

*
* *

Les armes, casques, jambières, lames et talons de lances, sont très nombreuses à Delphes. Commémorations de victoires, remportées plus souvent sur des Grecs que sur des Barbares, c'étaient certainement, aux yeux des Anciens, les plus importants des objets de bronze dédiés dans le sanctuaire. A Delphes, peu sont décorées ; nous n'avons pas l'équivalent des jambières à décor au repoussé ou des emblèmes de boucliers d'Olympie.

STATUETTES ET PETITS OBJETS 171

Fig. 38-39. — Casques corinthiens.

38. Casque corinthien de forme ancienne : il n'épouse pas la forme de la nuque, et le nasal est embryonnaire. D'autre part, il comporte au sommet les deux filets, encadrant le panache — disparu — qui caractérisent surtout le type de Grèce du Nord dit illyrien ; cet emprunt se trouve sur un petit groupe de casques anciens (voir E. Kunze, 7ᵉ *Bericht* d'Olympie [1961], p. 59 à 77). Haut. : 23 cm. 1ᵉ quart du VIIᵉ s.

Du sanctuaire d'Apollon. N° d'inv. : 3097. *FD* V 1, n° 493.

39 Casque corinthien plus récent. Les trous de fixation du panache sont visibles au-dessus. L. : 25 cm. Décor en léger relief, venu de coulée, sur le pourtour : un rang de languettes et un rang de postes. Sur le frontal, décor gravé : deux lions encadrant un coq ; le dessin des lions date le casque de la fin du VIIᵉ s. (E. Kunze). Un certain nombre de casques corinthiens archaïques ont un décor animal, plus souvent sur les garde-joues que sur le frontal. L'appellation «casque corinthien» des modernes vient de la fréquence de ce type sur la céramique corinthienne. Le lieu de fabrication principal se situe en effet dans le Péloponnèse du Nord-Est, mais plutôt à Argos qu'à Corinthe.

Du sanctuaire d'Apollon. N° d'inv. : 1842. *FD* V 1, n° 698 (avant nettoyage); P. Amandry, *BCH* 73 (1949), p. 439-440 ; E. Kunze, 7ᵉ *Bericht* d'Olympie, surtout p. 104-105.

40. Bande décorative de bouclier, en tôle décorée au repoussé. L. : 39 cm. Dans les boucliers luxueux, l'arceau (cf. ci-dessous, p. 188-189, n° 53) où l'hoplite passait l'avant-bras, à l'intérieur du bouclier, était encadré par deux bandes de cuir, éventuellement revêtues de tôle de bronze, souvent décorées, dont on a trouvé de nombreux exemplaires à Olympie, quelques-uns ailleurs. Le répertoire de ces bandes est varié : les artisans disposaient d'un certain nombre de matrices qu'ils agençaient de façon diverse. On a ici cinq scènes qui, sauf la troisième, sont courantes, avec des variantes d'un exemplaire à l'autre. Ce sont, du centre du bouclier vers la palmette : la naissance d'Athéna, sortant du crâne de Zeus assis, entre Héphaistos et Eilythie ; le combat entre Achille et la reine des Amazones Penthésilée (on lit clairement le début du nom de celle-ci ; les inscriptions sont rares sur ces bandes) ; la quatrième scène montre Ajax s'emparant de Cassandre, qui saisit le Palladion, avec un lézard entre les deux personnages, scène de la prise de Troie fréquemment représentée ; enfin, on voit Héraclès et le triple Géryon. La troisième scène évoque le schéma de l'hoplite emmenant une femme qu'il tient par le poignet ; mais ici la main gauche de l'homme tient une sorte de lacet et on voit, juste à côté, une zone striée, énigmatique ; il n'y a place que pour deux personnages, contrairement à ce que pensait E. Kunze. Ces bandes sont pour la plupart du 2ᵉ et du 3ᵉ quart du VIᵉ siècle, et péloponnésiennes, peut-être d'Argos. Voir E. Kunze, *Archaische Schildbänder*, 2ᵉ t. des *Olympische Forschungen* (1950) ; de très nombreux exemplaires découverts depuis 1950 à Olympie sont publiés par P. C. Bol, 17ᵉ t. de la même collection (1989).

N° d'inv. : 4479. *FD* V 1, n° 674.

*
**

Fig. 40. — Bande décorative d'un bouclier.

Fig. 42. — Statuette d'Athéna.

Fig. 41. — Statuette de jeune homme.

Nous regroupons enfin l'ensemble des bronzes postérieurs, à peu près, à l'époque du Parthénon. Les statuettes, peu nombreuses, restent, à Delphes, des offrandes pendant l'époque hellénistique; il n'est guère possible d'en juger pour les quelques statuettes romaines, où il y a une Artémis et une Isis. Les vases, en général, sont, à partir du IVe siècle, souvent déposés dans des tombes, même en Grèce centrale, alors que, au VIe siècle surtout, cette coutume n'était en usage qu'en Grèce du Nord et en Grande-Grèce. Nous avons dit que, à regarder l'ensemble des bronzes de Delphes, on n'y observe pas la coupure qui est très nette à Olympie, où on n'a guère, à partir du IVe siècle, que quelques groupes très circonscrits de bijoux.

41. Jeune homme nu debout. Haut. cons. : 18 cm. La pose et le modelé, bien

STATUETTES ET PETITS OBJETS 175

Fig. 44. — Couvercle de miroir.

Fig. 43. — Hydrie funéraire.

visible malgré l'usure de surface, situent la statuette tout près des œuvres récentes de Polyclète : ce pourrait être un des rares petits bronzes polyclétéens réellement contemporains du grand sculpteur, vers 430-420. Il représente un athlète faisant une libation.

N° d'inv. : 1664. *FD* V 2, n° 202.

42. Athéna. Haut. : 11,5 cm. L'égide forme une sorte de châle sur l'épaule gauche, avec un petit Gorgoneion. Les deux bras sont très écartés, la main droite tenant la chouette. Ce type précis est attesté dans plusieurs provinces de l'Empire romain, de l'Asie Mineure à la Gaule ; cf. St. Boucher, *Recherches sur les bronzes figurés de Gaule préromaine et romaine* (1976), surtout p. 139-140. IIe s. après J.-C.

N° d'inv. : 1158. *FD* V 2, n° 295 ; *FD* V 3, p. 9.

43. Hydrie. Elle servait d'urne funéraire dans une tombe, sous le Musée. Haut. : 38,5 cm. Le pied est un disque, coulé à part et soudé, comme le sont les anses ; le corps est martelé. Cette forme assez lourde est des environs du milieu du Ve siècle ; c'est l'époque où beaucoup d'hydries sont faites pour servir d'urnes cinéraires.

N° d'inv. : 8592. *ArchDelt* 18 B (1963), p. 130.

44. Miroir du type dit «à boîte». Il manque la charnière et l'anneau de

176 LES BRONZES

Fig. 45. — Anse d'œnochoé.    Fig. 46. — Anse d'amphore.

suspension. Diam. : 10 cm. Le miroir comporte les trois éléments habituels : le disque, réfléchissant sur une face, le couvercle, et le relief au repoussé, soudé sur le couvercle. Une tête de femme de profil, qu'il n'y a aucune raison d'appeler Aphrodite, est le motif le plus courant pour ces reliefs. Vers 300 ; peut-être de fabrication corinthienne.

D'une tombe près du Musée. N° d'inv. : 4332. *FD* V 1, n° 547.

45. Anse d'œnochoé (plutôt que d'amphore, car il y a un poucier). Haut. : 10,8 cm. Décor géométrique très usé sur l'anse elle-même et le poucier. A l'attache inférieure, tête de Satyre très soignée, mais totalement dissymétrique ; une oreille est horizontale, l'autre verticale. Début de l'époque hellénistique.

Du sanctuaire d'Apollon. N° d'inv. : 2851. *FD* V 1, n° 401.

46. Anse d'amphore. Haut. : 12,5 cm. L'attache inférieure porte une tête juvénile, d'Amour plutôt que de jeune Satyre, à en juger par le nœud de cheveux au-dessus du front. Sur l'anse, en fort relief, une corbeille d'où sortent trois fruits, et une tête féminine de profil (masque de théâtre ?). Il s'agit d'un travail romain. Cette forme de vase à deux anses, avec un corps pansu très large et un col vertical court et étroit, est connu en Campanie et en Gaule. Italie (Campanie ?), I[e] ou IIe s. ap. J.-C.

N° d'inv. : 1159. *FD* V 1, n° 410.

STATUETTES ET PETITS OBJETS

Fig. 48. — Applique de lit.

Fig. 49. — Lampe avec personnage grotesque.

178   LES BRONZES

Fig. 50. — Poids.

Fig. 47. — « Bouteille » globulaire.

47. « Bouteille » globulaire, coulée. Haut. : 10 cm. Sur la panse, décor en deux zones, de cercles concentriques en fort relief. Sur l'épaule, deux trous, où on pouvait passer deux crochets pour la suspension. Ces récipients, qui ont la forme de l'aryballe sphérique archaïque et classique, datent de l'époque impériale, mais il y a des intermédiaires hellénistiques (cf. *BCH Suppl.* III, p. 116-117 et fig. 57).

N° d'inv. : 1156. *FD* V 1, n° 441.

48. Applique de lit *(fulcrum)*, coulée : avant-train de lévrier. Dim. max. : 25 cm. Une partie de la patte, faite à part et rivée, est conservée ; l'oreille, qui était faite de la même façon, a disparu. Trois trous au bord, de clous de fixation. Quoiqu'elle ne soit pas plane à l'arrière, cette applique, par sa forme, ne peut être qu'un des premiers exemples des décors de têtes et pieds de lits hellénistiques et surtout romains, auxquels les modernes donnent leur nom latin de *fulcra*. Dès le début, le motif le plus fréquent est la mule couronnée de lierre : il s'agit de lits de banquets, chez les Romains quelquefois de lits funèbres ; dans les deux cas, la présence de cet animal dionysiaque est normale. Mais on a quelques exemples de chiens. Le modelé de celui-ci, et d'un exemplaire symétrique de Delphes, coupé plus haut (pour l'autre extrémité du même lit ?) semble encore classique. Si on le date de la 1e moitié du IVe s., comme on est tenté de le faire, c'est la première applique de lit connue.

Du sanctuaire d'Apollon. N° d'inv. : 3088. *FD* V 1, n° 681.

49. Lampe figurée : personnage grotesque. Haut. : 9 cm. L'arrachement d'un anneau de suspension était visible avant nettoyage. Il manque la plaque qui fermait le socle en dessous. Le personnage assis est un Noir ou un Pygmée, l'un et l'autre type étant courants dans les bronzes «grotesques» de l'art alexandrin. Le phallus démesuré, qui sert ici de bec à la lampe, fait partie du répertoire. Orifice de remplissage dans le dos. L'objet lui-même est probablement d'époque hellénistique tardive (IIe ou Ier s. av. J.-C.).

N° d'inv. : 1160. *FD* V 1, n° 617.

50. Poids. Dim. : 7,8 × 8,8 cm ; poids : 1 116 g. Lettres peu soignées, en fort relief : d'un côté IEPAMM, c'est-à-dire ἱερὰ διμνᾶ, «double mine sacrée», de l'autre EY, peut-être le début du nom d'un magistrat responsable. On a, à Delphes, un second poids, identique à celui-ci. A Athènes, on connaît la forme διμνοῦν, au neutre, pour désigner la double mine, équivalent du statère. Les poids de l'Agora d'Athènes, qui sont la plus riche série publiée, montrent, à la suite de nombreuses réformes, portant sur le nombre de drachmes que comporte le statère, des valeurs du statère s'échelonnant de 750 à 1 570 g. Les valeurs les moins éloignées de celui-ci — mais nous sommes à Delphes, pas à Athènes — sont de l'époque hellénistique, ce que ne contredirait pas la forme des lettres.

N° d'inv. : 1669. *FD* V 1, p. 209, n° 709.

Claude ROLLEY.

L'AURIGE

51. Les fragments sculptés en bronze appartenant au groupe de l'Aurige ont été découverts du 28 avril au 9 mai 1896, sous une maison moderne construite à l'emplacement d'une terrasse antique qui s'appuyait sur le gros mur de soutènement dit *Ischégaon*, entre la niche dite de Cratère à l'Ouest et un énorme bloc de rocher à l'Est. On mit alors au jour les éléments constitutifs de la statue, trois membres de cheval (deux membres postérieurs, un droit et un gauche, et un sabot antérieur gauche avec le paturon et le boulet), une queue de cheval, plusieurs petits fragments du char et du harnachement (un morceau du timon, un du joug, un de la rampe, un rayon de roue, un demi-coussin de garrot), enfin un bras gauche d'adolescent tenant une courroie dont l'attache est brisée. Outre ces bronzes a été retrouvé un bloc en calcaire du Parnasse, inscrit sur sa face antérieure, qui faisait partie du socle portant les chevaux et le char. La cohérence de ces divers documents est assurée par la communauté de technique, qui distingue les bronzes d'autres vestiges reparus dans le même secteur, et par les scellements pour sabots de chevaux que présente la face supérieure du bloc inscrit.

La base du groupe peut être reconstituée avec vraisemblance à partir du seul bloc conservé. Il était relié à droite et à gauche à deux blocs jointifs (perdus) par des scellements horizontaux en forme de queue d'aronde peu accentuée. La face supérieure portait trois scellements verticaux, cavités cylindriques où des tiges de bronze verticales avaient été fixées avec du plomb. C'est ainsi qu'on scellait sur leur socle les membres des quadrupèdes en bronze, chevaux ou bovins. Le scellement du milieu a été endommagé après la découverte, quand les responsables du musée, pour présenter la statue sur un socle moderne de forme cylindrique, ont fait creuser, pour y encastrer ce socle, une cavité circulaire sur la face supérieure du bloc inscrit. En revanche les traces encore visibles autour du scellement placé le plus en retrait correspondent à celles qu'aurait laissées un sabot antérieur de cheval, posé à plat, face au spectateur ; leur forme et leurs dimensions coïncident avec celles du sabot antérieur conservé. La comparaison avec les autres bases grecques pour des quadriges de bronze permet d'affirmer que le bloc a porté l'antérieur gauche du cheval extérieur droit d'un quadrige (scellement de gauche pour le spectateur) et les deux sabots antérieurs du cheval timonier droit. L'usage constant, sur les peintures de vases et les reliefs, est de figurer,

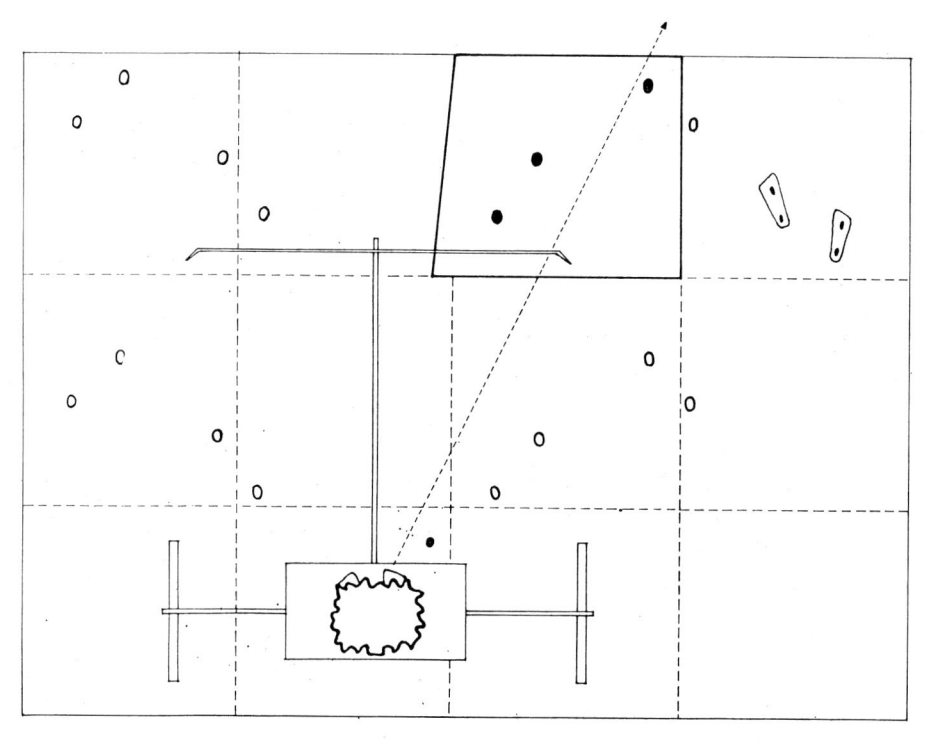

Fig. E. — Reconstitution de la base de l'Aurige.

dans un quadrige à l'arrêt ou allant au pas, les deux chevaux extérieurs légèrement décalés vers l'avant par rapport aux chevaux timoniers : ceux-ci sont en effet reliés au timon par un joug, tandis que les chevaux extérieurs ne sont attelés que par des traits, qui leur laissent plus de liberté. On peut donc considérer que le char de l'Aurige se présentait face au spectateur, sur un socle formé probablement, pour son assise supérieure, de quatre blocs de front, d'autres complétant le socle vers l'arrière. Comme le bloc de gauche (pour le spectateur) ne portait qu'un demi-cheval, la place libre pouvait être occupée par un jeune valet d'écurie aidant à maintenir l'attelage en tenant de la main gauche une courroie fixée au mors du cheval extérieur droit. C'est à ce personnage qu'appartiendrait le bras d'adolescent retrouvé avec les autres fragments. Le dessin de la fig. E propose une reconstitution de l'ensemble à partir de ces données.

Les chevaux et le char : Dans une offrande qui rappelait une victoire hippique, l'artiste était attentif à reproduire attentivement; il en était de même lorsqu'il représentait fidèlement la victime d'un sacrifice, dont l'image, consacrée dans un sanctuaire, devait sauver de l'oubli le geste pieux du dédicant. L'art animalier, chez les sculpteurs grecs, a été constamment sollicité par ces commandes. Dans les misérables débris du quadrige, le soin apporté au rendu du détail réaliste est évident. Le modelé est précis (tendons, veines, cals dits «châtaignes»). L'aplomb des membres est excellent. Un délicat travail du burin souligne le contour des sabots, leur couronne de poils, les crins de la queue. Pour un public de connaisseurs, l'évocation vivante de l'attelage et la reproduction rigoureuse du char étaient aussi importants que la statue du cocher.

L'aurige : Ce terme latin, employé par les fouilleurs au moment de la découverte, est resté en usage, au lieu du français «cocher» ou du grec *hèniochos*. Le jeune homme, haut de 1,80 m, est vêtu de la longue tunique *(xystis)* que les cochers portaient en course. Il lui manque seulement le bras gauche, un éclat sur la hanche droite, un fragment de la ceinture (sur l'arrière) et le cordonnet qui maintenait le haut de la *xystis*. C'est une des très rares statues de bronze bien conservées qui soient parvenues jusqu'à nous pour cette période de l'art grec. Le cocher se tenait debout, les pieds bien à plat, sur la plate-forme du char, d'où il maintenait fermement son attelage à l'aide des rênes, quatre dans chaque main, dont trois sont conservées dans la main droite, qui tenait aussi l'aiguillon *(kentron)*, qui est perdu. Autour de sa tête, il a ceint le bandeau de victoire, dont les pans retombent sur sa nuque. Le groupe représentait le quadrige vainqueur, tel que le public avait pu le voir juste après l'arrivée de la course. Aucun indice n'impose de restituer sur le char, à côté de l'Aurige, un autre personnage, par exemple le propriétaire du quadrige, comme il apparaissait sur d'autres monuments de ce type.

La technique du bronze est celle de la «cire perdue», qui était alors d'usage courant. On peut l'étudier en détail, y compris par l'intérieur, puisque la statue se démonte en deux parties principales à hauteur de la ceinture. Chacune de ces deux parties était composée de plusieurs éléments, fondus à part et ensuite réunis soit par des soudures parfaitement invisibles du dehors (mais parfois sensibles au doigt ou à l'œil depuis l'intérieur, en particulier pour le cou et la calotte crânienne), soit par des ajustages (bras dans les emmanchures, pieds sous le bas de la *xystis*). La ceinture, rapportée, masquait le raccord entre le bas et le haut du corps. La fonte était épaisse (jusqu'à 13 mm), comme il convenait pour une offrande exposée à l'air libre et aux intempéries. Les défectuosités de l'épiderme du bronze après coulage avaient été corrigées au moyen de petites pièces de bronze rapportées par martelage, avec tant de soin qu'elles ne sont reconnaissables que là où elles ont sauté

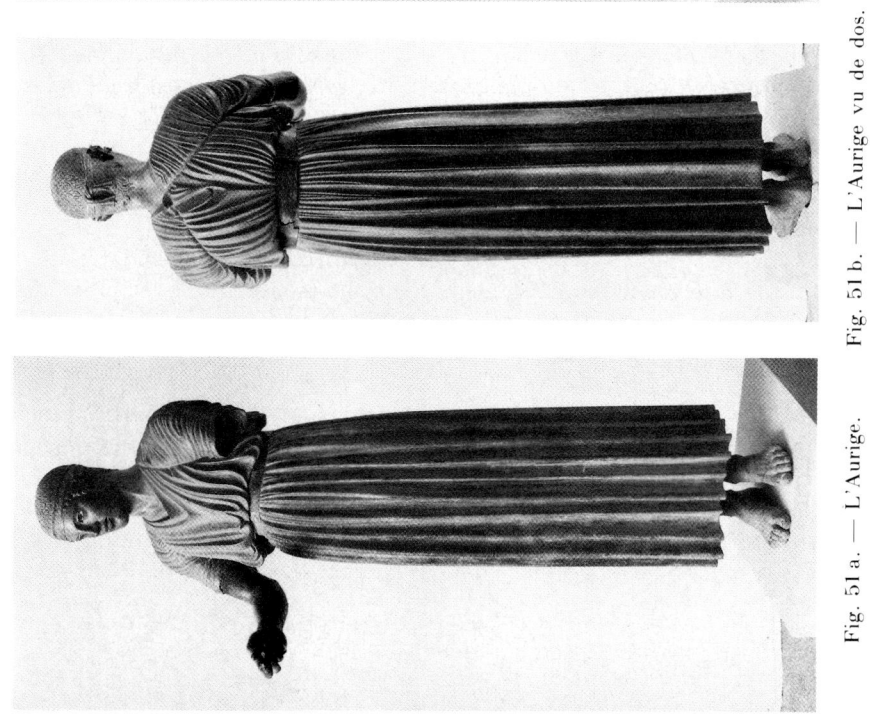

Fig. 51 a. — L'Aurige.

Fig. 51 b. — L'Aurige vu de dos.

Fig. 51 c. — Détail du buste.

après coup. Des clous de bronze, encore apparents à l'intérieur où ils font saillie, avaient aussi servi pour ces petites réparations. Un travail attentif du burin, exécuté à froid, accentuait le détail des formes. Plusieurs éléments étaient rapportés en d'autres matières que le bronze : les yeux (pâte blanche et pierre de couleur), les dents (argent), le décor incrusté du bandeau (cuivre et argent). La patine verte actuelle est l'œuvre du temps : l'aspect original était celui du bronze neuf, avec son éclat doré, où les délicates ciselures, qu'aucune patine ne masquait, donnaient à l'œuvre son suprême raffinement.

Le style correspond à ce que nous savons du «style sévère», qui se développe dans le monde grec entre les guerres Médiques et les premiers chefs d'œuvre de Phidias (approximativement de 485 à 455). L'analyse, qui peut être poussée dans l'extrême détail, révèle que le sculpteur, qui était parfaitement maître de sa technique, l'était aussi de son art. Il a construit la statue en usant de rapports arithmétiques et géométriques simples (répartition des plis dans la moitié inférieure de la *xystis* ou des bouclettes autour des oreilles) dont il dissimule habilement la rigueur en y introduisant des variations concertées. L'observation soigneuse du modèle naturel est sous-tendue par un souci fondamental de l'équilibre des formes et des masses. Les deux notions de «rythme» et de «symétrie» que Pline l'Ancien, d'après des sources hellénistiques, notait dans les chefs d'œuvre du «style sévère» traduisaient peut-être ce genre de recherche. Quoi qu'il en soit, le jeu combiné du réalisme et de l'abstraction se manifeste ici avec une force singulière. Nous connaissons trop mal la personnalité des grands sculpteurs de cette époque pour proposer fermement d'attribuer l'Aurige à une école, encore moins à un grand maître : tout au plus constate-t-on des analogies assez frappantes, surtout pour la tête, avec les œuvres attiques que l'on groupe autour du nom de Critios, l'auteur des Tyrannoctones.

L'inscription : Le bloc de la base porte sur sa face antérieure une inscription incomplète, sur deux lignes. On lit : [----Π] ολύζαλός μ' ἀνέθηκ[εν--- | ---] ον ἄεξ' εὐόνυμ' Ἀπολλ[ον]. La métrique montre qu'il s'agit de la seconde moitié de deux hexamètres. Πολύζαλος est probablement un nom propre (de forme dorienne) : «Polyzalos m'a consacré». A la deuxième ligne, on restituera volontiers le pronom relatif τόν : «Accorde-lui ta faveur, ô glorieux Apollon!» La première moitié des deux vers ne peut être reconstitué avec certitude. Certains ont supposé qu'il s'agirait de deux distiques dont les vers 2 et 4 auraient été inscrits sur les mêmes lignes que les deux hexamètres : c'est une hypothèse indémontrable. Le nom de Polyzalos a été porté par un des tyrans siciliens Deinoménides, le frère cadet de Gélon et d'Hiéron. Il a pu gagner aux jeux Pythiques une victoire avec son quadrige, comme Hiéron le fit en 470. Pour cette

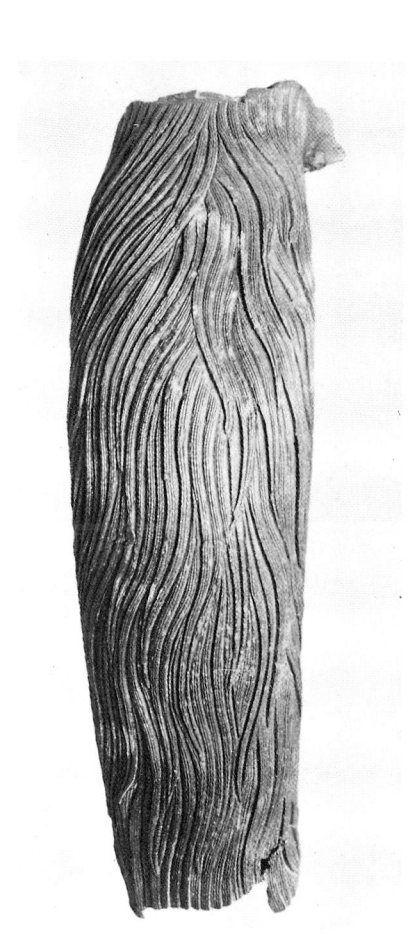

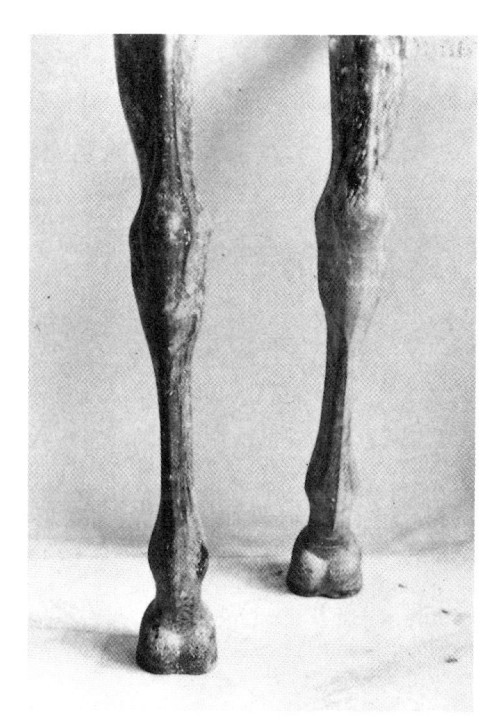

Fig. 51 e. — Membres postérieurs de cheval.

Fig. 51 d. — Queue de cheval.

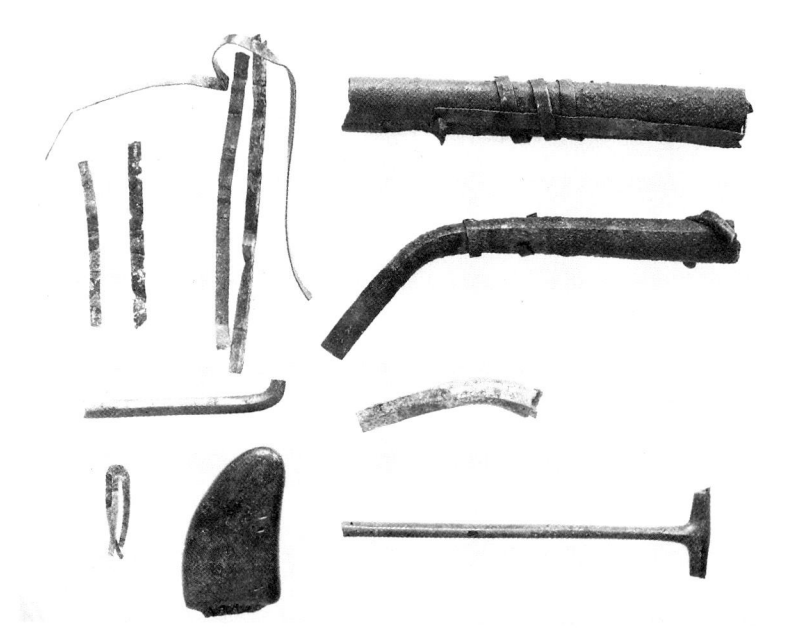

victoire, seuls conviendraient les dates de 478 et 474, pour lesquelles les noms des vainqueurs ne sont pas connus. Ces dates seraient en accord avec le style de la statue.

La première ligne de l'inscription a été regravée après effacement de la rédaction primitive. Mais l'ouvrier qui a pratiqué cette *rasura* n'a pas fait entièrement disparaître les lettres du premier texte, qu'un examen attentif permet de reconstituer. On déchiffre encore [- - -] ελας ἀνέ[θ]ε̄κε[ν] ἀ[ν]άσσ[ον]. Compte tenu de la césure, la restitution Γέλας est vraisemblable, puisqu'Hiéron, après Gélon, fut tyran de Géla avant de l'être à Syracuse : il peut avoir transmis à son cadet Polyzalos le gouvernement de Géla, quand lui-même fut devenu tyran de Syracuse à la mort de Gélon en 478. C'est en tant que régnant sur Géla, Γέλας ἀνάσσων, que Polyzalos aurait alors consacré l'Aurige après avoir remporté une victoire pythique. Entre la ligne 1, regravée, et la ligne 2, primitive, on remarque une nette différence d'écriture qui suggère que la seconde rédaction est sensiblement plus récente (plusieurs dizaines d'années?) que la première. Puisque le titre de « tyran de Géla » a été effacé, on peut conjecturer qu'après la disparition de la tyrannie en 466 les habitants de Géla, dans le cours du ve siècle, ont voulu faire disparaître cette mention, jugée par eux comme offensante, et l'ont fait remplacer par la simple indication du nom du décidant.

L'emplacement de l'offrande : Tous les fragments ont été retrouvés enfouis pêle-mêle, à des profondeurs différentes en arrière du gros mur de soutènement *(Ischégaon)* qui fut élevé dans la seconde moitié du ive siècle pour dégager la région de l'opisthodome du temple d'Apollon, qu'on allait reconstruire après la catastrophe de 373. Comme la majeure partie du groupe et de son socle n'étaient plus là, on peut penser que l'ensemble avait été détruit et entraîné sur la pente par un glissement de terrain brutal au cours de cette catastrophe. Les éléments conservés étaient restés dans la partie de la coulée de terre que l'on laissa en place lorsqu'on décida de la contenir au moyen de l'*Ischégaon*. Les autres fragments, emportés plus bas ou laissés en arrière, furent enlevés quand on déblaya le reste de la zone dévastée. Le groupe de l'Aurige devait se dresser primitivement quelque part dans la région Nord du sanctuaire, sur la pente qui dominait l'arrière du temple d'Apollon. L'état de conservation du bloc de la base, où les traces d'outil sont encore bien visibles, prouve qu'il n'est pas resté pendant des siècles exposé à l'érosion : la destruction du monument lors de la catastrophe de 373 en fournit l'explication.

Bibliographie : *FD* IV 5, F. Chamoux, *L'Aurige* (1955 ; 2e édition, 1990). — *FD* II, J. Pouilloux, *La région nord du sanctuaire* (1960) ; p. 89-92 et plan 14 ; *FD* III 4, J. Pouilloux, *Les inscriptions de la terrasse du temple et de la région nord du sanctuaire* (1976), p. 120-126, n° 452. — Cl. Rolley, *BCH* 114 (1990), p. 285-297.

François Chamoux.

STATUES DE BRONZE : FRAGMENTS DIVERS

La conservation de l'Aurige est exceptionnelle. Comme on sait, presque toutes les autres statues grecques de bronze que nous avons conservées ont été sauvées par le naufrage du navire qui les emportait. Mais, outre de nombreuses bases où la forme des encastrements prouve qu'elles portaient des statues de bronze, beaucoup de fragments attestent de la place que tenait, à Delphes comme dans toute la Grèce, la grande sculpture de bronze, beaucoup plus prisée que la statuaire de marbre, par la valeur de la matière comme à cause de la liberté de pose que permet le métal coulé. Les fragments de «grands bronzes» sont, à Delphes, beaucoup moins nombreux que dans le seul sanctuaire dont l'importance politique et religieuse soit comparable : celui de Zeus à Olympie. Les conditions de conservation, exceptionnelles à Olympie, sont très mauvaises à Delphes, à la fois parce qu'il y a eu un village sur l'emplacement du sanctuaire d'Apollon jusqu'en 1892, et parce que le ruissellement de l'eau sur une pente raide a fait alterner les moments d'humidité et les moments de sécheresse, ce qui entraîne une dégradation rapide du métal. Les fragments les plus nombreux sont des mèches de cheveux, presque toutes de la fin de l'archaïsme et de l'époque du style sévère : on faisait alors volontiers les mèches séparément, avant de les souder à la tête. Nous donnons ici, puisque l'Aurige suffit à représenter les offrandes des vainqueurs aux Jeux Pythiques, deux fragments de l'autre type principal : le héros ou le grand personnage en armes, dont il y avait beaucoup d'exemples parmi les diverses offrandes à sens directement politique. Nous y ajoutons un fragment de statue animale ; nous savons par Pausanias que les Corcyréens, pour remercier Apollon d'une pêche miraculeuse, avaient offert la statue en bronze d'un taureau de grandeur naturelle.

52. Panache de casque, d'une statue de taille naturelle. Brisé à l'arrière. Dim. max. : 57,2 cm ; largeur : 17,8 cm. Les deux faces sont identiques, avec un méandre fait de rubans de cuivre rouge enfoncés à force dans des rainures, et le panache proprement dit, dont les poils sont indiqués par des sillons tracés dans la cire, avant la coulée. Quand la statue était neuve, le cuivre du méandre était plus sombre que le reste. Le fragment servait de cale entre

Fig. 52. — Panache de casque.

Fig. 54. — Patte de bélier.

Fig. 53. — Arceau de bouclier.

deux assises de l'hémicycle des Rois d'Argos, construit en 369-368. La forme et le travail font penser en effet au Ve siècle. S'agirait-il d'une statue endommagée en 373?

N° d'inv. : 11679. J.-Fr. BOMMELAER, *BCH* 105 (1981), p. 463-474.

53. Arceau de bouclier, d'une statue de taille naturelle. Haut. max. : 16 cm. C'est l'arceau (en grec *porpax*), fixé à peu près au centre du bouclier, dans lequel l'hoplite passait l'avant-bras. Son poids (1,6 kg) assure qu'il s'agit d'un bouclier de statue, comme les deux statues découvertes à Riace, en Calabre, nous en donnent deux bons exemples, très voisins de celui-ci. Décor de filets cordés, encadrant une roue à quatre rayons, gravée ; sur chaque rebord, un croissant gravé. Il pourrait s'agir également d'une statue du Ve siècle.

N° d'inv. : 4142. *FD* V 1, n° 536.

54. Patte arrière droite d'un bélier, de taille naturelle. Haut. cons. : 16,8 cm ; fonte creuse en haut. Sur le côté externe, en haut, la toison est figurée en relief, en mèches enroulées au bout. La régularité du travail date le fragment de la fin de l'époque archaïque.

Du sanctuaire d'Athéna (Marmaria). N° d'inv. : 4406. *FD* V 2, n° 243.

Claude ROLLEY.

IV. LES FOSSES DE L'AIRE

Les objets qui sont exposés dans la salle dite du Taureau proviennent, à une demi-douzaine d'exceptions près, d'une seule trouvaille, faite en 1939. Ils sont pourtant de dates diverses, réparties sur trois siècles, de la fin du VIIIe siècle à la fin du Ve siècle avant l'ère chrétienne. Cette diversité s'explique par le fait qu'il s'agit d'ex-voto mis au rebut et enfouis pêle-mêle dans des fosses.

L'usage d'enterrer des ex-voto, soit pour faire place à d'autres, soit parce qu'ils avaient été endommagés, est bien attesté dans l'antiquité grecque. Comme les objets avaient été consacrés aux dieux, on ne les emportait pas hors du domaine sacré ; on les enterrait dans le sanctuaire même, soit dans des fosses creusées spécialement à cet effet (qu'on appelle habituellement des *favissae*), soit dans des remblais. C'est à cet usage qu'on doit la conservation de quelques-uns des chefs d'œuvre de la sculpture grecque. Par exemple, à Athènes, les statues archaïques de *corés*, renversées et brisées au moment de l'invasion perse de 480 avant Jésus-Christ, ont été jetées quelques années plus tard dans les terres de remblai derrière les murs de l'Acropole en cours de reconstruction. A Delphes même, les restes des statues des frontons du temple d'Apollon détruit en 373 av. J.-C. par un accident naturel (tremblement de terre, chute de rochers ou glissement de terrain) ont été enfouis dans la terrasse qu'on a aménagée au Nord du nouveau temple. C'est à la même catastrophe, ou à une autre semblable, qu'est due la conservation de l'Aurige.

Les *favissae* qu'on a découvertes dans divers sanctuaires n'ont livré le plus souvent que de modestes ex-voto de terre cuite, de bronze ou de fer. Sur ce point, les deux fosses découvertes à Delphes en 1939 sous le dallage de la voie sacrée contenaient aussi des masques de terre cuite, des ustensiles et des armes de bronze, des pointes de lance et des clous de fer. Mais on y avait jeté en même temps des œuvres d'exception quant à la matière, à la technique et à la qualité artistique : statues chryséléphantines, statue de taureau en argent, figurines d'ivoire, statuettes de bronze.

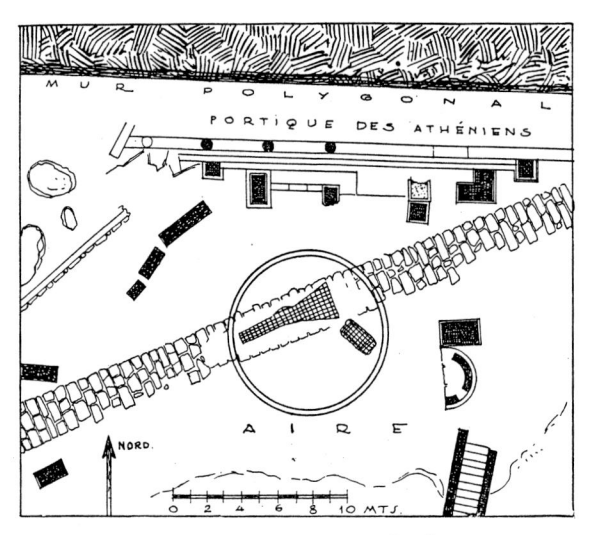

Fig. 1. — Plan de l'Aire et des fosses.

Dès les premières années de l'exploration du sanctuaire d'Apollon Pythien par l'École française d'archéologie d'Athènes, de 1892 à 1896, on avait remarqué que le dallage de la « voie sacrée » (nom qui fut donné par les archéologues au chemin pavé conduisant de l'entrée du sanctuaire au temple d'Apollon, mais qui n'apparaît dans aucun texte antique) était entièrement fait de pierres provenant de monuments du sanctuaire même. Il découlait de cette constatation que le sanctuaire était déjà au moins partiellement en ruines à l'époque du pavage. On avait alors pensé que le pavage datait de l'époque romaine, et on s'était borné à en extraire quelques blocs portant des inscriptions. Mais les progrès de l'étude des monuments mis au jour obligèrent à abaisser progressivement la date du pavage, jusqu'à ce que l'évidence s'imposât à l'esprit que jamais, même dans les derniers temps du culte d'Apollon, les pèlerins qui montaient vers le temple n'avaient foulé ces dalles, et que la « voie sacrée », dans l'état où les fouilles l'avaient rendue au jour, était en fait la rue principale de la petite ville, siège d'un évêché, qui, au Ve siècle et au VIe siècle, s'était bâtie dans les ruines du sanctuaire païen. Cette certitude acquise, il devenait nécessaire de dépaver intégralement la voie, afin de récupérer les pierres les plus importantes pour l'étude des monuments du sanctuaire, et d'explorer le sous-sol, pour vérifier si le dallage n'avait pas recouvert des restes plus anciens.

Ce programme fut exécuté en 1938 et 1939. La moisson fut riche en inscriptions et en éléments d'architecture, comme il était prévisible. Mais la fouille du sous-sol réservait une surprise, à quelques mètres en contrebas du grand mur polygonal et du portique des Athéniens qui y est adossé : dans le sol vierge, fait de terre rouge et de cailloutis, sur lequel le pavage reposait partout ailleurs, deux fosses s'ouvraient à cet endroit, pleines de cendres, de bois carbonisé et d'objets de toute sorte (fig. 1).

Le choix de cet endroit concourt avec d'autres indices à montrer que, au temps où la consultation de l'oracle et la célébration des Jeux Pythiques attiraient de nombreux pèlerins à Delphes, le tracé du chemin normal d'accès au temple ne coïncidait pas, dans la partie médiane du sanctuaire, avec celui de la voie pavée. Ce chemin contournait l'Aire (nom attribué dans des inscriptions à l'espace approximativement circulaire et libre de monuments qui s'étendait en avant de la partie orientale du mur polygonal), où se formaient les processions avant de monter vers le temple, et où l'on jouait un drame sacré représentant le meurtre par Apollon du serpent Python, premier possesseur des lieux selon certaines traditions. C'est dans le sol de cette Aire sacrée, au cœur même du sanctuaire, qu'on avait enfoui les restes d'ex-voto que la piété des fidèles avait consacrés à Apollon.

Une des fosses était de forme irrégulière ; sa longueur était de 5,70 m, sa plus grande largeur de 2 mètres, sa plus grande profondeur de 0,80 m. L'autre fosse était rectangulaire ; elle mesurait 1,50 m sur 0,80 m, et sa profondeur était de 0,70 m. Les dimensions des fosses, en particulier leur profondeur, paraissent faibles eu égard au nombre des ex-voto et au volume de quelques-uns d'entre eux. La présence d'une couche épaisse de cendres et de bois carbonisé fournit l'explication : les corps des statues chryséléphantines et de la statue de taureau plaquée d'argent étant en bois, on y avait mis le feu dans la fosse, et l'ensemble s'était affaissé à mesure que le bois se consumait. En outre, l'état dans lequel on a retrouvé les plaques d'argent montre qu'elles ont été intentionnellement écrasées et aplaties au fond de la fosse. On a dû aplatir de la même façon la tôle des récipients et des armes de bronze, dont les restes informes étaient agglomérés par l'oxydation.

L'enfouissement des ex-voto ne peut pas être mis de façon sûre en rapport avec un événement historiquement attesté, catastrophe naturelle ou fait de guerre. Le plus récent des objets approximativement datables, un bec de lampe en terre cuite (non exposé), date de 420 environ av. J.-C. Le séisme de 373 av. J.-C. a causé des catastrophes dans toute la région du golfe de Corinthe, la plus grave ayant été l'affaissement du rivage et l'immersion de la ville d'Héliké, sur la côte Nord du Péloponnèse. A Delphes même, d'autres monuments que le temple d'Apollon ont subi des dégâts, qui ont pu entraîner la mise au rebut des ex-voto qu'ils abritaient. Mais la cause de l'enfouissement des statues et des autres objets endommagés peut aussi bien se trouver dans un accident localisé, non enregistré dans les annales, qui se serait produit avant la fin du ve siècle av. J.-C. Une soixantaine d'années plus tard, au milieu du ive siècle av. J.-C., les Phocidiens en guerre ont fait fondre, pour payer leurs troupes, les offrandes en métal précieux du sanctuaire delphique (cratères d'or et d'argent de Crésus, trépieds d'or de Platées et de Syracuse, etc.). Ils n'ont pas essayé de récupérer l'or et l'argent enfouis dans le sol de l'Aire, ce qu'ils auraient pu être tentés de faire si l'enfouissement était de date récente et encore présent dans les mémoires. Mais peut-être ni le poids des feuilles d'or qui ornaient les statues chryséléphantines ni celui des plaques d'argent du taureau ne justifiaient l'entreprise, quand on avait à portée de la main les grands cratères et les cuves des trépieds.

Les fosses de l'Aire ont été découvertes au mois de mai 1939. L'inventaire des trouvailles n'était pas achevé quand la guerre éclata, trois mois plus tard. Les plus précieux parmi les objets d'or, d'ivoire et de bronze avaient été transportés peu de temps après la découverte au Musée national d'Athènes pour y recevoir les soins les plus urgents qu'exigeait leur état. Le 28 octobre 1940, la Grèce refusait de s'incliner devant l'ultimatum qui lui avait été adressé; les objets d'or furent alors mis en dépôt à la Banque de Grèce. Demeurés à Delphes dans une réserve du Musée où les habitants du village ont entreposé leurs meubles, de 1941 à 1944, pour les soustraire aux réquisitions des occupants, les fragments informes de tôle de bronze ont disparu et les plaques d'argent du taureau ont subi quelques dommages de plus. A Athènes, pendant et après la guerre, la restauration des objets d'ivoire (têtes, mains et pieds des statues chryséléphantines, petites figurines en relief) a progressé grâce au coup d'œil et à la patience du restaurateur en chef du Musée national, Iannis Bakoulis, qui travaillait pour le compte de l'École française en dehors de ses heures de service. Après la guerre, les restes de la statue de taureau ont été transportés à leur tour au Musée national, où Bakoulis ne procéda qu'à un nettoyage sommaire de la tête et des pattes avant sa mort, survenue en 1957. Les choses demeurèrent en l'état jusqu'en 1971. Les restes du taureau furent alors ramenés à Delphes, où le nettoyage et le rapprochement des fragments furent exécutés de 1972 à 1975 par le restaurateur de l'École française, Andréas Mavraganis. Alors que les objets d'or et d'ivoire étaient déjà inventoriés dans les collections du Musée national d'Athènes, le Ministre de la Culture du Gouvernement grec, faisant droit à une demande présentée avec insistance par l'École française et la Municipalité de Delphes, décida en 1975 que les trouvailles de l'Aire reviendraient au Musée de Delphes dans leur totalité. L'aménagement de la salle et le plan de l'exposition sont l'œuvre exclusive du Service des Antiquités de l'État grec. La salle a été ouverte au public en 1978.

Dans les pages qui suivent, les vitrines qui garnissent le mur gauche de la salle sont numérotées de 1 à 6, de gauche à droite. Toutes, sauf la vitrine 3, sont partagées en deux parties, d'inégale hauteur. « Vitrine » désigne la partie supérieure ; pour l'autre partie, il est précisé « partie inférieure ».

P. AMANDRY, «Rapport préliminaire sur les statues chryséléphantines de Delphes»,
    BCH 63 (1939), p. 86-119.

I. Objets divers (du VIIIe au Ve siècle av. J.-C.).

Comme il a été dit dans l'introduction, les fosses de l'Aire contenaient des objets ordinaires, en bronze, en fer, en terre cuite, en verre, en os, de nature et de date diverses. On ne citera que les plus caractéristiques :

— Un chaudron de bronze, dont on n'a identifié que deux appliques (fig. 2, vitrine 2), très oxydées, en forme de buste humain ailé, qui étaient rivetées à l'épaule du récipient en deux endroits diamétralement opposés ; au dos, une bélière donnait passage à un anneau. Longueur entre les bouts des ailes : 16 cm. Le chaudron lui-même, comme d'autres récipients dans la liste qui suit, a dû être écrasé et pris dans la masse informe dont il a été question plus haut. Ces chaudrons, qu'on posait sur un support tripode ou tronconique, étaient fabriqués en Anatolie, dans des centres non exactement localisés entre la Syrie et l'Arménie ; ils ont été largement exportés, et imités, en Grèce et en Étrurie. Celui-ci était de fabrication orientale. C'était le plus ancien des objets déposés dans les fosses : fin du VIIIe ou début du VIIe siècle av. J.-C.

P. AMANDRY dans «Objets orientaux en Grèce et en Italie», Syria 35 (1958), p. 80.
H.-V. HERRMANN dans Die Kessel der orientalisierenden Zeit, Olympische Forschungen
    VI (1966), p. 58, n°s 48-49 et p. 79-81.

— Un vase de bronze dont ne subsistent, là encore, que les parties fondues : quatre sphinx (fig. 3, vitrine 1) en deux paires antithétiques, sur des bases en forme de chapiteaux ioniques. Date : 2e moitié du VIe siècle av. J.-C.

— Un bassin de bronze dont on n'a que les attaches des anses, en forme de demi-bobines, au nombre de quatre (fig. 4, vitrine 6, partie

Fig. 2. — Applique de chaudron.

Fig. 3. — Deux sphinx.

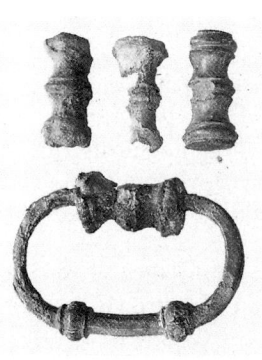

Fig. 4. — Attaches des anses d'un bassin de bronze.

OBJETS DIVERS 197

Fig. 5. — Support cylindrique
portant une inscription.

Fig. 6. — Pointes de lance, en fer.

inférieure ; un 5ᵉ objet du même type, exposé là, ne provient pas des fosses de l'Aire). Deux étaient percées à chaque bout d'un trou pour l'insertion d'une des pointes d'un anneau (dont un est conservé) ; les deux autres étaient purement décoratives. Date : vᵉ siècle av. J.-C.

— Un objet de bronze, cylindrique dans sa partie médiane, s'évasant aux deux extrémités (fig. 5, vitrine 2). Hauteur : 13,5 cm. Diamètre en bas : 9 cm ; en haut : 7,5 cm. On a trouvé des objets semblables posés sur un plateau rond à trois pieds. Des lettres sont gravées à la partie inférieure, à raison de deux par languette : on n'y reconnaît aucun mot grec, ni d'aucune langue d'Asie mineure. Date : 2ᵉ moitié du vɪᵉ siècle av. J.-C.

198　　　　　　　　　LES FOSSES DE L'AIRE

Fig. 7. — Protome féminine et sphinx en terre cuite.

Fig. 8. — Appliques en pâte de verre.

— Un cadre de bronze décoré de crosses ajourées (vitrine 5, partie inférieure).

— Des fragments de reliefs en bronze (dont 24 sont exposés en deux panneaux, vitrine 1), provenant d'objets non identifiés, peut-être d'épisèmes de boucliers, au moins pour certains d'entre eux.

— Des talons de lance en bronze (vitrine 2, partie inférieure), dont l'extrémité pointue permettait de ficher l'arme en terre.

— Des pointes de flèches en bronze, de section triangulaire, et d'autres plates en fer (quelques-unes parmi les mieux conservées : vitrine 2, partie inférieure).

— Des pointes de lances en fer avec leur douille où s'engageait la hampe (fig. 6, sept sont exposées à la partie inférieure de la vitrine 6, choisies parmi 250 exemplaires).

— Un casque corinthien, dont on n'a identifié que le nasal (non exposé).

— Un casque et des jambières de bronze en miniature (vitrine 1).

— Au moins un bouclier de bronze, dont a retrouvé des fragments de la bordure (non exposés) et des fragments de la bande intérieure en fer, décorée de scènes mythologiques et terminée au bord du bouclier par une palmette et au centre par une plaque trapézoïdale (vitrine 5, partie inférieure). Cette plaque faisait corps avec le brassard, qui n'a pas été retrouvé. Date : VIIe/VIe siècle av. J.-C.

— Des fragments d'une cuirasse à rangs superposés d'écailles, alternativement de bronze et de fer (vitrine 5, partie inférieure).

— 400 clous de fer longs de 8 cm à 16 cm (non exposés), qui ont pu servir à l'assemblage des parties du corps de statues en bois, ou de portes, ou de coffres (?).

— Trois protomes féminines de terre cuite, tirées du même moule (fig. 7, vitrine 5, en haut, au milieu) et un sphinx de même matière (*ibid.*, vitrine 1, au milieu, à droite). Date : Ve siècle av. J.-C.

— Des appliques en pâte de verre (têtes, mains, pieds), certaines noircies par le feu (fig. 8, vitrine 5, en haut, à droite), provenant de figures en silhouette, de type égyptien.

— Des fragments de petits vases de verre coloré, déformés et décolorés par le feu (non exposés).

— Des éléments d'une flûte en os (vitrine 1).

II. Statuette d'ivoire (VIIe siècle av. J.-C.).

Personnage tenant de la main droite une lance et posant la main gauche sur la tête d'un petit félin dressé contre lui (fig. 9-10, vitrine 2).

Fig. 9. — Statuette d'ivoire, face, restaurée.

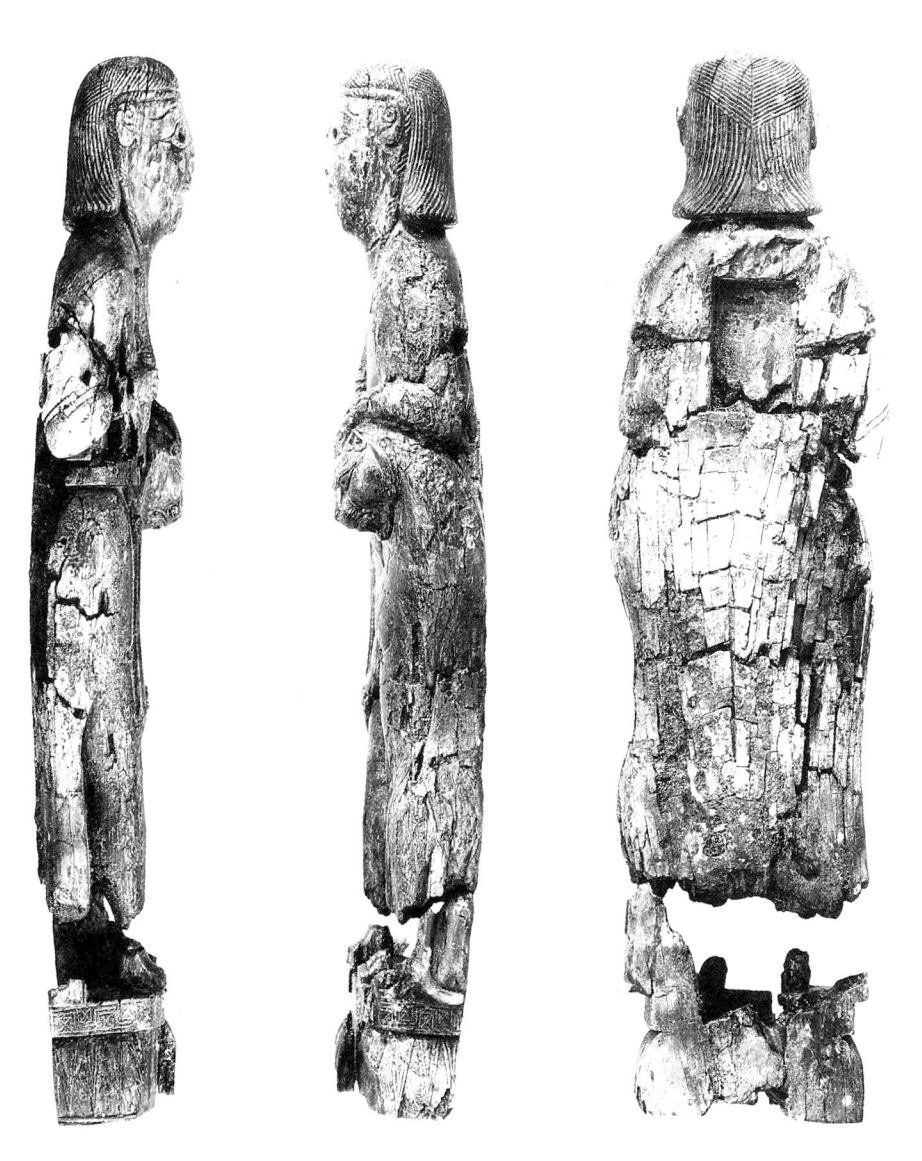

Fig. 10. — Statuette d'ivoire, profil et revers.
État au moment de la découverte.

Hauteur : 22,5 cm. Applique de meuble ou d'instrument en bois : le revers est plat, une mortaise rectangulaire a été creusée dans le dos pour le logement d'un tenon qui y était fixé par une cheville traversant le corps de part en part, une autre mortaise a été ménagée sous la base.

L'identification du personnage, la localisation de son origine et la détermination de sa date posent des problèmes difficiles à résoudre, car les points de comparaison font défaut. Aussi des solutions diverses ont-elles été proposées. Le personnage, à la fois chasseur et dompteur, est-il un dieu ? Ce n'est pas évident : la statuette n'était pas un ex-voto en soi, mais un élément décoratif. Le meilleur argument en faveur de la nature divine du personnage réside dans la disproportion entre l'homme et le félin et dans l'attitude soumise du félin. On a proposé d'identifier le dompteur du fauve avec Apollon, ce qui est possible, mais ne s'impose pas, ou avec Dionysos, ce qui n'est guère vraisemblable. Le style, dans l'ensemble et dans les détails, est fortement marqué d'une empreinte orientale : la statuette a été sculptée en Asie mineure, par un Grec ou par un indigène, dans un centre où les traditions anatoliennes étaient vivaces. Un problème comparable se pose à propos des statuettes d'ivoire découvertes à l'Artémision d'Éphèse ; mais la fusion des éléments grecs et orientaux s'est faite là dans un autre esprit. Pour la statuette de Delphes, les dates proposées vont du VIIIe au VIe siècle av. J.-C. La plus probable paraît être le VIIe siècle, et plutôt le milieu ou la 2e moitié de ce siècle.

P. AMANDRY, «Statuette d'ivoire d'un dompteur de lion», *Syria* 24 (1944-45), p. 149-174.

K. SCHEFOLD, «Der Löwengott von Delphi», *Archäologischer Anzeiger*, 1970, p. 574-584.

H. J. GLOSKIEWICZ, «Zur Deutung der Elfenbeinstatuette in Delphi», *Boreas* 1 (1978), p. 19-26 (bibliographie antérieure : p. 19, n. 2).

III. Statue de taureau en argent (VIe siècle av. J.-C.).

Le fond d'une des deux fosses était occupé par un amalgame de plaques de métal grisâtre, écrasées l'une sur l'autre, de forme à peu près rectangulaire. Il s'agissait des restes d'une statue de taureau de grandeur naturelle, en plaques d'argent martelées, avec des parties dorées.

Le métal, complètement oxydé, avait perdu toute ductilité et se cassait à la moindre pression ; il ne pouvait donc être question de rendre à l'animal son volume primitif. C'est pourquoi le restaurateur, après avoir séparé les plaques d'argent, nettoyé les deux faces et recollé les fragments dont la place était sûre, a pris le parti de présenter les restes de l'animal sur une plaque de plexiglass, qui permet de voir la face externe du côté gauche et la face interne du côté droit (fig. 11-12).

La statue était déjà incomplète quand on l'a déposée dans la fosse, car

Fig. 11. — Statue de taureau.

les lacunes sont importantes. L'âme était en bois ; on y a mis le feu dans la fosse, comme il a été dit dans l'introduction ; des morceaux de bois carbonisé demeuraient à l'intérieur des pattes et le long de l'échine.

Dans son état actuel, le taureau mesure 2,60 m dans sa plus grande longueur et 1,45 m dans sa plus grande hauteur. A cause de l'écrasement de l'ensemble, ces dimensions sont un peu supérieures à celles de la statue intacte, qu'on peut estimer approximativement à 2,30 m et 1,25 m. Les déformations résultant de l'aplatissement ont posé des problèmes pour la restauration : en particulier, la plaque de mèches dorées, échancrée de chaque côté pour épouser la forme du museau, n'a pas pu reprendre exactement sa place, le museau étant aplati et allongé.

La statue était faite de plaques d'argent presque pur, assemblées sur une armature de bandes de cuivre argentées, où les plaques jointives étaient fixées par deux rangées de clous d'argent (fig. 13). Le nombre des plaques, grandes et petites, s'élevait à une soixantaine environ. Elles avaient été martelées de l'intérieur : à la face interne se voit la trace de nombreux coups de marteau. Quelques parties du corps étaient en argent doré : le pelage du museau (dont les restes ont été assemblés sur une plaque de carton doré), les naseaux (qui ont été égarés depuis la découverte), l'intérieur des oreilles, les cornes, les fanons, les parties génitales, les sabots.

La technique du martelage des métaux a été largement pratiquée en Grèce à l'époque archaïque, non seulement pour des vases et récipients de toute espèce, mais aussi pour des statues humaines et animales. Mais la statue du taureau est la plus importante qu'on ait retrouvée des œuvres exécutées dans cette technique : avant sa découverte, on ne connaissait que quelques statuettes de moyenne ou de petite taille, en bronze.

Pour déterminer la date et l'origine de la statue, on ne dispose que d'indices ténus : la stylisation du pelage du museau, comparable à une crinière de lion par la forme et l'agencement des mèches, et le rendu des plis des fanons en larges ondulations, qui a son pendant dans le traitement schématique des plis du vêtement sur des statues féminines. Ces deux indices tendent à indiquer comme date la 1re moitié du vi^e siècle av. J.-C. et comme origine un centre d'Ionie. Quant à l'identité de la cité ou du personnage qui a dédié à Delphes cet ex-voto exceptionnel, elle demeure inconnue, faute de toute indication épigraphique ou littéraire. Mais l'existence d'autres statues de taureau, en bronze ou en pierre, à Delphes et dans d'autres sanctuaires, est attestée par des textes : cet animal symbolisait la force et la puissance, comme le lion, auquel il était souvent associé dans l'Antiquité.

P. AMANDRY, «Statue de taureau en argent», *Études delphiques*, *BCH Supplément* IV (1977), p. 273-293.

Fig. 12. — Statue de taureau : l'avant-corps.

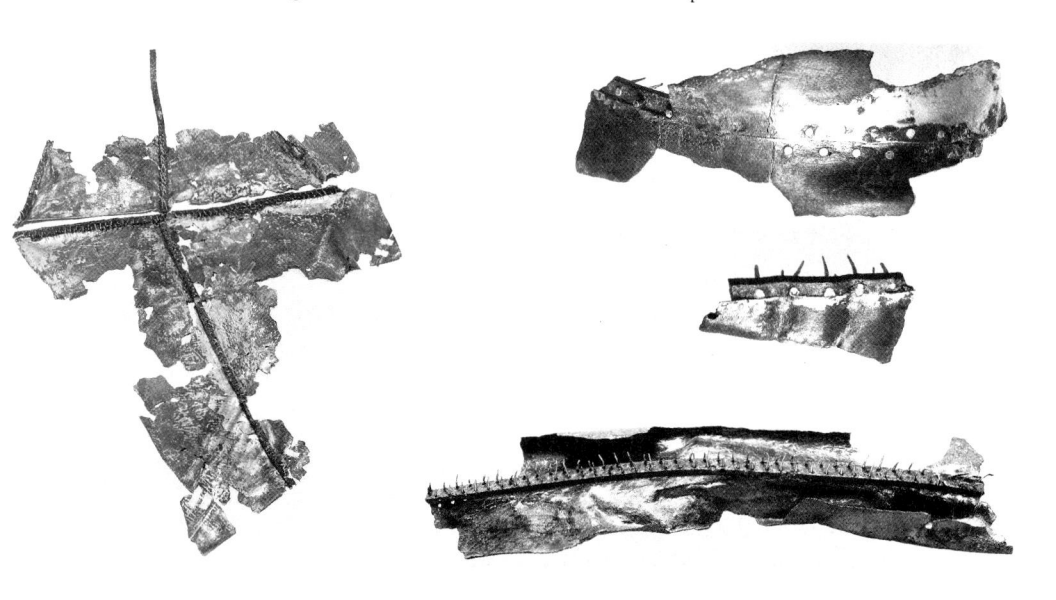

Fig. 13. — Statue de taureau : plaques d'argent et lames de cuivre.

Fig. 14. — Grande tête d'ivoire (avant restauration).

IV. Statues chryséléphantines (vɪᵉ siècle av. J.-C.).

Les statues d'Athéna et de Zeus exécutées par Phidias pour le Parthénon et pour le grand temple d'Olympie, celle de Héra exécutée par Polyclète pour le temple de la déesse à Argos, avaient conféré à la statuaire chryséléphantine une célébrité dont témoignent les descriptions que des auteurs anciens ont laissées de ces statues. Au vrai, le recours à cette technique était déjà, au vᵉ siècle av. J.-C., une marque d'archaïsme ; la fidélité à une tradition passée de mode était bien appropriée à la fonction de ces colosses divins, dont le visage, les mains et les pieds d'ivoire se détachaient sur la dorure couvrant le reste du corps, dans la lumière tamisée qui parvenait jusqu'au fond des temples. Mais, à

Fig. 15. — Grande tête d'ivoire (après restauration).

l'époque archaïque, cette technique n'était pas réservée aux statues de culte, et Pausanias, visitant les villes et les sanctuaires de Grèce au IIe siècle de notre ère, a encore vu un certain nombre de statues chryséléphantines qui avaient été dédiées au même titre que des statues de bronze ou de marbre.

Une des fosses de l'Aire contenait les restes de trois statues de grandeur naturelle et d'autres plus petites. Les corps avaient été réduits en cendres. Les parties en ivoire ont inégalement souffert du feu, selon qu'elles se sont trouvées au cœur du brasier ou qu'elles ont glissé au pourtour.

La plus grande tête d'ivoire (fig. 14-17, vitrine 3) est haute de 20 cm du haut du front à la pointe du menton et de 24,5 cm à la coupure du cou (précisons dès l'abord que le mot «tête», qu'on est amené à employer, est inexact; «visage» l'est un peu moins; il s'agit en fait de masques pleins comportant en appendice la naissance du cou). Le feu a fendillé l'épiderme, qui a éclaté en maints endroits sur quelques millimètres d'épaisseur à des stades divers de la combustion : on a recueilli des fragments assez bien conservés qui ont pu être recollés à leur place, ce qui a permis de compléter en cire les parties manquantes. Les sourcils étaient incrustés (en quelle matière?) et fixés dans une série de petites cavités ménagées au fond d'une entaille curviligne. Les yeux étaient rapportés en os (les cils de bronze sont modernes). Les oreilles n'avaient pas pu être taillées dans le même morceau d'ivoire que le visage; chacune faisait corps avec une plaque qui était maintenue contre la face postérieure du masque par deux chevilles; l'oreille droite est intégralement conservée avec sa plaque; l'oreille gauche a été en grande partie refaite en cire.

A la partie supérieure et au revers étaient creusées des mortaises où s'emboîtaient les tenons du crâne, qui était en bois et couvert par la chevelure. L'appartenance à cette tête d'une calotte de cheveux en argent doré est vraisemblable (fig. 18) ainsi que celle de deux larges plaques de cheveux en or terminées par deux rangs de bouclettes.

Aucun des restes de bras ou de mains qui ont été retrouvés ne peut être attribué à cette statue avec probabilité. Mais on possède des restes importants des pieds, en particulier du pied gauche qui a pu être complété de façon sûre (fig. 19). La moitié antérieure du pied était en ivoire; à l'arrière s'ouvrait une mortaise où le tenon de bois était maintenu en place par une cheville plantée verticalement.

On ignore si le personnage était debout ou assis, et ce qu'il tenait dans ses mains. La restitution dans la main droite d'une phiale d'argent, dorée à l'intérieur, est arbitraire : cette phiale faisait partie d'une paire; l'autre, plus abîmée, a été placée à la partie inférieure de la vitrine 1.

Des deux autres têtes de grandeur naturelle, une seule est assez bien conservée (fig. 20-21, vitrine 4), surtout dans la partie gauche du visage. Dans ce cas comme dans le précédent, des éclats de l'épiderme ont été recollés à la place où ils s'ajustaient exactement, et les lacunes ont été comblées en cire. Le nez aussi s'était séparé du visage; une légère déformation de l'ivoire à la surface de joint lui donne un profil plus busqué qu'il n'était en réalité.

L'autre tête, dans l'état où le feu l'avait réduite, n'était plus qu'un morceau d'ivoire noirci où ne demeuraient d'un visage humain que les lèvres. Mais l'identification de fragments et leur remise en place assurée, au-dessus et au-dessous de l'œil gauche, autorisent à affirmer que les deux visages étaient identiques, dans leurs dimensions et dans leur style. Ces

Fig. 18. — Calotte de cheveux en argent doré.

Fig. 16-17. — Grande tête d'ivoire : revers et trois-quarts avant et après restauration.

Fig. 19. — Pied en ivoire (avant restauration).

210 LES FOSSES DE L'AIRE

Fig. 20-21. — Tête féminine en ivoire, avant et après restauration.

deux têtes, comme la précédente, présentent des mortaises à l'arrière pour l'insertion des tenons de la boîte crânienne.

Sur la mieux conservée des deux têtes, la distance du haut du front au bas du cou est de 23,5 cm, donc inférieure d'un centimètre seulement à cette même distance sur la grande tête de la vitrine 3. Mais, entre les deux visages, la différence de hauteur atteint 5 cm du front au menton. Cette différence résulte du fait que le profil, du cou au menton, dessine une ligne descendante dans la grande tête et une ligne ascendante dans l'autre; ce détail est important pour l'étude du style des deux têtes et la détermination de l'origine des deux sculpteurs. Autres traits caractéristiques de la tête de la vitrine 4 : yeux en amande gravés dans l'ivoire (seule la pupille était rapportée), sourcils jadis incrustés haut au-dessus de l'œil, pommettes saillantes, lèvres charnues.

STATUES CHRYSÉLÉPHANTINES

Fig. 22. — Rosette en or.

Fig. 23. — Avant-bras en ivoire.

Fig. 24. — Orteils en ivoire.

On n'a pas sûrement identifié de restes des oreilles des deux statues jumelles. Mais deux rosettes d'or fixées par un clou à des rondelles d'ivoire (fig. 22, vitrine 4, de part et d'autre de la tête la mieux conservée) ornaient probablement le lobe inférieur des oreilles d'une des deux têtes, comme on en voit de peintes sur les statues archaïques de marbre.

A ces deux statues doivent être attribués aussi les restes plus ou moins calcinés de trois avant-bras et de trois mains (fig. 23, deux fragments d'avant-bras dans la vitrine 3, en bas, à gauche; un fragment de main dans la vitrine 4, en bas, au milieu; l'avant-bras et la main en meilleur état associés dans la vitrine 4, en bas, à gauche, avec un bracelet d'or au poignet qui masque le raccord). L'avant-bras était fixé par un tenon au coude, qui faisait partie du corps en bois, et uni à la main par un autre tenon, maintenu en place dans les deux mortaises creusées dans les deux morceaux d'ivoire par six broches fichées obliquement.

A la partie inférieure de la vitrine 4, à côté de deux autres bracelets d'or, on a disposé côte à côte des orteils d'ivoire (fig. 24), pourvus chacun d'une petite mortaise cylindrique. Le fait qu'on n'ait taillé dans l'ivoire que les orteils indique que c'était la seule partie visible des pieds, comme il est constant dans les statues archaïques de pierre ou de bronze, dont le vêtement tombe droit, ne laissant dépasser que les orteils au-dessus desquels il dessine un arc.

Tout concourt à indiquer que les deux statues jumelles étaient des statues féminines. On leur attribuera avec une quasi-certitude les longues mèches (certaines dépassant 40 cm) de cheveux ondulés en or, nouées par un ruban lisse vers le bas (fig. 25, vitrines 3 et 4) et le collier fait de sept mufles de lion montés sur bronze (fig. 26, vitrine 3), dont chacun était fixé dans le bois de la statue par deux clous d'argent; la chaînette qui était censée passer dans l'appendice en forme de T était probablement peinte sur le bois (un autre mufle de lion est d'un style différent et n'était pas cloué).

Les deux bandeaux en forme de croissant de lune, couverts de bouclettes, qui ont été placés dans la vitrine 4 au-dessus des deux têtes, ont chance de leur appartenir. On sera plus réservé pour un grand bandeau lisse percé de six trous où prenaient place des ornements rapportés (vitrine 3, en haut, à gauche) et pour deux petites feuilles d'or décorées en panneaux d'étoiles et de volutes (vitrine 3, vers le bas, à droite).

Un problème d'attribution se pose aussi pour deux groupes d'objets d'or, composés chacun de trois pièces : d'une part, trois rosaces et, d'autre part, deux plaques semi-circulaires et une carrée (fig. 27-29,

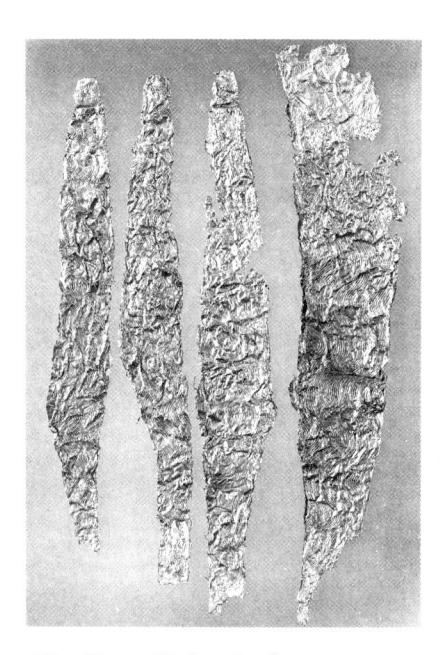

Fig. 25. — Mèches de cheveux en or.

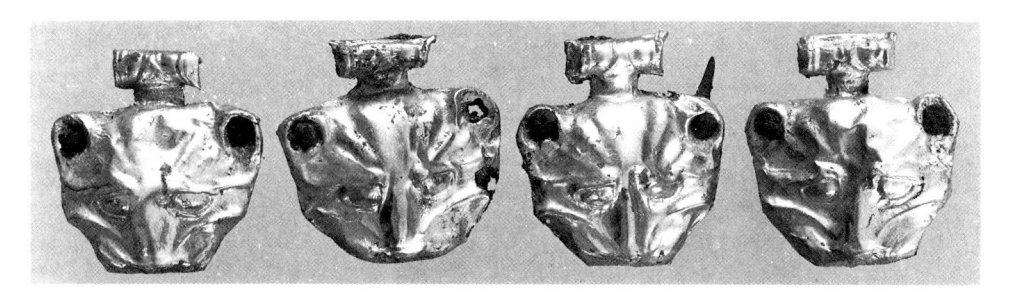

Fig. 26. — Collier de mufles de lion en or.

vitrine 3). Les six feuilles d'or, décorées au repoussé, étaient montées sur des plaques de bronze, que traversaient de part en part des clous répartis au pourtour. Les deux groupes présentent la même composition : un objet plus grand que les deux autres, identiques entre eux. Pour les rosaces, des exemples fournis notamment par des figurines de terre cuite

Fig. 27. — Rosaces en or.

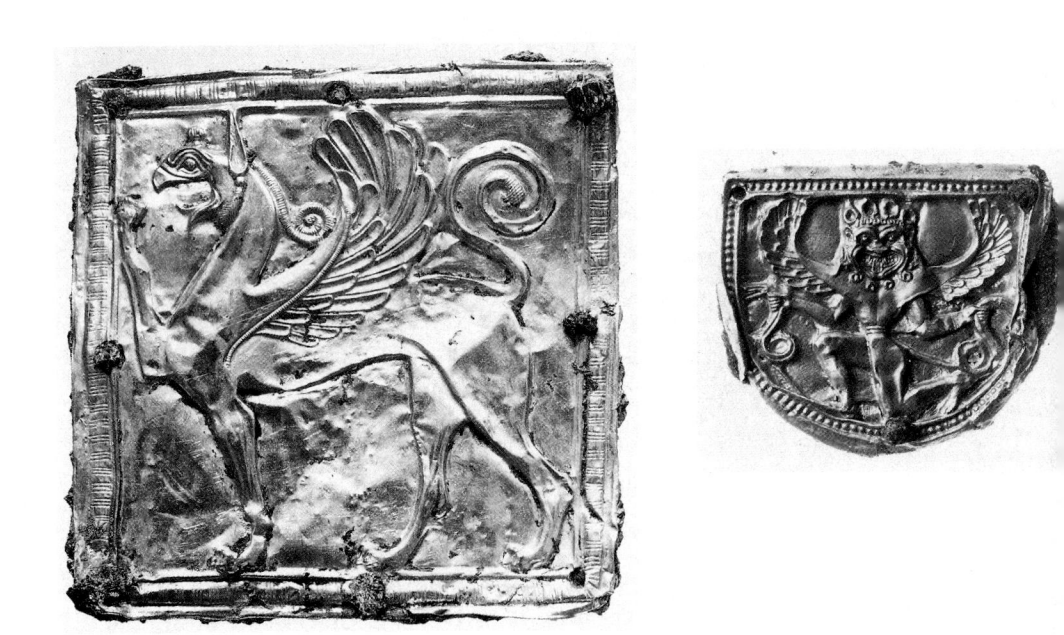

Fig. 28-29. — Plaques en or au griffon et à la Gorgone.

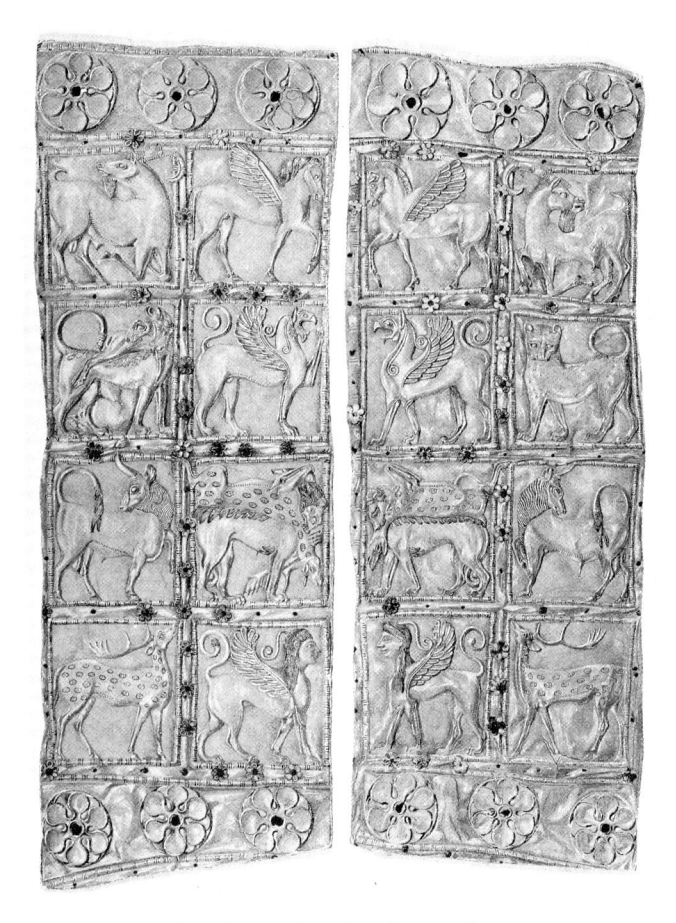

Fig. 30. — Grandes plaques d'or.

autoriseraient à placer la grande rosace (diamètre : 8,5 cm) en pendentif sur la poitrine et les deux autres (diamètre : 7,5 cm) aux épaules comme revêtement des fibules qui attachaient le vêtement et pouvaient aussi retenir les deux bouts d'une chaînette. Une répartition semblable de la plaque carrée au griffon (de 10 cm de côté) et des deux plaques semi-circulaires à la Gorgone (longueur au bord supérieur : 6 cm) ne s'impose pas à l'évidence, mais elle n'est pas exclue.

Autre problème d'attribution : celui de deux plaques d'or (fig. 30-32, vitrine 3, en bas), symétriques l'une de l'autre, hautes de 35,5 cm aux

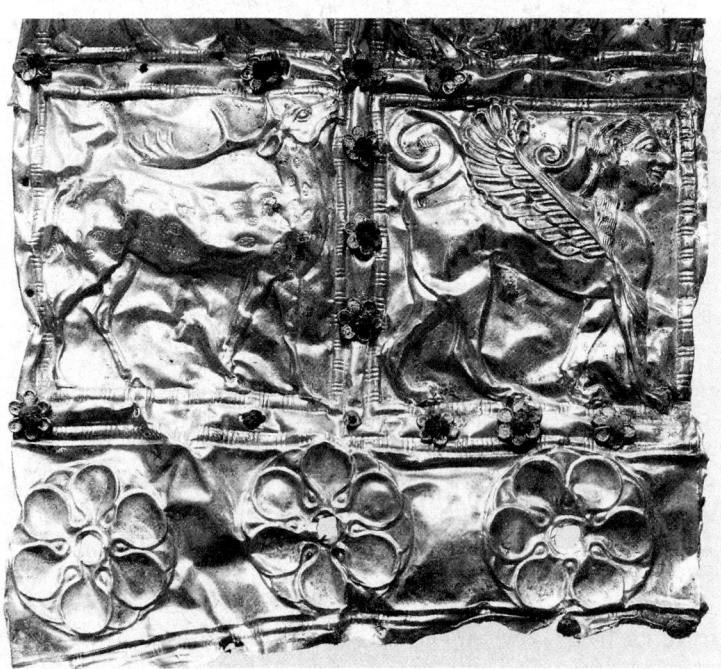

Fig. 31-32. — Grandes plaques d'or : détails.

bords extérieurs et de 34 cm aux bords intérieurs. Cette différence est due au fait que le bord inférieur de chaque plaque dessine une courbe ascendante de l'extérieur vers l'intérieur; si l'on rapproche les deux plaques, les deux courbes se répondent pour constituer un arc régulier, comme celui que dessine le vêtement des statues féminines archaïques au-dessus des pieds (voir plus haut, à propos des orteils d'ivoire). Il est donc probable que les deux plaques revêtaient le bas des jambes, des genoux aux pieds, d'une des deux statues jumelles. Elles étaient fixées à la statue au moyen de clous d'argent à tête dorée en forme de rosette garnie d'émail, qui a été fondu par le feu.

Ces deux plaques sont un des chefs d'œuvre de l'orfèvrerie grecque archaïque. Dans chaque plaque, le champ, limité en haut et en bas par une bordure ornée de trois rosaces, est divisé en huit panneaux carrés, occupés chacun par un animal, réel ou mythique. Les motifs se répondent symétriquement d'une plaque à l'autre, sauf dans un cas. De l'extérieur vers l'intérieur et de haut en bas : 1) égagre ; 2) cheval ailé ; 3) à gauche, lion tenant dans sa gueule un chevreau ; à droite, panthère ; 4) griffon ; 5) taureau ; 6) lion rapportant sur son dos un daim à gauche, une daine à droite ; 7) daim ; 8) sphinx. Mais le même motif n'est pas traité de façon absolument identique sur les deux plaques : on remarque dans chaque cas des variantes dans l'attitude (égagre, griffon, taureau, lion) et dans les détails (crinière des chevaux, profil des sphinx).

Les deux plaques d'or ont été retrouvées pliées en quatre et froissées (trois des motifs de la plaque de droite ont été repoussés par un restaurateur du Musée national d'Athènes et présentent à peu près leur relief primitif). Elles sont l'œuvre de deux artistes, le maître étant l'auteur de la plaque de gauche et son compagnon de celle de droite, travaillant quelque part sur la côte d'Asie mineure ou dans une des îles proches de la côte, comme Samos et Chios : le choix des motifs (en particulier l'égagre et le daim), le profil des sphinx, le traitement de détails comme la crinière dorsale des lions et le panache à spirale sur la tête des sphinx, orientent à coup sûr vers cette région du monde grec. Les comparaisons qu'on peut établir avec des vases peints et des reliefs de bronze indiquent une date proche du milieu du VIe siècle av. J.-C., et plutôt un peu après qu'avant.

P. AMANDRY, «Plaques d'or de Delphes», *Athenische Mitteilungen* 77 (1962), p. 35-71.

Peut-être deux bandeaux décorés de rosettes, placés dans la vitrine 3 de part et d'autre des deux plaques, les encadraient-ils effectivement. Mais les rosettes sont d'un autre type que celles des plaques.

Fig. 33. — Volute en or.

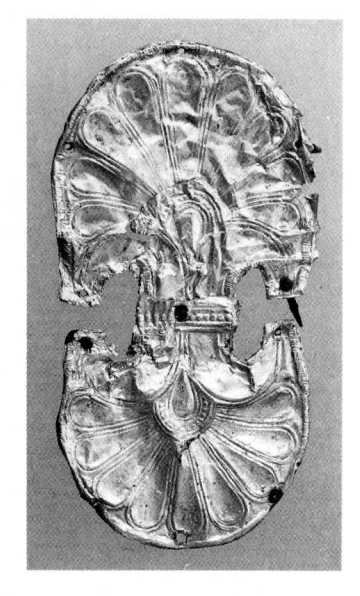

Fig. 34. — Double palmette en or.

Si les deux plaques d'or décoraient le bas d'un vêtement féminin, elles seraient mieux à leur place sur une statue assise que sur une statue debout. Or, on a retrouvé des éléments en or qui ont toute chance d'avoir décoré un accoudoir de trône : deux volutes (fig. 33, vitrine 2) et une double palmette (fig. 34, vitrine 3, au-dessus des plaques).

Il est tentant de reconnaître dans les trois statues les trois divinités de la triade apollinienne : Apollon entouré de sa mère Léto et de sa sœur Artémis. Le décor animalier des deux plaques d'or conviendrait à la personnalité d'Artémis (ainsi, peut-être, que les plaques au griffon et à la Gorgone et que le collier à mufles de lion). L'origine et la date des plaques d'or concordent avec celles des têtes d'ivoire de la vitrine 4, dont le style est typiquement ionien. La grande tête de la vitrine 3 est d'un style différent, moins nettement caractérisé ; on y relève des traits qui peuvent être cycladiques ou attiques. En outre, cette tête paraît plus ancienne de 20 ou 30 ans que les deux autres. Ces différences ne constituent pas un empêchement absolu à la réunion des trois statues dans un même groupe : il ne manque pas d'exemples dans le monde grec de partage d'une commande entre des artistes d'origine et d'âge différents. Cependant, comme les conditions de trouvaille ne fournissent aucun indice, l'identification demeure hypothétique.

Fig. 35-36. — Têtes et pieds de statuettes d'ivoire.

Dans la même fosse que les trois statues avaient été jetées au moins huit statuettes, de grandeur différente ; on a retrouvé, dans un état de conservation très inégal, les parties en ivoire : têtes, oreilles, mains, pieds. Les photographies des fig. 35-36 présentent des éléments du puzzle. Deux paires de pieds chaussés de sandales (vitrine 4, partie inférieure) vont avec une main (vitrine 5, à gauche) ; les têtes de ces statuettes, très abîmées, ne sont pas exposées. A trois masques identiques (vitrine 5, au milieu ; un des masques est largement complété en cire) correspond, d'après l'échelle, une main fermée (vitrine 5, à droite). A deux petites têtes bien conservées (vitrine 5, à gauche et à droite), dont une aux sourcils jadis incrustés comme ceux des grandes têtes, on ne peut associer avec probabilité que deux fragments d'avant-bras et de main (vitrine 6). Une des têtes présente au revers une mortaise carrée, les autres de petites mortaises cylindriques ; il en va de même pour les mains et les pieds.

V. Reliefs d'ivoire (vi[e] siècle av. J.-C.).

On a recueilli dans les fosses environ deux mille fragments d'ivoire, provenant de petites figurines humaines et animales. Un long et patient travail a abouti à la restauration partielle de quelques-unes de ces figures (disposées sur six panneaux, vitrines 5 et 6).

Ces figures sont traitées en relief ajouré ; beaucoup sont séparées les unes des autres ; mais toutes font corps avec une mince bande d'ivoire sur laquelle, dans l'état où ces objets fragiles ont revu le jour, ne demeuraient plus que des pieds et des pattes. On distingue en quelques endroits des restes de dorure. Le revers est plat ; on y a foré quelques mortaises cylindriques. Ces figures étaient appliquées à des objets mobiliers en bois. Au moment de leur découverte, on s'est demandé s'il ne s'agissait pas du décor d'un coffre garni de reliefs d'ivoire, semblable à celui que le Corinthien Cypsélos avait dédié au VIe siècle av. J.-C. à Olympie où Pausanias l'a vu et décrit, 700 ans plus tard. Mais les reliefs de Delphes n'appartiennent pas à un même ensemble : les figures ne sont pas toutes de même style ni de mêmes dimensions (le plus grand nombre mesure environ 7 cm de haut). Bien qu'elles soient à peu près contemporaines des statues chryséléphantines, aucune raison n'impose de les mettre en rapport avec ces statues.

Dans ces débris, on reconnaît le sujet de quelques scènes : les Boréades et les Harpyes, le départ d'un guerrier, la chasse du sanglier de Calydon, un combat entre Grecs et Amazones et probablement un épisode de la prise de Troie.

La scène des Boréades et des Harpyes (fig. 37, vitrine 5, en bas, au milieu) est constituée, dans son état actuel, d'une quarantaine de fragments. Cet épisode fait partie de la légende de la conquête de la Toison d'or par les Argonautes. Au passage des Détroits, Jason et ses compagnons relâchèrent sur un rivage de Thrace, parce que les vents étaient contraires, selon certaines traditions, ou, selon d'autres, pour s'informer de la route à suivre pour atteindre la Colchide. En ces lieux régnait un vieux roi aveugle, Phinée ; il était importuné par les Harpyes, deux femmes ailées qui emportaient ou souillaient les mets qu'on posait devant lui. Parmi les membres de l'expédition se trouvaient les deux Boréades, fils du vent Borée, pourvus eux aussi d'ailes. Ils prirent en chasse les Harpyes et en débarrassèrent Phinée qui, en récompense, fit souffler des vents favorables ou procura les indications nécessaires à la poursuite du voyage de la nef Argo.

La scène du départ d'un guerrier (vitrine 6, en bas, au milieu) a été souvent traitée dans l'art grec archaïque, en particulier sur les vases peints. Parfois, le guerrier porte un nom (par exemple, Amphiaraos) ; le plus souvent, il est anonyme. Ce qui subsiste ici de cette scène est aussi composé d'une quarantaine de fragments. Le guerrier monte dans son char, où se tient déjà le cocher (ou aurige). Derrière le char, deux hommes

Fig. 37. — Relief d'ivoire : Boréades et Harpyes.

Fig. 38. — Relief d'ivoire : départ d'un guerrier.

Fig. 39. — Joueur de flûte, bronze.

de sa troupe sont prêts à le suivre. Devant le char, deux autres s'apprêtent, en partie cachés par les chevaux : le plus proche du char rabat son casque sur son visage, l'autre rejette en arrière de la main gauche les mèches de ses cheveux avant de coiffer le casque qu'il tient de la main droite.

Quelques autres figurines d'ivoire sont de plus grande taille et sculptées en plus haut relief; deux taureaux et une Chimère (vitrine 6) et deux sphinx affrontés (vitrine 1).

De nombreux fragments de minces plaques d'ivoire décorés soit de méandres, soit de languettes, soit encore de rosettes (vitrine 6), peuvent provenir de bandes d'encadrement.

VI. Statuettes de bronze (ve siècle av. J.-C.).

Des statuettes de bronze, datant de la 1re moitié du ve siècle av. J.-C., faisaient aussi partie des ex-voto mis au rebut : un joueur de flûte et un groupe de deux athlètes se trouvaient dans la même fosse que le taureau et, dans l'autre fosse, une femme soutenant la vasque d'un brûle-parfum.

Le joueur de flûte (fig. 39, vitrine 1), haut de 15 cm, se dresse sur un socle creux de 2 cm de haut. Son instrument était une double flûte : un seul des tuyaux est conservé, on voit un trou dans la bouche à l'endroit où s'engageait l'autre. Une double lanière (qui était en réalité en cuir) fait le tour de la tête à hauteur de l'occiput et au-dessus du front de façon à encadrer la bouche pour y maintenir les deux tuyaux. A l'épaule gauche pend l'étui où l'artiste rangeait ses flûtes et les accessoires.

Cette statuette, qui date des premières années du Ve siècle av. J.-C., est peut-être un ex-voto d'un vainqueur à un concours de flûte, épreuve qui figurait au programme des Jeux Pythiques.

Cl. ROLLEY dans *Fouilles de Delphes* V 2 : *Les statuettes de bronze* (1969), n° 183, p. 129-133.

Des deux personnages, hauts de 16 cm, tournés l'un vers l'autre de trois-quarts sur une même base rectangulaire (15,5 cm × 5 cm) (fig. 40, vitrine 1), seul celui de gauche est assez bien conservé. L'objet qu'il élevait de la main droite à hauteur de la tête est brisé ; de la main gauche, il tient une paire d'haltères. L'autre personnage est fortement corrodé ; la signification du geste du bras droit tendu en direction de son compagnon demeure énigmatique. Cette œuvre, probablement attique, datant de 470/460 av. J.-C., peut être aussi un ex-voto de vainqueur à un concours athlétique.

E. WILL, «Groupe de bronze du Ve siècle trouvé à Delphes», *BCH* 70 (1946), p. 639-648.
Cl. ROLLEY, n° 158, p. 146-155.

La statuette féminine, haute de 16 cm, qui porte sur sa tête et soutient de ses deux mains une vasque (fig. 41, petite vitrine devant le mur de droite de la salle) devait être soudée à un socle, qui ne se trouvait pas dans la fosse (le pied gauche a été arraché). L'appartenance du couvercle conique (reconstitué de plusieurs fragments et encore incomplet) est quasiment sûre : son diamètre coïncide exactement avec celui de la lèvre de la vasque, et l'existence de ce type de couvercle, ajouré pour laisser passer les vapeurs d'encens, est attestée par des représentations de brûle-parfums sur des reliefs et sur des vases.

La statuette s'apparente, dans sa fonction de support, aux figures masculines et féminines qui servaient de manches respectivement aux patères et aux miroirs. Mais ce n'est pas un produit artisanal ; c'est une œuvre originale dont l'auteur était un artiste de tout premier ordre. La femme, vêtue du péplos attaché aux épaules qui laissait les bras libres,

Fig. 40. — Groupe de deux athlètes, bronze.

n'est pas écrasée par la vasque, dont la hauteur atteint pourtant 10 cm et le plus grand diamètre 18 cm (il faut tenir compte aussi de la hauteur, inconnue, du socle, qui réduisait d'autant l'importance de la vasque par rapport à l'ensemble). Les bras paraissent soutenir le récipient sans effort. Si la tête, coiffée du cécryphale, est penchée vers la gauche, c'est plutôt dans une attitude méditative que sous l'effet du poids. Le léger fléchissement de la jambe gauche tend le tissu, qui tombe devant la jambe droite en gros plis verticaux, tandis que de petits plis obliques dessinent des triangles sur le haut du corps.

L'exécution de cette statuette se place un peu avant le milieu du Ve siècle av. J.-C. C'est le moment où les sculpteurs grecs, dégagés des conventions archaïques, diversifient les attitudes et assouplissent le drapé. Le goût de cette époque est illustré par les statues des frontons du temple de Zeus à Olympie (460/450 av. J.-C.), avec lesquelles la statuette de Delphes supporte d'être comparée. A cette époque, les particularités

Fig. 41. — Brûle-parfum avec son couvercle, bronze.

régionales s'estompent et une communauté de style tend à s'instaurer dans tout le monde grec. Aussi n'est-il pas étonnant que des hypothèses diverses aient été avancées sur l'origine de la statuette delphique. On l'a dite péloponnésienne, attique, voire syracusaine. L'hypothèse la plus plausible l'attribue à un atelier de l'île de Paros, qui était plus réputée pour ses marbriers que pour ses bronziers. C'est à ce titre que le brûle-parfum de Delphes a été présenté en 1979 à Paris et à New York dans le cadre d'une exposition consacrée à l'art des îles de la mer Égée.

E. WILL, « Brûle-parfums en bronze du Ve siècle trouvé à Delphes », *Monuments Piot*, 40 (1944), p. 58-63.

Cl. ROLLEY, n° 199, p. 155-160.

E. WALTER-KARYDI, « Eine parische Peplophoros in Delphi », *Jahrbuch des deutschen archäologischen Instituts*, 91 (1976), p. 1-27.

Pierre AMANDRY.

V. LES CÉRAMIQUES
à partir de l'époque archaïque

Au-delà de l'époque géométrique, les études concernant la céramique de Delphes font encore défaut et les vitrines d'exposition du musée, si elles contribuent à donner de la qualité moyenne du matériel une impression d'ensemble, ne suffisent pas à en illustrer la quantité. Du «Journal de la Grande Fouille», comme il est normal pour des fouilles inaugurées un peu avant ce siècle, il y a peu de précisions à tirer sur la provenance exacte des vases découverts dans le sanctuaire ou ses abords : les seuls ensembles cohérents sont constitués par les «dépôts d'autels» situés à l'Est et à l'Ouest du temple d'Apollon, qui ont livré par centaines des tessons corinthiens, ainsi que par les tombes des nécropoles orientale et occidentale, dont quelques-unes sous le musée.

— Le *sanctuaire* de Delphes a donné quelques beaux fragments de vases orientalisants :

1. *bol ionien à oiseaux*,
2. *oenochoé* (cruche à verser le vin) *milésienne*,
3-4. *dinos* (sorte de cratère) et *plat du Style des Chèvres sauvages*, où est figuré un oiseau aux rémiges bicolores volant vers la gauche (fig. 1),

qui s'inscrivent dans le courant de relations et d'influences avec le monde oriental dont témoignent à Delphes, dès la seconde moitié du VIIIe siècle, des objets en métal comme les trépieds à baguettes et les protomes de sirènes ou de griffons analysés chap. III, ou la coquille de tridacne décorée d'un personnage couronné.

4 : inv. 12611, P. PERDRIZET, *FDelphes* V 1, p. 145, n° 142, fig. 602.

De Corinthe, dont les productions sont présentes à Delphes dès la période géométrique (voir chap. I), provient une abondante collection de ces petits vases à parfum, *alabastres* et *aryballes*, dont les ateliers corinthiens inondaient les marchés à l'époque archaïque et encore au Ve siècle :

5. le plus remarquable est un *aryballe pointu* du Protocorinthien récent (650-640), orné d'une tresse sur l'anse, d'une double chaîne de palmettes sur le haut de la panse, et de deux zones d'animaux : lion et bouquetin affrontés, entre un taureau et un griffon dans la zone supérieure ; lévriers poursuivant un lièvre dans la zone inférieure (fig. 2, salle I, vitrine f).

Dans la même vitrine est exposée une série de petits vases allant du Protocorinthien au Corinthien récent : aryballes ornés de chiens courants ou de divers animaux — oiseaux, sanglier et lion ; oenochoés, dont deux tronconiques, ornées de filets parallèles sur la panse et de lignes horizontales entre des traits verticaux sur le col ; pyxides (petites boîtes circulaires) à parois concaves ou droites, ornées de files de points en quinconce.

Parmi les nombreux fragments de formes diverses, cratères, oenochoés, hydries, skyphoi (sortes de bols), pyxides, assiettes, quelques vases, non exposés, méritent une mention particulière :

6. un fragment de *cratère à colonnettes* du Corinthien moyen (600-575), qui représentait une scène de bataille dont il reste deux guerriers dos à dos, avec casque, lance et bouclier ;

7. un autre fragment d'un vase de même forme, du Corinthien récent, où figure un Palladion (fig. 3).

5 : inv. 8450, *FDelphes* V 1, p. 151, n° 179, fig. 627 ; H. PAYNE, *Necrocorinthia* (1931), n° 1, p. 269. 6 : *FDelphes* V 1, p. 143, n° 119, fig. 583 ; *Necrocorinthia*, n° 1174, p. 317. 7 : *FDelphes* V 1, p. 144, n° 134, fig. 594 ; *Necrocorinthia*, n° 1453, p. 328.

Athènes, à l'époque classique, paraît prendre quantitativement le dessus sur Corinthe, mais fournit au sanctuaire moins de vases de qualité. Méritent d'être signalés :

8. un fragment de *skyphos à figures noires*, signé du potier athénien Ergotimos [ΕΡΓΟ]ΤΙΜΟΣ ΕΠ[ΟΙΕΣΕΝ] (vers 570), représentant deux jeunes femmes côte à côte, vêtues d'un péplos (fig. 4) ; il provient du remblai d'un soutènement au Nord du sanctuaire d'Athéna Pronaia, sur une terrasse où la découverte d'objets de valeur invite à situer des locaux d'habitation ou un petit lieu de culte ;

9. un fragment de *dinos à figures noires*, œuvre du peintre Lydos (560-540), où l'on voit une sirène volant vers la gauche, au-dessus de la crinière d'un cheval (fig. 5) ;

10. un fragment de *skyphos à figures rouges*, représentant une Victoire volant vers la droite, peut-être de l'École du Peintre de Berlin (1er quart du ve s.).

Fig. 1. — Fragment d'un plat de Grèce de l'Est.

Fig. 3. — Fragment de cratère à colonnettes corinthien.

Fig. 2. — Aryballe protocorinthien.

Fig. 5. — Fragment de cratère attique.

Fig. 4. — Fragment de skyphos attique.

Sont aussi dignes d'intérêt quelques fragments d'amphores panathénaïques, probablement dédiées dans le sanctuaire, ainsi que les fragments de quelques coupes, retrouvés pour la plupart dans un puits de la nécropole occidentale : parmi elles des coupes des Petits Maîtres et des Comastes ;

11. une *coupe de Siana*, œuvre du peintre de Heidelberg, représentant une femme debout, qui écarte de son visage le pan de l'*himation* (pièce de laine servant de manteau) qui lui couvre l'arrière de la tête ;

12. une *coupe à bande* du peintre des Centaures, où figure une danse de satyres et de ménades.

8 : R. Demangel, *BCH* 48 (1924), p. 321-322 ; J. D. Beazley, *ABV* (1956), p. 77, n° 7. 9 : inv. 10258, *FDelphes* V 1, p. 155, n° 218, fig. 646 ; J. D. Beazley, *Addenda* (1982), p. 13 (112). 10 : *FDelphes* V 1, p. 168, n° 370, fig. 704. Amphores panathénaïques : *FDelphes* V 1, p. 158-160, n°s 240-252, fig. 657-663. 11 : J. D. Beazley, *ARV*² (1963), p. 66, n° 58. 12 : *FDelphes* V 1, p. 159, n° 243, fig. 660 ; *ARV*², p. 189, n° 13.

Quant aux apports béotiens, et probablement locaux, s'ils semblent non négligeables au VIe et au Ve siècle, ils ne fournissent, ni parmi les pièces figurées, ni parmi les pièces à vernis noir, aucune œuvre digne de mention.

L'état de conservation de cette céramique, généralement très fragmentaire, ainsi que la rareté des pièces remarquables donnent une piètre image, peut-être en partie inexacte, de la qualité des vases déposés dans le sanctuaire.

— *La ville*, quoique très partiellement fouillée, a fourni la majorité des fragments de vasques et de bassins en terre cuite, archaïques et classiques pour la plupart, dont la fonction (pour les bains, les lustrations rituelles) était assurée dans le sanctuaire par des objets en métal que les formes en argile imitent avec précision.

Les vestiges d'une maison incendiée, à l'Est des thermes, ont livré l'ensemble de la vaisselle du dernier quart du VIIe siècle exposée à l'étage inférieur de la vitrine f (salle I) : plus de la moitié de ces vases sont d'origine corinthienne, tels une coupe apode, des skyphoi,

13. une *oenochoé* pansue, dont l'épaule est ornée de bandes de couleurs alternées et le bas de la panse d'arêtes noires ;

14. une *amphore* dont la panse à vernis noir est rehaussée de filets rouges et blancs et le bas orné d'arêtes ;

15. l'origine de la *cruche ovoïde* ornée de bandes de couleur et des *canthares à vernis noir*, qui sont parmi les plus anciens exemples de cette forme, n'est pas connue.

13 (inv. 7676) — 14 (inv. 7675) — 15 (inv. 7674) : L. LERAT, *BCH* 85 (1961), p. 330-338.

— *Les tombes* ont donné, à toutes les époques représentées, une céramique de qualité.

De la nécropole découverte à l'emplacement du musée, où les tombes s'échelonnent de l'époque mycénienne à l'époque hellénistique, proviennent notamment :

16. un *aryballe pointu corinthien*, du Style de transition (640-625), représentant deux sphinx, deux échassiers, un taureau et une sirène, au-dessus d'une zone de lièvres ;

17. une *tête moulée dédalique*, le visage encadré de longues tresses «en boules», d'origine *laconienne* (645-640) : il s'agit d'une applique de vase, vestige d'une des rares œuvres que Sparte exporta à Delphes ;

18. de la même tombe provient une autre *applique de cratère*, d'origine *crétoise* (?), «un des chefs-d'œuvre de la plastique dédalique de terre cuite et l'un des rares exemplaires dont l'intérêt soit plus que documentaire», qui date du dernier quart du VIIe s. (fig. 6) ;

19. une des pièces exceptionnelles du musée de Delphes, la *coupe attique à fond blanc* (fig. 7, salle XII) découverte dans une tombe qui était probablement celle d'un prêtre. On a proposé de l'attribuer au Peintre de Berlin, au Peintre de Pistoxénos (P. de La Coste-Messelière) ou à Onésimos, vers 480. On y voit Apollon, coiffé d'une couronne de

232　　　　　　　　　CÉRAMIQUES DES NÉCROPOLES

Fig. 6. — Applique de cratère crétois.

Fig. 7. — Coupe attique à fond blanc.

laurier ou de myrte, vêtu d'un péplos blanc et d'un himation rouge qui lui couvre le bas du corps, les pieds chaussés de sandales, assis sur un *diphros* à pattes de lion ; il tient une lyre dans la main gauche tandis qu'il verse de la droite une libation de vin peut-être adressée à Ga, la Terre «première Prophétesse»; en face de lui, un oiseau noir qui a été identifié comme un pigeon (J. Konstantinou), un choucas ou une corneille qui évoquerait ses amours avec la fille du roi Phlégyas, Aiglè-Koronè, dont naquit Asklépios (Chr. Karouzos), mais qui pourrait bien être un corbeau, «l'animal mantique par excellence» (H. Metzger);

20. dans un tombeau que ses offrandes (pyxides avec traces de fard, quenouilles en ivoire) permettent d'attribuer à une femme, trois *lécythes aryballisques*, vraisemblablement sortis du même atelier attique, vers la fin du ve s. ou le début du ive, avec un décor polychrome et doré appliqué en relief ; l'un montre une Néréide (ou Thétis) portant le casque d'Achille, chevauchant un hippocampe précédé d'un dauphin ; le second, une Arimaspe galopant sur un cheval attaqué par un griffon ; le troisième (fig. 8), une scène de l'Ilioupersis où sont représentés Cassandre réfugiée auprès du Palladion et un Grec enlevant Polyxène ;

21. une tombe a livré un lot de *lécythes attiques à figures noires* qui s'inscrivent dans les séries fabriquées en abondance par des ateliers de seconde catégorie ; ils présentent le répertoire habituel de cette production : scènes dionysiaques, amazonomachie, départ du guerrier, palmettes... ;

22. de la nécropole occidentale proviennent les fragments d'un grand *cratère en cloche attique à figures rouges* (fig. 9), d'environ 400, représentant le jugement de Pâris : on voit encore Hermès et les trois déesses concurrentes.

Dans la salle X sont exposés des lécythes et des alabastres provenant de tombes de la nécropole occidentale :

23. excepté un bel *alabastre attique à fond blanc* du 2e quart du ve siècle, où figure une scène de gynécée mal conservée (deux jeunes femmes vêtues d'un *chiton* — longue tunique servant de vêtement de dessous — et d'un himation, les cheveux maintenus dans un cécryphale, tenant l'une une couronne et l'autre un calathos), rien que de très courant dans ce matériel de la seconde moitié du ve siècle dont :

24. un *lécythe attique à figures rouges* représentant une Victoire faisant une libation au-dessus d'un autel, œuvre du Peintre de Bowdoin ;

25. un *alabastre* orné d'un décor de résille en deux zones superposées séparées par une file de S couchés.

Fig. 8. — Lécythe aryballisque.

Fig. 9. — Fragments d'un cratère en cloche attique.

Fig. 10. — Aryballe corinthien.

16 : *FDelphes* V 1, p. 154-155, n° 213, fig. 641 ; *Necrocorinthia*, n° 65, p. 274. 17 : inv. 6407, P. Amandry, *BCH* 62 (1938), n° 30, p. 322-326. 18 : *ibid.*, n° 31, p. 326-331. 19 : inv. 8140, J. Konstantinou, *ArchEph* (1970), p. 27-46, pl. 10-12 ; Ch. Karouzos, *Delphoi* (1974), p. 172-175 ; H. Metzger, *BCH Suppl* IV (1977), p. 421-428 ; J. R. Mertens, *Attic White-Ground* (1977), n° 64, p. 181, 184-185 ; *LIMC* II, s.v. « Apollon », n° 455. 20 : inv. 4320, *FDelphes* V 1, p. 166, n°s 363-365, pl. XXVI, 1-5 ; F. Courby, *Les vases grecs à reliefs* (1922), p. 138-139, n°s 7-8, 11, pl. IV. H. Metzger, *Les représentations dans la céramique attique du IVe s.* (1951), p. 389-390. 21 : inv. 4317, *FDelphes* V 1, p. 161-162, n°s 266-280, fig. 672-674. 22 : inv. 4412, *FDelphes* V 1, p. 168, 170, n° 377, fig. 710. 23 : inv. 8713, *FDelphes* V 1, p. 168, n° 374, fig. 708 ; J. R. Mertens, *Attic White-Ground*, p. xiii. 24 : inv. 8729 ; J. D. Bazley, *Paralipomena* (1971), p. 406, n° 27 *quarter*. 25 : inv. 8741.

Quant à la nécropole de l'Est, utilisée de l'époque mycénienne à l'époque chrétienne, elle a livré pour sa part :

26. un *aryballe pointu corinthien*, du Style de transition, où sont représentés deux sphinx affrontés de part et d'autre d'un échassier, flanqués

d'un lion et d'une panthère ailée à queue d'oiseau, au-dessus d'une zone de lévriers poursuivant un lièvre (fig. 10, exposé salle I, vitrine f);

27. un *alabastre à fond blanc* signé du potier athénien Pasiadès (vers 490), découvert dans une tombe proche de Marmaria : la reine des Amazones, Penthésilée — son nom est inscrit — tenant arc et hache de guerre, s'avance à la rencontre d'une ménade qui tient un serpent de la main droite et lui tend un lièvre de la gauche; entre les deux, un échassier.

26 : inv. 8445, *FDelphes* V 1, p. 152, n° 183, fig. 630; *Necrocorinthia*, n° 57, p. 274, pl. 12, 2. 27 : inv. 15002, au Musée National, Athènes, R. DEMANGEL, *MonPiot* 26 (1923), p. 66-77; *ARV*², p. 268, n° 18; J. R. MERTENS, *Attic White-Ground*, p. 129, n° 2.

La nécropole occidentale, où un tombeau plus ancien a été réutilisé pour enfouir une vaisselle — tasses, canthares, bols — qui servait peut-être à des banquets rituels, a livré la majeure partie de la céramique hellénistique dont la provenance soit connue :

28. ce sont des vases de type *West Slope* (ainsi appelé parce que le premier ensemble étudié avait été trouvé sur la pente Ouest de l'Acropole d'Athènes) à décor végétal, généralement de guirlandes de lierre ou de laurier, peint ou incisé sur un fond noir. Une partie venait d'Athènes, mais nombre de ces vases sont probablement issus d'ateliers béotiens;

29. une série de *bols « mégariens »*, décorés de motifs en relief (IIIe-Ier s.), provient de diverses tombes, en particulier d'une sépulture proche du musée. Les thèmes du décor qui comprend de grandes frises représentant l'enlèvement de Ganymède ou divers thèmes mythologiques, des sujets de genre — amours, masques, oiseaux —, des éléments végétaux ou des motifs de remplissage — tête de Gorgone, palmettes, pampres... — suggèrent qu'il y avait à Delphes des ateliers locaux qui subissaient des influences attiques ou béotiennes, mais utilisaient aussi des poinçons spécifiques : Amours coiffés d'un pilos, masques dans une couronne, rosettes à pétales écartés.

28 : *FDelphes* V 1, p. 171-174, n°ˢ 386-411, fig. 716-736. 29 : *FDelphes* V 1, p. 174-177, n°ˢ 423-439, fig. 737-746; G. SIEBERT, *Recherches sur les ateliers de bols à reliefs du Péloponnèse à l'époque hellénistique* (1978), p. 122-129, pl. 57-60, 91-93.

Les fouilles de Delphes ont donné peu de céramiques d'époques plus récentes. Cependant, après le déclin du culte et du sanctuaire au IIIe siècle ap. J.-C., la ville redevint presque prospère au Ve et au VIe siècle. Rien dans les fragments de ces céramiques d'époque impériale (tessons de céramique arétine, avec le nom du potier imprimé dans un creux en forme de pied, «planta pedis», de sigillée, de *Late Ware* et de bols à reliefs) ne présente un intérêt spécial, excepté :

30. les fragments, recueillis dans une tombe mycénienne !, de deux *pyxides à relief* de fabrication corinthienne, datant sans doute de la 1re moitié du 1er s. ap. J.-C., où se déroulent des scènes de bataille contre des barbares, visiblement inspirées des grandes frises sculptées en vogue depuis l'époque hellénistique.

Quant à la céramique d'époque paléochrétienne, elle est quasi-absente des vitrines et des réserves du musée, et seules les fouilles actuelles pourraient combler cette lacune.

30 : *FDelphes* V 1, p. 177-178, nos 440-442, fig. 747-748 ; F. Courby, *Les vases grecs à reliefs*, p. 443, fig. 93.

— *Les deux sanctuaires satellites de l'Antre corycien et de Kirrha* ont fait l'objet de fouilles dont les trouvailles sont conservées au musée de Delphes. Les premières sont présentées ci-dessous, avec le reste du matériel du sanctuaire. Les fouilles menées de 1936 à 1938 à Kirrha, port d'arrivée des pèlerins de Delphes, ont mis au jour un vaste sanctuaire où se trouvait un temple probablement dédié à la triade apollinienne, Apollon-Artémis-Létô. Devant ce temple, dont les trouvailles montrent qu'il a été en activité du dernier tiers du VIe siècle au troisième quart du IVe, une *favissa* (dépôt d'offrandes ou rebut d'un pillage ?) a livré en masse des statuettes de terre cuite et des vases, pour la plupart miniatures ; la majeure partie de la production, qui ne comporte que des œuvres de série, est d'origine corinthienne. Parmi ces offrandes modiques (exposées salle XIII, vitrine f), on remarque :

31. une *coupe fermée*, ce qui est une forme rare, d'origine attique (fig. 11) : elle représente, en figures rouges sur la vasque, Dionysos tenant un rameau et un canthare, se retournant vers une ménade, scène dionysiaque répétée sur les deux faces, et sur le couvercle à fond blanc, une scène de banquet autour d'un personnage jouant de l'*aulos* (sorte de hautbois) ; elle pourrait appartenir aux dernières œuvres du Peintre de Karlsruhe (2e quart du Ve s.).

Les vases miniatures corinthiens de formes diverses sont particulièrement nombreux : à côté de quelque 2000 skyphoi, on trouve, en moindre quantité, des coupes et des cratères, ainsi que des hydries, des oenochoés, des canthares et des assiettes, le plus souvent sans décor ou même sans vernis, parfois sommairement décorés de bandes ou de lignes de points. Sont aussi exposés des oenochoés à décor végétal, des lécythes de l'atelier attique du Peintre de Beldam (2e quart du Ve s.) à guirlandes de feuilles

Fig. 11. — Coupe attique trouvée à Kirrha.

Fig. 12. — Protome féminine trouvée à Kirrha.

de lierre ou méandres stylisés, de la céramique de type *West Slope*, dont une oenochoé à guirlande de lierre incisée. Tous ces vases n'ont d'autre valeur que documentaire, illustrant la piètre qualité du matériel courant offert à Kirrha par les pèlerins.

On a également trouvé à Kirrha d'innombrables figurines de série, où la production corinthienne est largement majoritaire par rapport aux productions béotienne ou attique : elles représentent une femme assise sur un fauteuil (vɪᵉ siècle, ateliers attiques et béotiens), Artémis tenant un de ses attributs — arc ou faon —, Aphrodite tenant une colombe (début du vᵉ s.). Les figurines masculines — banqueteurs, personnages assis jambes écartées — sont proportionnellement très rares. Il y avait aussi quelques plaques en forme de sphinx et diverses représentations d'animaux (des sangliers et des tortues sont exposés). Du ɪvᵉ siècle datent encore quelques figurines d'origine probablement tanagréenne.

32. S'y ajoutent des *protomes* de grande taille, visages féminins à la chevelure couverte d'un *polos* (coiffure cylindrique) ou d'un voile, parfois retenu par une couronne *(stéphanè)*. Quelques-unes sont des importations

de Corinthe du dernier quart du vi^e s., mais la plupart, de la première moitié du ve s., s'inspirent de modèles d'origines variées : Ionie du Nord (la fig. 12 montre un type attesté à Kirrha seulement), Chios, Paros, l'Attique et surtout le Nord du Péloponnèse. On a une bonne image de la variété de ces créations qui prouvent le caractère composite et éclectique de l'inspiration des ateliers locaux. Un fragment de visage féminin (?) garde des traces de dorure sur ses cheveux ceints d'une couronne de feuilles et de baies de lierre.

31 : inv. 6663, *ARV*², p. 741 ; J. R. MERTENS, *Attic White-Ground*, p. 171 n° 33.
32 : Fr. CROISSANT, *Les protomes féminines archaïques* (1983). Sur la fouille, cf. *BCH* 60 (1936), p. 467 ; 61 (1937), p. 457-461 ; 62 (1938), p. 470.

— La riche nécropole de Médéon (actuellement Aspra Spitia, sur le golfe d'Antikyra) a procuré un riche matériel, conservé dans les réserves du musée. Les tombes archaïques et classiques ne contenaient que des offrandes tout à fait sommaires, surtout des aryballes globulaires et des skyphoi miniatures corinthiens, datant du viie et du vi^e s. ; le type de vase le plus fréquent au ve s. est l'oenochoé trilobée «en cloche». Le matériel devient beaucoup plus abondant à partir de la seconde moitié du ive s. De cette époque datent :

33. une curieuse *oenochoé à vernis noir*, à anse surélevée, avec un décor de palmettes incisé sur l'épaule, dont le bas de la panse, constitué de filets formant des facettes concaves, imite peut-être une forme métallique ;
34. une *péliké corinthienne* représentant un jeune homme tenant une lance face à une jeune femme qui tient une coupe au-dessus d'un autel.

Les tombes hellénistiques ont donné des formes caractéristiques de l'époque : askos, cruche à anse double, *unguentarium*.

Sur le même site, un monastère, florissant de la fin du xie au milieu du xiiie s. a fourni :

35. une abondante *céramique vernissée* importée de Corinthe.

33-35 : Cl. VATIN, *Médéon de Phocide, Rapport provisoire* (1969), p. 81, fig. 85 ; p. 35, 81, fig. 87 ; p. 88, fig. 102-104.

Anne PARIENTE.

VI. L'ANTRE CORYCIEN

Une vitrine contient quelques-uns des nombreux ex-voto qu'on a découverts dans une grotte appelée Antre corycien, par transcription du nom qu'elle portait dans l'Antiquité (κωρύκιον ἄντρον). Cette grotte est située dans le massif du Parnasse, à 1 400 mètres d'altitude. Actuellement, on peut y accéder en automobile à partir d'Arakhova en empruntant la route d'Éptalophos, d'où se détache un chemin pierreux mais carrossable (à éviter toutefois en période de fortes pluies ou d'enneigement) qui aboutit à quelques mètres en contrebas de l'entrée de la grotte. Dans l'Antiquité, on y montait de Delphes à pied ou à dos d'âne ou de mulet, et c'est encore le mode d'accès à recommander à qui souhaite découvrir les divers aspects du paysage delphique, le golfe de Corinthe miroitant au soleil, la roche dénudée du Kirphis changeant de couleur au fil des heures, l'olivaie de la plaine sacrée et de la vallée du Pleistos, les herbages et les bois de sapins du plateau du Parnasse. Par un chemin en lacets aménagé au flanc des Phédriades, dont on trouve aisément le départ à l'Ouest du stade, on atteint la crête de la falaise en moins d'une heure. On marche ensuite pendant une autre heure à travers des champs et des bois, sur un plateau doucement vallonné ; sur ce chemin, on rencontre une première source, abondante, puis une deuxième, dont le captage des eaux a réduit le débit à un filet, près d'une chapelle de la Sainte Trinité (Aghia Triada). De là, on atteint la grotte en 20 à 30 minutes en escaladant une pente raide.

Le chemin au flanc des Phédriades a été aménagé dans les temps modernes. Mais on reconnaît encore le tracé du chemin antique, qui abordait plus directement la pente. C'est ce chemin qu'ont emprunté au Ier siècle de notre ère des amis de Plutarque, alors prêtre d'Apollon Pythien, et au siècle suivant l'historien et voyageur Pausanias qui, dans son livre sur la Phocide, a donné une description détaillée de la grotte. C'est en prenant ce même chemin que le colonel anglais Leake a identifié en 1802 la grotte mentionnée par les auteurs anciens, que les voyageurs du XVIIe et du XVIIIe siècle avaient cherchée en vain, probablement égarés

Fig. 1-2. — Vases néolithiques.

Fig. 3. — Figurines néolithiques.

à dessein par des guides terrorisés à l'idée de pénétrer dans cette grotte qu'une tradition populaire disait hantée de créatures mystérieuses et redoutables.

Le sol de l'Antre corycien et de ses abords a été fouillé en 1970 et 1971 par l'École française d'Athènes. Cette exploration a révélé que la grotte avait été fréquentée de façon suivie à trois reprises, pendant des périodes de longueur inégale. Ces trois périodes sont :

1° la fin de l'époque néolithique, soit en gros de 4300 à 3000 avant l'ère chrétienne ;

2° l'époque mycénienne avancée, principalement le xive siècle avant J.-C. ;

3° une grande partie du dernier millénaire avant l'ère chrétienne, à partir du viiie ou du viie siècle.

La fréquentation de la grotte à l'époque néolithique est attestée par la présence d'environ 3000 tessons de vases de terre cuite, d'une demi-douzaine de figurines en même matière, d'objets divers en os, coquille, pierre polie ou taillée (silex, obsidienne). Il en va de la céramique de cette période comme de celle de l'époque mycénienne et de l'époque classique : les objets ont été piétinés par les hommes et les troupeaux, les fragments ont été dispersés, aucun vase n'a pu être reconstitué dans son intégrité. Certains de ces vases étaient de belle qualité, à paroi fine et lustrée, décorée de motifs géométriques peints en noir sur fond rouge (fig. 1) ou à décor brun sur fond beige mat (fig. 2). Dans l'ensemble, la céramique de l'Antre présente des affinités avec la céramique contemporaine de Thessalie. Quant aux figurines, l'une d'elles présente l'aspect courant à l'époque néolithique des personnages stéatopyges aux formes arrondies et proéminentes, tandis que les autres, au contraire, sont plates et schématisées, comme on en connaît en Thessalie et dans les Cyclades (fig. 3).

La fréquentation de la grotte à l'époque mycénienne, intervenant après un millénaire et demi d'abandon, a été de courte durée et n'a laissé comme traces que 200 fragments de vases et une figurine de terre cuite. Les vases qu'on a pu reconstituer partiellement appartiennent aux types courants à cette époque (fig. 4-5). Aucun n'est de qualité comparable aux plus beaux des vases mycéniens qui ont été découverts à Delphes.

Il paraît improbable que les débris recueillis à l'Antre corycien témoignent que la grotte ait été habitée, tant à l'époque néolithique qu'à l'époque mycénienne : non seulement ces débris sont relativement peu nombreux eu égard à l'importance du laps de temps qu'ils couvrent (plus d'un millénaire dans le premier cas, plus d'un siècle dans le deuxième),

Fig. 4-5. — Vases mycéniens.

non seulement on n'a découvert aucun vestige d'installation permanente, mais encore l'humidité et la fraîcheur qui règnent dans la grotte (autour de 8° en toute saison) et la stagnation de la fumée à cause de l'exiguïté relative de l'ouverture et de la déclivité du sol à partir de l'entrée y créent des conditions peu propices à la vie. On croira plus volontiers que la grotte était un lieu de culte.

Ce qui est une probabilité pour l'époque néolithique et pour l'époque mycénienne est une certitude pour la troisième période de fréquentation de la grotte : comme plusieurs dizaines d'autres grottes dans la Grèce antique, l'Antre corycien était consacré au dieu Pan et aux Nymphes. Le témoignage des auteurs anciens, en particulier de Strabon et de Pausanias, est confirmé par celui des dédicaces qu'on a retrouvées sur place, gravées soit dans la roche même, soit dans le marbre d'ex-voto, soit dans l'argile sur des lèvres et des cols de vases (fig. 6). Il semble bien, d'après les documents les plus anciens, tant littéraires qu'épigraphiques, que trois Nymphes, divinités des sources et des bois du Parnasse, aient d'abord reçu seules un culte dans la grotte jusqu'au jour où Pan leur fut associé, au cours du ve siècle av. J.-C.

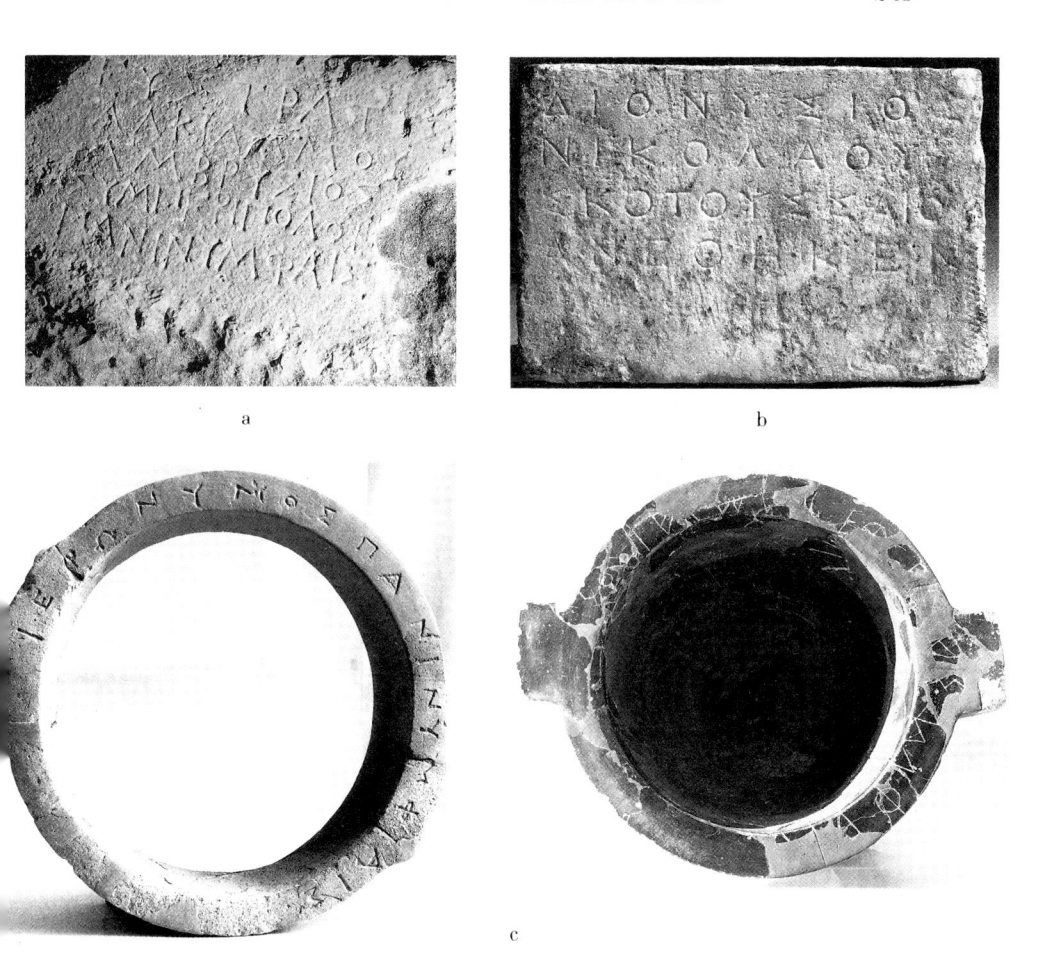

Fig. 6. — Dédicaces à Pan et aux Nymphes, gravées dans le rocher (a), sur une base de marbre (b), sur des vases de terre cuite (c).

Les progrès, le succès et le déclin du culte des Nymphes coryciennes se mesurent au nombre des offrandes. Une lente progression, à partir de la fin du VIIIe siècle et au cours du VIIe siècle av. J.-C., est jalonnée par un petit nombre d'ex-voto de bronze, un cheval (fig. 7), deux oiseaux, deux bagues, et par un seul vase d'argile. Les ex-voto augmentent en nombre au cours du VIe siècle : vases peints, figurines de terre cuite, bagues et autres objets de parure. Mais ils ne commencent vraiment à affluer que dans les dernières années du VIe siècle, à une cadence qui ne se ralentit pas

Fig. 7. — Cheval de bronze
de style géométrique.

durant trois siècles. Ce rythme diminue au cours du IIe siècle avant J.-C., pour retomber ensuite à celui des débuts. Au Ier et au IIe siècle de notre ère, l'Antre corycien n'était plus pour Plutarque et pour Pausanias qu'une curiosité naturelle, et seuls les bergers et les bûcherons du Parnasse considéraient encore la grotte comme un lieu saint.

Que la période de plus grande célébrité de la grotte s'étende de la fin du VIe siècle au début du IIe siècle av. J.-C., les trouvailles de toute nature concordent à l'établir. On a recueilli environ 15 000 tessons de vases, 50 000 fragments de figurines de terre cuite, un millier d'anneaux et de bagues, 25 000 osselets, des petits ex-voto de bronze, de fer, d'os, d'albâtre, de verre, des restes importants de statues de marbre et de bases inscrites. Toutes ces catégories d'objets couvrent, dans leur majorité, les Ve, IVe et IIIe siècles av. J.-C. A ces témoignages de la dévotion dont Pan et les Nymphes ont été l'objet au cours de cette période s'ajoute un autre indice : 130 pièces de monnaie ont été retrouvées dans le sol de l'Antre. Quelques-unes ont été perdues par des visiteurs, de l'époque romaine aux temps modernes ; mais toutes les

Fig. 8. — Monnaies de bronze de Corcyre (1), Sicyone (2-7), Phlionte (8), Hermioné (9), des Arcadiens (10-11), de Leucade (12), Mantinée (13, 15), Corinthe (14) et Mégare (16).

Fig. 9. — Disque d'or.

autres datent du IVe et du IIIe siècle av. J.-C. (fig. 8). La composition du lot est trop fortuite pour qu'on établisse à partir de là des statistiques sur l'origine des pèlerins ; du moins montre-t-elle qu'il en venait de toutes les provinces de Grèce centrale et septentrionale, d'Eubée et d'Attique, du Péloponnèse, des Iles ioniennes, d'Asie mineure.

Pour ces pèlerins, le but du long voyage qu'ils accomplissaient n'était pas de visiter l'Antre corycien. Mais, étant venus à Delphes pour vénérer Apollon, ils gravissaient le sentier des Phédriades pour apporter aussi une offrande à Pan et aux Nymphes. La période où les offrandes ont afflué à l'Antre est aussi celle où le sanctuaire pythique, son oracle et ses jeux ont connu leur plus grand rayonnement, et cette coïncidence

Fig. 10. — Le dieu Pan : statuette de marbre et de terre cuite.

n'est évidemment pas fortuite. Mais il n'y a pas de commune mesure entre les ex-voto de l'un et de l'autre sanctuaire. A Delphes, les cités et les souverains rivalisent de piété plus ou moins ostentatoire en dédiant des chapelles de marbre, des groupes de statues de marbre ou de bronze exécutées par des artistes en renom, des trépieds et des cratères d'or et d'argent. A l'Antre corycien, c'était de simples particuliers qui déposaient, dans une anfractuosité du rocher ou sur un autel rustique dont on a mis au jour les restes devant l'entrée de la grotte, des offrandes

Fig. 11. — Satyres : statues de marbre.

généralement modestes et, à de rares exceptions près, anonymes. Le seul objet d'or qu'on ait retrouvé est un mince disque de moins de 4 cm de diamètre, décoré au repoussé d'une tête de Gorgone (fig. 9), et, parmi un millier de bagues, deux sont en argent.

On trouve naturellement dans ces ex-voto des images des divinités honorées. Pan, être hybride à buste d'homme, barbu et cornu, et à pattes de bouc, était représenté par une statuette de marbre et par des figurines de terre cuite (fig. 10). Faisant partie comme Pan de la suite de Dionysos, satyres et silènes sont nombreux aussi dans la galerie de personnages, réels ou mythiques, que présente la collection de terres cuites. Parmi les statues de marbre, les deux plus belles étaient des statues de satyres

Fig. 12. — Plaque *(pinax)* de terre cuite peinte.

Fig. 13. — Fragment de relief en marbre.

Fig. 14. — Ronde des nymphes autour de Pan (ve siècle).

Fig. 15. — Éléments de flûte en os.

(fig. 11). L'une, du début du IIIe siècle av. J.-C., est dans son état actuel composée de 11 fragments ; la tête n'a pas été retrouvée ; la hauteur primitive était d'environ 1,25 m. Le jeune satyre est svelte ; il prend appui sur le *lagobolon* et porte sur l'avant-bras gauche la peau de panthère. L'autre statuette, haute primitivement d'environ 0,75 m, est brisée aux épaules et aux cuisses ; mais on a retrouvé et recollé la tête. Le corps est plus musclé que le précédent ; le visage a l'expression rieuse et quelque peu égrillarde d'autres satyres lutinant des nymphes. Cette statuette est un des ex-voto les plus récents parmi ceux qui ont été déposés à l'Antre corycien : elle date de la 2e moitié du IIe siècle av. J.-C. Au cycle dionysiaque appartient aussi une plaque de terre cuite *(pinax)* attique, du dernier quart du VIe siècle av. J.-C., représentant une danse de satyres et de ménades (fig. 12). Elle est reconstituée de 22 fragments, et il en manque à peu près autant. Au bord supérieur sont percés trois trous de suspension ; à l'angle supérieur gauche était gravée une dédicace aux Nymphes, dont il ne reste que la fin.

Si l'identification de Pan et des satyres est aisée, celle des Nymphes l'est moins. On en reconnaît deux sur un fragment de relief de la fin du IVe siècle av. J.-C. (fig. 13), d'un type connu par plusieurs exemplaires découverts en Attique dans des grottes consacrées aux mêmes divinités : dans un encadrement rupestre, trois Nymphes, conduites par Hermès, dansaient autour d'un autel au son de la syrinx dont jouait Pan. C'est une scène du même genre qu'évoque un groupe de terre cuite (fig. 14), probablement béotien, du milieu du Ve siècle av. J.-C. (dans la reconstitution duquel sont entrés 54 fragments) : une ronde de Nymphes se tenant par la main au pourtour d'une roue dont le centre est occupé par un Pan grimaçant, bouche ouverte, lançant un cri avant de jouer de la double flûte. C'est pourquoi, à ce dieu musicien, on dédiait des flûtes : on en a retrouvé des éléments à l'Antre corycien (fig. 15).

Mais, pour les autres figurines féminines, aucun attribut ne permet de distinguer les Nymphes. Or, parmi les quelque 7 000 figurines et protomes de terre cuite qu'on peut dénombrer à partir des fragments qui en subsistent, la proportion des figures féminines est d'environ 80 à 90 %. Outre les groupes particuliers des acteurs (fig. 16), des grotesques et des satyres accroupis (fig. 17), les hommes sont représentés par une série peu nombreuse, mais assez variée, de personnages tenant la lyre ou le coq, ou par des banqueteurs. Comme pour ces modèles masculins, la plupart des types féminins sont connus ailleurs, dans des sanctuaires consacrés à d'autres divinités. Cela est vrai des « plaquettes » corinthiennes du Ve siècle, représentant en particulier des figures féminines debout ou assises, tenant contre elles un oiseau (fig. 18), une couronne, une fleur, et

Fig. 16. — Figurine attique d'acteur (IVe siècle).

Fig. 17. — Satyre ithyphallique accroupi.

Fig. 18. — Coré corinthienne à l'oiseau et au fruit.

Fig. 19. — Femmes assises de la Grèce de l'Est (a), d'Attique (b) et de Béotie (c).

des statuettes de la Grèce de l'Est, de l'Attique et de la Béotie (fig. 19) qui, dans une série de même apparence, ne se distinguent les unes des autres que par des variantes dans l'attitude, dans le vêtement ou dans la coiffure. Malgré le goût des Nymphes pour la danse, les figurines de danseuses ne leur étaient pas réservées (fig. 20). Bref, depuis les modèles les plus anciens (fig. 21), en passant par les statuettes classiques (fig. 22) et jusqu'aux fragments appartenant aux compositions hellénistiques (fig. 23), ce ne sont que des types, sans identité particulière, de jeunes femmes joliment coiffées et parées, dont la présence est attestée dans bien d'autres dépôts.

Quant aux figurines d'animaux (pigeons [fig. 24], béliers, porcs, bœufs, etc.) et aux statuettes de bergers tenant dans leurs bras un bélier (fig. 25), si elles peuvent paraître appropriées au culte de divinités agrestes, on les rencontre également dans des sanctuaires d'autres divinités sans rapport avec la nature.

Même question à propos de figurines d'enfants accroupis tenant contre

Fig. 20. — Fragments de figurines de danseuses béotiennes.

Fig. 21. — Figurine archaïque au corps modelé et au visage moulé.

Fig. 22-23. — Figurines d'époques classique (à g.) et hellénistique.

Fig. 24. — Pigeons.

eux un oiseau ou un fruit, ou posant la main sur une tortue ou sur des osselets, dont on a découvert à l'Antre corycien plusieurs dizaines d'exemplaires en terre cuite et un en bronze (fig. 26), de la 1re moitié du ve siècle. Ce type d'offrande est répandu, en pierre, en bronze ou en terre cuite, dans tout le monde méditerranéen, en particulier dans les sanctuaires de divinités guérisseuses.

Aux Nymphes, on offrait du parfum et de l'huile dans de petits vases à goulot étroit, aryballes, alabastres, lécythes. De tels vases, on a retrouvé

Fig. 26. — Statuette de bronze (v⁰ siècle).

Fig. 25. — Porteur de bélier.

à l'Antre corycien 80 fragments en verre de diverses couleurs (fig. 27) et plusieurs milliers en terre cuite, parfois intacts, en particulier des aryballes, moins fragiles à cause de la forme globulaire de la panse et de la faible longueur du col (fig. 28). D'autres types de vases étaient aussi largement représentés : le skyphos (sorte de bol à deux anses), la pyxide (boîte ronde à couvercle). Tous ces vases appartiennent à la production courante des ateliers de Corinthe et d'Athènes. Quelle que soit leur forme, ils ont en commun d'être de petite taille. Les grands vases ne sont guère représentés que par quelques cratères (dont ceux qui portaient une dédicace gravée autour de l'embouchure). D'une façon générale, les vases peints dédiés à l'Antre ne se distinguent ni par une originalité quelconque ni par une exécution d'une qualité insigne. Trois plats échappent à la banalité de l'ensemble, sans être pour autant des chefs-d'œuvre de la peinture attique : on y voit une Victoire ailée, la lutte d'Héraclès et du taureau de Crète, la dispute du trépied entre Apollon et Héraclès (fig. 29).

Les Nymphes recevaient aussi des objets de parure ou de toilette (parfois en miniature, impropres à l'usage) : épingles, fibules, boucles et pendants d'oreille en bronze, perles et cabochons de verre, peignes en os

Fig. 27. — Fragments de vases de verre.

Fig. 28. — Aryballes corinthiens.

Fig. 29. — Plat attique.

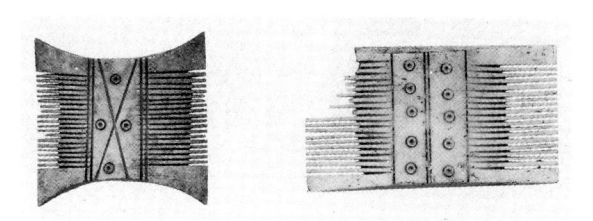

Fig. 30. — Peignes en os.

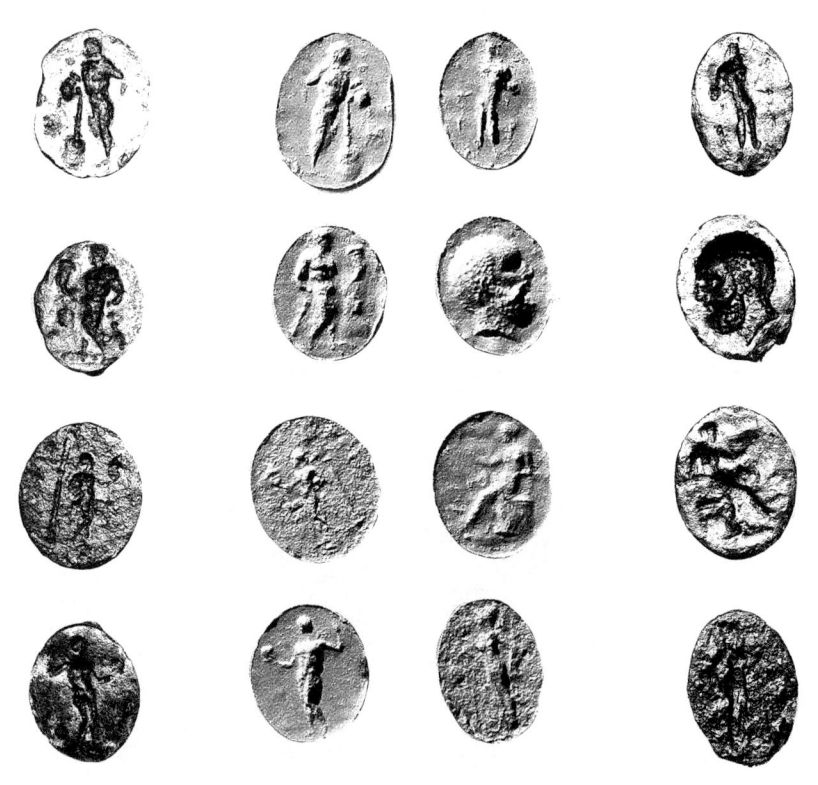

Fig. 31. — Bagues de bronze et de fer : originaux (à gauche et à droite) et empreintes (au milieu).

(fig. 30), anneaux et bagues de bronze ou de fer (sauf deux en argent). La collection d'anneaux et de bagues est la plus importante qu'on ait recueillie sur un même site. La raison de la prédilection des Nymphes pour ce genre d'offrande n'apparaît pas clairement : l'anneau n'a pas acquis avant l'époque romaine la signification symbolique qu'il a conservée jusqu'à nos jours. D'après le type des bagues, la nature des sujets gravés sur le chaton, et le style quand l'état de conservation permet d'en juger, ces bagues datent, à deux exceptions près (voir plus haut), de la période de célébrité de l'Antre : les 2/3 datent du IVe siècle av. J.-C., et l'autre tiers se répartit entre la 2e moitié du VIe siècle pour 1/4, le Ve siècle pour une moitié et le IIIe siècle pour le dernier quart.

Les simples anneaux étaient généralement en bronze ; mais, pour les bagues, la proportion est de 4 en fer pour une en bronze. Les chatons de fer sont souvent de grandes dimensions : de forme ovale, ils atteignent et dépassent couramment 2 cm dans chaque sens, et des mesures de 2,5 cm à 2,7 cm dans la plus grande longueur et de 2,2 cm à 2,3 cm dans l'autre sens ne sont pas exceptionnelles. L'oxydation du bronze a moins attaqué le métal que la rouille n'a rongé le fer, ce qui rend malaisée dans beaucoup de cas l'identification des motifs gravés sur ces chatons. Cependant, plus de 300 de ces motifs ont pu être reconnus. Tous sont différents : il n'y a pas dans tout le lot deux chatons identiques. Le répertoire est d'une grande variété (fig. 31) : dieux, héros de la mythologie et personnages associés à divers cultes (Athéna, Apollon, Coré, Éros, Tyché, Thétis, Héraclès, Victoires, silènes, satyres, ménades), êtres humains dans des attitudes et des exercices divers (têtes, dont une de nègre, bustes, athlètes, guerriers, femmes à leur toilette ou jouant de la musique ou tenant une fleur ou un oiseau), objets et scènes de la vie quotidienne (vases, meubles, masques de théâtre, combat de chien et de coq), types statuaires, animaux fantastiques (sphinx, cheval ailé, centaure, hippocampe), animaux sauvages et domestiques, oiseaux et insectes (lion, panthère, taureau, cheval, cerf, dauphin, chien, cygne, héron, canard, abeille, sauterelle), plantes, etc. Si quelques-uns de ces motifs peuvent passer pour avoir un rapport, proche ou lointain, avec le culte de Pan et des Nymphes, la plupart n'en ont aucun.

Enfin, un autre genre d'offrande est abondamment représenté à l'Antre corycien : les astragales. Sur les 25 000 astragales enfouis dans le sol de la grotte, plus de 95 % étaient des os de mouton ou de chèvre ; le reste se répartissait entre le cerf, le daim, le chevreuil, le bœuf et, en plus petit nombre encore, le bouquetin et le porc. Les 4/5 de ces osselets étaient bruts. Le reste avait subi des transformations (fig. 32) : 2 500 étaient traversés d'un ou de plusieurs conduits cylindriques, forés soit entre les faces dorsale et plantaire, soit entre les faces latérale et médiale ; un millier avaient été aplanis à une face, ou à deux faces opposées, plus rarement à trois faces ou aux quatre faces ; 500 étaient à la fois troués et aplanis ; trois douzaines avaient été évidés, et la cavité remplie de plomb ;

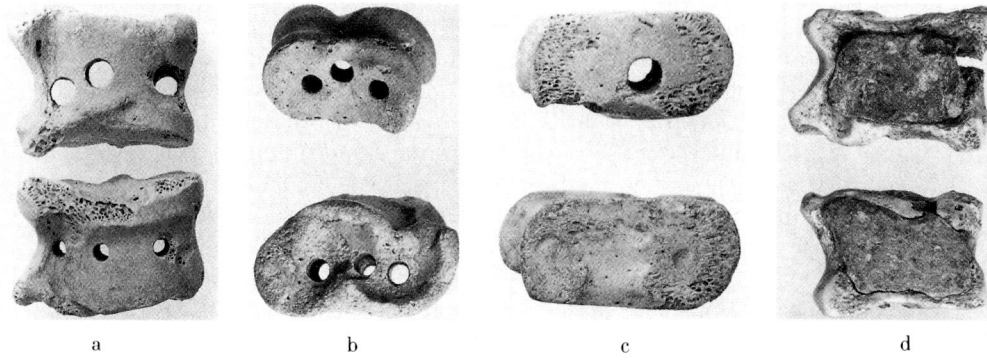

Fig. 32. — Osselets troués (a-b), scié (c), plombé (d).

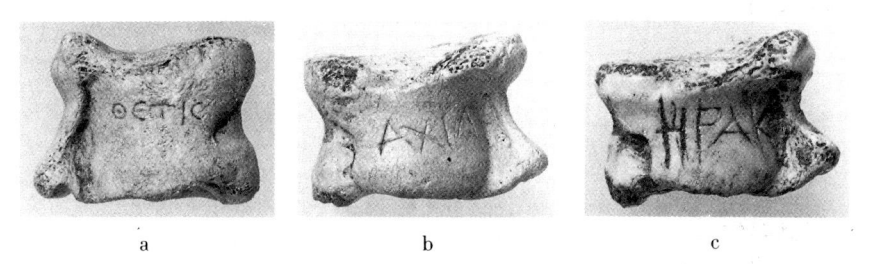

Fig. 33. — Osselets inscrits au nom de Thétis (a), d'Achille (b), d'Héraclès (c).

150 portaient une marque, ou une lettre, ou un nom entier ou abrégé de personnage de la mythologie ou de l'épopée, Niké, Thétis, Achille, Ajax, Héraclès, etc. (fig. 33). On a trouvé ailleurs, dans des sanctuaires et dans des tombes, en Grèce, en Asie mineure, en Palestine, en Italie méridionale, des lots d'osselets présentant les mêmes particularités; on connaissait déjà quelques osselets inscrits au nom de Zeus, d'Éros, d'Ajax, d'Achille, d'Hector; on rencontre aussi des imitations d'astragales en diverses matières, comme on en a trouvé quelques-unes à l'Antre corycien en bronze, en verre, en pierre; mais, nulle part, on n'a encore découvert une quantité d'osselets qui approche, même de loin, celle qu'on a recueillie à l'Antre. Là, l'offrande des osselets était une des formes que revêtait le culte, au même titre que l'offrande des bagues, des vases à parfum ou des figurines. Quel était le sens de ce rite? Les osselets étaient, au premier chef, les pièces d'un jeu, et ce jeu était très populaire dans la Grèce antique. Les tombes où l'on avait déposé des osselets étaient en majorité des tombes d'enfants. Parmi les attributions des Nymphes figurait la protection du mariage. Les jeunes gens consacraient-ils leur jeu

Fig. 34. — Dé en terre cuite.

d'osselets aux Nymphes avant de se marier? A l'appui de cette explication, on pourrait invoquer aussi la découverte à l'Antre corycien de six dés, un en pierre, un en os et quatre en terre cuite (fig. 34). Mais, en certains endroits, les osselets étaient employés dans des pratiques divinatoires. Or, des textes donnent à penser que les Nymphes du Parnasse n'étaient pas dépourvues de dons prophétiques. Les osselets étaient-ils les instruments d'un oracle de caractère populaire qui aurait eu son siège dans la grotte? Ces questions ne comportent pas de réponses assurées dans l'état actuel des recherches.

P. AMANDRY, «Les fouilles de l'Antre corycien près de Delphes», *Comptes rendus de l'Académie des Inscriptions et Belles-lettres*, 1972, p. 255-267.
A. PASQUIER, «Pan et les Nymphes à l'Antre corycien» *Études delphiques, BCH Supplément* IV (1977), p. 365-387.
L'Antre corycien I, *BCH Supplément* VII :
    (1981), 257 pages : «Présentation géomorphologique de la grotte» (P.-Y. PÉCHOUX), «L'Antre corycien dans les textes antiques et modernes» (P. AMANDRY), «L'exploration archéologique de la grotte» (P. AMANDRY), «Le matériel néolithique» (G. TOUCHAIS).
L'Antre corycien II, *BCH Supplément* IX :
    (1984), 453 pages : «Époque mycénienne» (L. LERAT), «Céramique des époques archaïque, classique et hellénistique» (A. JACQUEMIN), «Lampes. Petits objets divers» (A. JACQUEMIN), «Fragments d'auloi» (A. BÉLIS), «Bagues et anneaux» (M.-A. ZAGDOUN), «Autres objets de métal» (Cl. ROLLEY), «Monnaies» (O. PICARD), «Sculpture» (J. MARCADÉ), «Inscriptions» (J.-Y. EMPEREUR), «Os et coquilles» (P. AMANDRY), «Ostéo-archéologie des astragales» (Fr. POPLIN), «Le culte de Pan et des Nymphes à l'Antre corycien» (P. AMANDRY).
A paraître : *L'Antre corycien*, III : «Figurines et protomes de terre cuite» (Fr. Croissant et A. Pasquier).

Pierre AMANDRY.

TABLE DES MATIÈRES

Avant-propos, par Olivier Picard	1
I. Vases et terres cuites des premiers temps, par Lucien Lerat.	7
— Âge du bronze	7
— Âge du fer	20
II. La sculpture en pierre, par Jean Marcadé et Francis Croissant.	29
I. L'époque archaïque	30
II. De l'archaïsme au classicisme	57
III. Le IVe siècle	66
IV. L'époque hellénistique	100
V. L'époque impériale	127
III. Les Bronzes, par Claude Rolley et François Chamoux	139
Statuettes et objets divers	139
L'aurige	180
Statues de bronze : fragments divers	187
IV. Les fosses de l'Aire, par Pierre Amandry	191
I. Objets divers	195
II. Statuette d'ivoire...................................	199
III. Statue de taureau en argent	202
IV. Statues chryséléphantines	206
V. Reliefs d'ivoire	219
VI. Statuettes de bronze	222
V. Les céramiques à partir de l'époque archaïque, par Anne Pariente	227
VI. L'Antre corycien, par Pierre Amandry	241

IMPRIMERIE A. BONTEMPS
LIMOGES (FRANCE)
N° imprimeur : 22503-90
Dépôt légal : Juillet 1991

B
ΥΠΟΥΡΓΕΙΟ ΠΟΛΙΤΙΣΜΟΥ
1293168
ΤΑΜΕΙΟ ΑΡΧΑΙΟΛΟΓΙΚΩΝ ΠΟΡΩΝ
ΤΑΠ